◎ 沉思者经典译丛 ◎

集三十余年思考，一生学识成就经典
洞悉人之本质，展示文学、哲理之价值

关于人的思考

人的本质、产物及发现

THOUGHTS ON MAN

HIS NATURE, PRODUCTIONS AND DISCOVERIES

[英] 威廉·古德温
(William Godwin) 著

王维民 唐跃勤 戴若愚 译

中国社会科学出版社

图书在版编目（CIP）数据

关于人的思考：人的本质、产物及发现/〔英〕威廉·古德温（God-win，W.）著；王维民、唐跃勒、戴若愚译.—北京：中国社会科学出版社，2010.5

ISBN 978-7-5004-8715-9

Ⅰ.①关… Ⅱ.①威…②王…③唐…④戴… Ⅲ.①政治哲学－文集 Ⅳ.①D0-53

中国版本图书馆 CIP 数据核字（2010）第 075608 号

丛书策划　曹宏举
责任编辑　金　泓
责任校对　石春梅
封面设计　李尘工作室
技术编辑　戴　宽

出版发行　中国社会科学出版社
社　　址　北京鼓楼西大街甲 158 号　　邮　编　100720
电　　话　010－84029450（邮购）
网　　址　http://www.csspw.cn
经　　销　新华书店
印　　刷　新魏印刷厂　　　　　　　　装　订　广增装订厂
版　　次　2010 年 5 月第 1 版　　　　印　次　2010 年 5 月第 1 次印刷
开　　本　710×1000　1/16
印　　张　20.25　　　　　　　　　　插　页　2
字　　数　300 千字
定　　价　46.00 元

啊，激怒一头雄狮比惊起一只野兔更让人热血沸腾。①

——莎士比亚

伦敦:艾芬翰姆·威尔逊,皇家交易所

---

① 出自莎士比亚历史剧《亨利四世上篇》(King Henry the Fourth Part I)第一场,第四幕。

目录
CATALOGUE

序　言

在本书中我试图对各种思想给予一个确定的、恒久的形式。这些思想自从我出版了标题为《询问者》一书后，就一直存在于我的头脑中，有34年了。这些思想尽管可能他人也想到了，但就我所知，至少还未付诸印刷向世人公开。此间的一段时期里，我在很大程度上未能担当起一个作者的角色，很少以我的名字发表作品。我请读者相信，自1791年我从事了可以被认为是我人生的职业后，我就很少为任何期刊哪怕写上一页纸的东西。

我的头脑与生俱来就爱思考，若不能把我冥思苦想的特别结果整理出来发表的话我就不会有满足感。我既然已经从事了某项工作，就认为有责任不放弃它。

有件事情我觉得非常有必要进一步来说明。我一直都认为我有责任用明白无误的语言向世人表述我的思想。偶尔我也碰巧和那些自认为学识渊博的人有交流，他们用朦胧晦涩的语言来讲述他们的理论，吹嘘仅有少数人能够懂他们的思想，而那也只能通过抽象思考，通过孜孜不倦地运用才能懂得。

自然我不属于这类扑朔迷离的思想家。对要花大力气才能懂得他们的思想这个说法，我也无话可说。若能够的话，我决定不"用无知的语言解释神谕"①。这就是我在关于政治公正问题的《询问者》中所奉行的原则。我这样做收到了回报，我拥有了各阶层、各年龄段的众多男女读者。妇孺在翻阅我的读物时也不会有畏难感觉。

也许那部著作会在一个恰当的时候出版的。现在都说印刷出来的东西是不受欢迎的，除非是以娱乐这样的形式展现。那些坚持自己主张，以这样或那样特定方式揭开面罩，将智慧或道德庄重真相示人的，肯定会将自己的陈说置于少人问津的地步。

对此我一直都不愿意相信，因而我要出版自己的思考成果。我的目的是达到一种大众化的（如果我能做到的话）、令人感兴趣的风格。若没人理睬，抛掷一旁，我将认为我没有荒废我的能力，这是尽最大能力所能达到的程度，并以此聊以自慰。

---

① 出自《圣经·约伯书》38：2。

关于人的思考

▼
▼

　　如今的出版物有一特点，即总是取悦于最肤浅的读者。我知道许多人讨厌与人交往，并声称瞧不起自己的同类。我的信条恰恰相反。我们所观察到的有关智力方面最优秀最杰出者就是人了。从很多实例中都可以很轻易观察到，相信神话者不过都是将他所信奉的神祇用人的最好的属性和规格装扮起来的。我一直生活在我的同胞中，对人类有满腔的热情和深厚的爱。这种情感存于胸中，让我满足，我也乐于将其珍藏在其他的形式中。为此，我非常高兴把自己变成一名好说教的人。

　　　　　　　　　　　　　　　　　　1831 年 2 月 15 日

4

第一章

论身体和头脑
（开篇）

　　没有什么课题比"人"更经常引起思想家的关注了，尽管如此，关于人这一课题的研究我们却很难说已经面面俱到了。

　　近之则不逊。那些每天每时可见的东西，我们通常都很不以为然。对我们几乎每种较为强烈的情感而言，新奇都是必不可少的，我们天性上的最本质的欲望也许可以构成一个例外。在健康这一主题的名义下，我们对食物的欲望是永葆新颖的，其热爱程度不会有丝毫减少。即使是最精致的美食，在我们最原始的冲动驱使下，也会经历上千次的反复尝试，最终使其达到最完美，并使其流传下来。而在所有其他情况下，我们却必须有某种新的冲动，关注必须被重新激发起来，否则，我们很难喜欢它。我们常常对悄然无声经过面前的很多事情视若无睹，它们都很难唤醒我们麻木的灵魂。

　　"人是世界上最了不起的高贵精灵，是上帝最重要的杰作，是造化的奇迹，是奇迹中的奇迹。"[1]

　　让我们来关注一下人的身体结构。乍一看，我们可能认为其实很简单，可是人体被多么严密地设计得充满了力量与灵巧啊。它一点也不感到别扭，就像出自杰出的雕刻家之手的一块大理石，每个多余的东西都被巧妙地去除了，关节、肌肉、纹理都呈现出来，清晰而完美。人们长期以来观察到，美就如品德一般，都处于极端情况之中。就鼻子而言，那些不长不短不厚不薄的就是完美的鼻子，其他部分也是如此。同样，当我说到一般意义上的人的时候，我不考虑那些畸形的、肥硕的、小腿过肥或者过瘦的，我取其适中的，那才是明确所指的人。

　　人不能与起跑的马并驾齐驱，但人能持之以恒，最终会将马击败。

　　人的身体形态可以使其完成无限多样的工作，在这一点上其他生物难以望其项背。

　　人的双手被设计的多么精巧啊！分析其构成和用处，我们就

_____

〔1〕　*Anatomy of Melancholy*, p. 1. P1【原注】。《忧郁剖析》，作者罗伯特·伯顿（Robert Burton，1577—1640），英国著名学者。

会觉得它们是我们身体最完美的部分，人的其他部分或许无法与其竞争。

人的直立形态是多么高贵啊！人被创造出来，不"像牛羊那样，被创造出来，脸朝地，只为填饱肚子。"① 他被创造成"仰望苍穹"② 的样子。他的原始结构赋予他的神态是"仰望苍穹的神态"③。

他的面容是多么美妙啊，这眼睛、鼻子、嘴！当它们安静的时候，显得那么高贵！它们可以用无限多样的表情来表达心中的情绪。从一个人的面容，一个未受玷污、不卑不亢的面容，我们可以读到他心灵的坦诚，思想的清晰，和精神的深邃！他那宽阔饱满高贵的额头蕴涵了多么大的智慧啊！从他的面容，一方面，我们可以看到一种沉着的自信和不可侵犯的无畏，另一方面，它也可以向我们展示出上帝般的谦逊和可以让人融化的柔情。当目睹一个人嘴唇颤抖，眼眶突然潮湿，泪水汹涌而至时，谁能不为之动容呢？莎士比亚曾这样谈到过眼睛："那是能让世界都敬畏的眼光"④。

人类的面部表情是多么奇妙啊！我们赤裸裸地来到这个世上，血液的各种变化都清晰可见。不管多么老套，我都情不自禁地想要引用诗人的这最引人深思、最有哲理的诗句：

> 一见她面就倾心，
> 面容纯净又红润，
> 双颊精巧若天成，

---

① 拉丁语原文：veluti pecora, quae natura prona atque ventri obedientia finxit，此为古罗马史学家撒鲁斯特（Sallust，公元前 86—前 34?）著名语录，用于对比两种人。一种只追求肉体和短暂快乐的人，和牛羊没有两样，另一种为真正的人类，他们运用自己的体力和智力去追求辉煌事业。

② 拉丁语原文：coeli convexa tueri，源于维吉尔的叙事诗《埃涅伊德》（Aeneid）。

③ 出自弥尔顿诗《沉思的人》（Il Penseroso）。

④ 出自莎士比亚悲剧《裘力斯·凯撒》（Julius Caesar）中人物凯歇斯语。

　　　　诉说身体万般情。①

　　脸红是多么神奇的现象啊！看到这一奇妙的现象很难不怦然心动。它不由自主出现在我们所注视的那个人身上，它来自心灵，它传递了某种羞怯、谦逊以及某种生动的情难自禁的爱慕。就像通常许多情形那样，它迅速地在那个情绪涌动的人身上蔓延开来，从脸颊到额头甚至脖子。

　　到目前为止，我还没提及语言。或许它算不上人类最无价的才能，但即使真的不是，至少也可称得上是珍贵天赋。正是由于它，人才成为社会的人，人与人之间的情感交流也主要是靠它，是它让我们不再是孤单的个体，是它让我们具有多种多样的生存方式。它还无限地让人趋于完美。那些不说话的人是不成熟的思想家，那些不动笔的人只是半个研究者。

　　暂时不忙探讨语言之神秘和滔滔言辞之神奇，不管是对单个人所讲还是注入到众人耳朵里的语言——那是更适合关于头脑而不是身体篇章的一个话题——让我们先将注意力放在那个小小的工具——人的嗓音上。它很轻易就能产生出不计其数的声音变化。它能产生多么令人敬畏的效果！它可以震撼人的心灵，中止人的一切思维。它可以发出无限多样的悦耳音调，可以让人瞬间生出怜悯或者爱的情绪。那些聆听者久久回味每个音符并祈祷它能永驻心间：

　　　　——即使是寂静之神，
　　　　也在不知不觉中受到感染，并祈求
　　　　改变自己的天性，就像现在这样错位
　　　　不再缄默如往昔。②

---

　　①　出自英国诗人约翰·邓恩（John Donne，1572—1631）诗《第二周年》（The Second Anniversary）。

　　②　出自弥尔顿诗剧《司酒之神》（The Masque of Comus）。

9

关于人的思考
▼
▼

　　正是在这点上，我们尤其感受到了文明教养的优异所在。一个愚人和一个深谙嗓音高妙之处的人，他们的声音有着天壤之别。愚人从未想到这种能力所具有的魅力，他只是用一种粗鲁的、不协调的、未经修饰的口音来说话，且习惯隔着两个场地与同伴交谈。而一个懂得嗓音妙用的人就像汉德尔①懂得风琴一样，总是在有意或无意之间左右了他的听众，就像俄耳甫斯②用音乐征服了野蛮人。

　　从人的面容我们转向身体。每一肢体都能表达、讲述自己的故事。没有什么比得过脖子华丽——支撑头的圆柱体。宽阔的胸膛展示了无穷的力量。让我们回想一下贝尔维迪的阿波罗③和梅第奇的维纳斯④像，其身体曲线是多么生动！我好像看见一个尚未故去的女演员举步前行，然后走向观众，她的步履显得多么的高雅，让人敬畏。我陶醉了，无法在座位上安坐。接着是让人晕眩的舞蹈。身体未动就已美轮美奂、优雅迷人，而当她身体不停地舞动起来的时候又曼妙无比、魅力四射。

　　人类所呈现的直立形体，好像是不经意间就产生了另一种难忘效果。由此我们获得了可以聚集起来开会，聚集成会众，聚集成人山人海的能力。在各种庄严集会和节日庆典场合都是人潮涌动，数不胜数。我们彼此触碰，就像是参加欢乐聚会的人们在等待发电机起动的时候所习惯做的那样，欢乐情绪在成员之间依次传递。正因为此，我们在观看戏剧表演以及参加社交餐会时就有了很多共同的感受，义愤之情相互感染，爱国之心油然而生。

　　一个人可以用有声语言向成千上万的人传达他的情感，由此促生了讲演术、公共道德、大众宗教以及戏剧表演。我们也确实

---

　　①　George Frederick Handel（1685—1759），生于德国的英国作曲家。
　　②　Orpheus，希腊神话中善弹竖琴的出色歌手。
　　③　左手持弓的阿波罗像，由希腊雕刻家卡拉米斯所雕凿。现位于梵蒂冈收藏艺术珍品的贝尔维迪宫（Belvidere Gallery），故名。
　　④　原为希腊时期塑造的希腊女神阿芙罗蒂特的雕像，因 17 世纪时在罗马的梅第奇公布于众，故名。

容易滥用我们拥有的这种特殊能力。但是，当成百上千颗头颅汇聚在一起，成百上千张仰望的面孔思考着同一个问题，成百上千个声音表达出同样感情的时候，就会呈现出少有的壮观景象和威严的气势。

尽管人的身体具有这万般美丽、无限雅致与完美，但人的头脑却拥有，而且当之无愧地拥有，毋庸置疑的优越地位。我不打算像我对人体的描述那样——去列举人脑的各种功能和天赋，那种对人体的描述就我的目的来说是必要的。在我开始论述头脑的支配地位和高贵之处之前，习惯的做法就是回顾一下头脑的臣民与奴仆的属性与价值，这样做看来是合情合理的。

说到头脑，我们懂得在我们心里有可以感觉和思维的感情和理智之所在。我们说不清它在哪里，也不能像那位圣徒那样权威地宣称，相对于某种特殊现象"或者它在身体里或者在身体之外"①。但是，无论它在哪里也不管它是什么样，正是它构成了我们存在的本质，并赋予我们存在的价值；如果没有它，我们微观世界的各种奇迹都将只是一种形式，都注定很快会消亡，其价值决不会比山谷的一块石头更重要。

一个非常著名的生理及解剖学家许多年前曾对我说过一段非常重要的话，给了我很多启迪，那就是：当我意识到我特别关注身体某个部位的时候，在精神上，我几乎就能肯定那个部位在运行过程中出了某种差错。只要人的整个机体运行正常无阻碍，我们决不会去注意它。智者人类就像一个无形的精灵。

他就像天方夜谭中的魔法师，能将其灵魂投附在另一个毫无生气的躯体上（不管是人类还是牲畜的），而他的躯体则处于一种无知觉的状态，直到同样的或者其他的灵魂附着使其重获生命。可以这样通俗地理解，当我处于运动状态时，我就将我的肢

---

① 源于《圣经·歌林多后书》中圣徒保罗写给歌林多神教会的信，原文为：I knew a man in Christ above fourteen years ago, (whether in the body, I cannot tell; or whether out of the body, I cannot tell: God knoweth;) such an one caught up to the third heaven. 我认得一个在基督里的人，他前十四年被提到第三层天上去。（或在身内，我不知道。或在身外，我也不知道。只有神知道。）

关于人的思考 ▼

体作为我意志的工具来使用。当我身体处于安静状态时，我继续进行思维活动，思考和推理。这时我使用的可能就是我大脑的某种物质作为我思维活动，思考和分析的工具了，尽管那具体是什么，事实上我们一无所知。

我们有充分理由相信如果没有身体，头脑也不会生存下去。如果真有这种情况发生，至少将肯定我们与现在的我们是非常不同的生物。人要愉悦而又安静地思考，他就必然多多少少处于健康的状态。健康的身体和健全的头脑一样必不可少。我们要吃、要喝、要睡，顺理成章我们就得有良好的食欲和消化功能、合适的体温，既不高也不低。空气和锻炼对我们来说也是必要的，但这些仅仅是辅助性质的。所有这些事物都是被动的，然而没有这些条件，我们就不能达到最好的思考状态，但是它们不能给我们的思考以积极的帮助。

人是一种如神般的生灵。我们可以幻想把我们自己送入到无限的太空中，在恒星之上驻足。我们可以毫无阻碍地从一个国家到另一个国家，从一个世纪到另一个世纪，追溯过去的所有岁月，在广阔的想象未来中畅游。我们无视时空的束缚，若想象可以把思想禁锢在身体之内，那就和传说中的愚笨者希望用厚树篱笆把飞鹰关起来一样，都是徒劳无用的。

我们绝不会特别关注我们身体的某个部位，除非那里有异样。同样道理，我们也不会特别地去考虑整个微观世界和构架。对于一个正沉浸于思考的人来说，身体对他而言不会被认为比他所住的房子更重要，关系更密切。头脑可以被形象地说成是"在家的陌生人"。在固定的时间和适当的时候，我们检查我们的储存，查看我们存于屉具和保险箱里都有哪些种类的货物。我们就像建来抵御外敌入侵的边关要塞的守将，和平时期只是偶尔去看看我们的武器库，并从里面拿一些枪、剑以及其他用于作战的武器，而大多数时候，我们都忙于和平时期的日常事物，而绝不会去想这些战争用品。

人的头脑可以被形象地描述为"在家的陌生人"。人对其身体知道得不多。我们"就像一个从镜子里看自己本来目的人，看见了自己然后走开，很快就忘记自己的相貌是什么样了"①。在思考人的灵魂，剖析人的思想和欲望的时候，我们运用我们的智力，算术的加减乘除，没有寻求帮助，也没有注意我们身体关节及各部位的存在。甚至在我们肢体参与最多的职业中，我们都仅打量着外部世界，径直朝着我们期待的目标前进，而几乎没有想到过这一媒介——我们自身的物质形态，没有它的帮助，所有这些事情都不可能完成。从这个意义上说，我们可被称为一种精神上的存在物，不管我们被贴上"精神"这一个标签有多么的不合适！

于是，"身体是头脑的枷锁"这一概念就出现了。自从人类有了思维，能条分缕析地说话以来人们就持有这样的看法，甚至一些未教化的人也隐约而模糊地意识到了这一点。正是在这个意义上，沃勒②在满 80 岁后写出了下面这些感人而耐人寻味的双行诗句：

> 老迈年高不能读写，
> 题目仍使我们不能辍笔。
> 新的光线从累年而成的缝隙
> 透进心灵暗淡的寓所，
> 破裂而腐朽。
> 力衰志弥坚，体弱智更敏，
> 人就这样走向他永恒的归宿。

对那些有着高洁心灵的人来说，忽略、轻视，甚至很少考虑其身体就是很普通的事了。关于阿那克萨尔科斯③的故事正是展现了这种精神。萨拉米斯④的暴君尼科克里昂⑤下令将其放入研臼

---

① 出自《圣经·雅阁书》1：23。
② Edmund Waller（1606—1687），英国抒情诗人。
③ Anaxarchus（公元前 380—前 320），古希腊哲学家。
④ Salamis，塞浦路斯东海岸古城。
⑤ Nicocreon，亚历山大大帝时代塞浦路斯萨拉米斯的国王。

击捣，而阿那克萨尔科斯却无视他肉体的疼痛大声喊道："暴君，来吧！你所能击捣的只是阿那克萨尔科斯的身体，却击捣不到他的灵魂。"① 我们也从大致同样的视角来看待北美的原始人，那些藐视身体疼痛的人肯定有攻击者无法企及的某种精神力量。

　　但从客观上来说，此处所描述的一些属于人的特点，牲畜类也并不少有。如果人对其外在体态体貌不甚了解，那么相信比其低等的动物也更是如此。确实，所有这些动物似乎对其自身结构的每一部分都清楚，知道主要力量蕴于何处，自己有何克敌制胜的手段。因此，牛用角，马用蹄，鸟用喙，食肉动物用爪子，昆虫和一些其他有毒生物用刺来进行攻击。但我们不知道是什么冲动使它们这样使用这些与它们生存和安宁密切相关的各种手段。我们把这种冲动称作本能。我们大概可以肯定这种本能不是来源于对自身身体各部分的仔细观察，也不是源于为最有效地完成目的而对手段的有条有理的选择。没有预先的策划，没有解剖学的知识，也没有对自身形象及同类形象的清楚认识，它们就这样直奔目的。

　　因此，他们也和人一样，对同类、盟友及敌人形象的认识比对自身形象的认识要更清楚。

　　人是一种混合物构成的生物。一天当中我曾不止一次地告诉自己我是一个多么卑贱、平庸、可鄙的人啊！"马其顿的菲利普"② 没有必要让下人每天早晨前来重复一句话："记住，先生，你是一个人。"因为当我们在吃喝以及屈从于我们本性中难以启齿的需要时，就会有各种各样的情况发生，让我们铭记这一点。奇怪的是，作为一个头脑会感受到很多可以让自己觉得卑微和下贱的人来说，竟然会很容易自高自大并鄙视别人。尼布甲尼撒二世③

---

　　①　阿那克萨尔科斯是亚历山大的好友与谋士，曾当着亚历山大的面羞辱过尼科克里昂，后因而怀恨在心。亚历山大去世后，阿那克萨尔科斯落入尼科克里昂之手，尼科克里昂下令将其放入研钵中用铁杵捣死。

　　②　菲利普，马其顿国王（公元前 359—前 336），亚历山大大帝和腓力三世的父亲。他在位 20 多年间，励精图治，打造了一个强大的马其顿王国，为其子亚历山大的大征服准备好了充分条件。

　　③　Nebuchadnezzar（公元前 605—前 562），新巴比伦王国国王，攻占了耶路撒冷，并大兴土木，建空中花园。

可能是最愚蠢的人了，如果有必要的话，他真应该被赶出人类的队伍，让他去像牛一样吃草，让他知道他与赋予他的权力多么不相匹配。

然而，幸运的是，正如我前面所说：人的头脑是"在家的陌生人"。要不然的话，那将是多么的不可理喻啊！

长长的队伍，华丽的马车，镀金的战车，流动的队列，飞扬的旗帜，震天的鼓乐，如果所有这些都仅仅是为了向我们昭示一个普通的人，这个人只是由于出生的偶然性才有别于一旁卑微的衣裳褴褛的观众的话，那这个场面就显得太滑稽可笑了。

不过，暂时忘掉我们对排斥身体看法的否定，有着更重要的意义：这样我们才能看到人的高贵一面。如果我们没有特别的能力摆脱这具妨碍我们、让我们丢脸的臭皮囊，就像尤里西斯①度过了他的艰难岁月，剥掉让其黯然无光的褴褛衣裳，弥涅尔瓦②则让其体魄高大起来，使其身材顿添高贵，让其动作焕发青春的美感和优雅，眼睛闪烁超人的光芒。我们不会获得诗人、有巨大文学和创造天赋的、"具有神般的理解力"的人的高尚思想。当我沉溺于某种最高贵的思绪时，我确实带有某种轻视来看待我的肢体，承载我的身体、构成我的体形的粗糙血肉，并诧异这样一个简陋不堪的"寓所"居然能款待如此高贵的客人。

人脑历史上一个更为重要的篇章就是起源于这样的看法，所有时代、所有国度那些未开化的人，并没有得到任何神谕，都倾向于把死亡——我们遭受的最可怕的事情——看成并非是生命的终结。我们目睹朋友的身体逐渐变得毫无感觉，一动不动，没有了我们称之为生命的任何外部标志。我们可以把它放在一个小隔间里，每天都来看望它。如果我们足够坚强，并能克服可能伴随着这个过程的某种矛盾和羞愧感，我们就能逐渐了解其分解和腐

---

①　Ulysses，罗马神话中的英雄，等同于希腊神话中的俄底修斯。特洛伊战争后，尤利西斯（即俄底修斯）经过 10 年的海上漂泊最后返回故乡。弥涅尔瓦（即雅典娜）将其化妆成一个乞丐，使其秘密回到宫中，并助其杀死了一批妻子的骚扰者，夫妻得以团圆。

②　Minerva，罗马神话中的智慧女神，等同于希腊神话中的雅典娜。

关于人的思考
▼

化的过程，并认识到是什么程度上的"尘土乃归于地，一如往昔"①。然而，尽管如此，人们还是相信在人死亡后他的某种东西还会继续生存。头脑在性质上比其所依附的肉体要高贵得多，因此人们无法让自己相信头脑会随着肉身一块消亡。有两个信念是使人成为有宗教信仰之生物的力量所在：第一，人对于发生在自身上的那些难忘的事情是持有敌意或友善的态度归因于自然界的安排。第二，就是我前面提到的，头脑比肉身高贵。我们使自己相信，头脑在肉身形态发生变化后将依然完好地存在下去，物质世界的毁坏也不会使其受损。

---

① 出自《圣经·传道书》12：7。

第二章

论天才的分布

第一节 假定的智力匮乏——关于青年教育学校的思考——关于孩子与成人的比较

早些时候，那些关注社会中不同角色的人们，常常认为有着洞悉才能的天才分布极不平等。

到某个有着形形色色人等的社交圈去，和十一二个人共进晚餐；或者前往许多人劳作一天后聚集在一起放松消遣的俱乐部晚会，你会发现这样一个几乎普遍的现象：群里有一、两个人可能才华横溢，而其他的则是萎靡不振、单调乏味且无所作为。

再或者去一所人数众多的学校，这种情形会更加突出。我见过两个天资不凡的人，他们也曾煞费苦心探讨过这个问题，结果一致认为一百个男孩中最多有一个被发现拥有敏锐的洞察力，能够开辟真正属于自己的思想路径。常常听到校长说这样的话："啊！我为那个小伙子骄傲！我当校长已经三十年了，还从没见过这样出色的人呢！"

上面提到的社团、晚餐会或俱乐部等都是相当程度上的精英群落，因其个体中的某种假定同质而相聚一堂。如果这些人是不加挑选而聚拢在一起的，就如同交给校长照料的孩子们一样，那么他们中的天才比例只会比后一种情况更小。

评定一个在校孩子的智力是否超群，其主要标准就是看他怎样回答校长随意提出的问题。大多数人会完全答错，会反映出他们没有理解这个问题，或者回答得完全不得要领。一百个人中可能有一个人，或者没有一个人，会用令人赞赏的方式作出回答，而且用明白无误、生动活泼的语言来表达自己思想。

对于成熟的成年人来说，情况肯定要好得多。一般来说，他们回答简单问题的方式不会让你觉得他愚昧无知。

普通孩子们在表现上呈现弱点的一个主要原因，便是我们所谓的羞怯。孩子会感到茫然、不知所措，所以先会盯着你看，而不是给出问题的答案。在很大程度上，当长辈问话的时候，孩子

关于人的思考 ▼

在同类看来并不显得那么差劲。

后一种现象的出现是由于在特定情况下产生的地位悬殊。对于学生来说，校长就是专制君主。每个人，只要因自己意愿的一个冲动作出判决，都可能成为一个"专制君主"。孩子回答提问者的问题，其情形就像《伊利亚特》里面多隆在剑下回答尤利西斯的问题一样。在某种程度上，孩子被长辈问话也是一样的情形，他惧怕这样的下场：如果他说不知道就会遭到斥责、一种盛气凌人的蔑视、一个决断性的鄙夷的手势。于是，在这样的情况下，他认为不值得去"开动脑筋，作好准备"，他不会作出无拘无束、大胆的回答，除非对方跟自己平等。没有什么事情比这样的情形会让回答的效果更糟的了：孩子想到问话人处于更高的地位，换言之，他和面前的问话人相比，对方不管是在传统意义上还是体力上都胜过自己。

孩子对于同伴的提问能应答自如，却不能自如应对长辈的提问，原因不只是简简单单的恐惧：他觉得没有必要迎接挑战，对于没有希望赢得嘉许的事情，他不想去尝试。孩子就像一个拳击手，尽管自己技术娴熟，也不愿一只手绑在身后而"单拳会敌"。他可以给你一个回答——前提是不会给自己招来麻烦——但他绝不会绞尽脑汁竭尽全力地去回答你的提问。孩子很粗心，宁可依赖你给他编造的任何解释，接受你认为对他合适的任何待遇。对校长而言，世界上最难做的事情就是激发学生去做得最好。

对于成年人来说，情形就大不相同了。学校里的孩子，不管是在自家屋檐下，还是在体育馆，都跟阿尔及尔的基督徒奴隶类似，如同塞万提斯[①]在《俘虏史》中描述的俘虏那样："他们一同被关在像监狱的地方，又时不时地被带出来完成某些共同的使命：只要他们高兴，他们也可以开玩笑，或是招惹麻烦，然而主子则因某个小小的借口，或者根本什么借口也不要，就会对其中一个施以绞刑，对另一个施以桩刑，再把另一个的耳朵割掉。"孩

---

① Miguel de Cervantes Saavedra（1547—1616），文艺复兴时期西班牙小说家、剧作家、诗人。

子大概从出生开始就处于这种情形当中。当然他受到的待遇远没有阿尔及尔奴隶主对待奴隶们那么严重，但是这两种待遇都同样独断而令人无处申述。在某种程度上，他是自由的，就像塞万提斯描述的奴隶在某种程度上的自由一样，但是他的自由是建立在苦难之上的，而且长者可以随心所欲地结束这种自由。孩子一路摸索，经历了反复尝试，最后确定了在多大程度上的行为举止可以免受惩罚。孩子就像农神节那些天可以狂欢的古罗马人的奴隶，做自己喜欢的事情，甚至向主人发号施令。但是有一点不同，罗马奴隶知道自己特许的日子何时结束，因此会表现出相应的举止。可孩子却不能预见结束之钟什么时候敲响，自己的命运什么时候会逆转。经常可以看到，一个受制于人的人，会运用塔西佗所谓的"乡土文雅"，讲大胆的俏皮话，并且要用他具有的最大程度的自由讲出他的漂亮俏皮话。但他这么做的时候会非常谨慎，因为他不知道何时才能摆脱身上的枷锁，于是自己又被迫回归陈规旧状。他更常用的逃避方法便是什么都不做，在上司面前用中立的外衣将自己包裹起来，这样就可以最好地保护自己，免受他们的责罚和专政。

　　成年人的情况与孩子有所不同，他们会有相应的举止行为。成年人在很大程度上受制于他所处的政治社会，并很可能遭受比他强的人，或因联合及人数众多而使其力量大得多的人的侮辱和伤害。当然，在某些方面掌控他的政治机构，也在某种程度上保护他免受盗窃和杀害，免受一些人的恶意伤害：这些人，要不是因为有法律制裁的威慑，早就出于狠毒的支配而冒犯他了。然而，公民政体也可使他犯下一些恶行，因为即使在正义的框架下，财富或腐败本身就容易导致罪恶。与此同时，公民政体不可能完全确保他免受伤害。他每时每刻都可能遭受伤害，这正是自然的存在状态。

　　成年人一旦逃离以前所处的牢狱似的地方，逃脱了曾经遭受的肉体惩罚和人身限制，都会感到满意。起初，由于才获得自由，他会像喂饱的战马一样，跳跃、飞奔，并且做出各种古怪的动作以展现他脱离羁绊的放纵。不过这只是暂时的放纵罢了。很快他就会变得审慎、小心，就像小孩子站在他面前时的表现一样。

个人一旦拥有某种地位，便时时审时度势，小心行事以免受罚。刚开始，他信心不足，斗胆冒进，却假装充满自信。在反复实践中他不断地积累经验，连续穿越了光辉荣耀后，他此时脚踏实地地拥有了沉稳、固定的可以完整代表自己的特征。他不再有疑惑，而是被归为圈子里的资深成员之列。

如果你发现，我们原先知道的这个曾胆小怕事、犹豫不决的小男孩说话时口齿不清、单调乏味、结结巴巴、还耷拉着脑袋，后来变成了一个彻头彻尾的男子汉，他可能在议员席就坐，并完美地发表自己成熟稳重的见解，这就没有什么好奇怪的了。这样看来，成熟男人所经历的锤炼对于探讨人之共性来说并非全然是不利的，对于学童所受的磨难也是如此。

然而，并非成年人不会像学童那样受到制约、申斥和非难。对成年男子来说，妻子会对他絮絮叨叨、骂骂咧咧；主子、房东或村长会盛气凌人地告诉他应该做什么；即便他是立法机构的成员，也有人教训他，有人用精心准备的讥讽话语，或出其不意地摆事实讲道理，告诉他：他根本不是自己以为的那样。但是他不会介意。就像莎剧中人物伊阿古，"知道自身的价值，凭着人的看法，他不该比目前所居的地位更差"。他最终弄懂了自己所受挫折的价值，却让它随风而逝，这就是主宰者的风范。学童不管怎么假装，都不能真正达到这种境界。

然而不幸的是，一个人达到那种独立程度之前，他的命运通常就已经永远确定了。大多数人在困境中挣扎，在遥远的某个时机到来才知道自己能做什么之前就已经成为了"伐木工和抽水工"①。因此差不多每个人都被安置到了实质上最不适合自己的地方。尽管每代人中都有足够的天才存在，但由于对每个人都缺乏恰如其分的估价并被分配以恰当的工作，因而看起来总是出现

_____

① 出自《圣经·约书亚记》，原文为 hewers of wood, and drawers of water，指仆役做的工作。

相反的情况。等到他们对自己有了清楚的认识，能声言自身价值的时候，他们早已戴上了命中注定的镣铐，或被迫置身于某种境地，而自身内在的力量却难让自己得以逃脱。

第二节 人与人的等同性——才智的广泛分布——妨碍才智分布的途径——应及早甄别孩子从事不同职业的才智——提示更好的教育体系——寻求普遍法则

以上这些思考能帮助我们回答关于才智借助自然之手在人们之间分配的问题。

地球万物，特别是动物界或植物界的一切生命体，它们无一不被分类区别开来。因此，当人、马、树、花这些物体中任何一个出现在孩子面前时，他即便以前从未见过，也会很快学会这些术语。他会毫不犹豫地说出，这是一个人、一匹马、一棵树、一朵花。

动物界或植物界所有分类体都是按照属于某类成员所共有的大小和特点铸造出来的，尽管个体之间因无穷无尽的变异而相互不同。正是由于这些特征决定了每一个个体的类别。

我们则被界定为人类。

所有人类，除了怪物和畸形，都具有一定的形态，配以一定的肢体、一定的内部构造及感觉器官。那么，我们就不能再加点什么了吗？比如说智能？

这样看来，除去有身体残疾和智力缺陷的人，人更像人，更等同于人，而我们倨傲和挑剔的通性却使我们不愿承认这一点。

我倾向于撇开白痴和极端情况不谈，认为每个人都被赋予了才智。如果能够得到正确的引导，那么在真正适合其天资的领域中，他便能展现为一个灵巧、熟练、机智和敏锐的人。

然而，文明生活的实践和方式却促使我们成为了各种各样不同类型的人。这些不同的人被慷慨的自然之手置于我们的监管之

关于人的思考
▼

下，接受统一训练，就像刚入伍的新兵在操练长官的指导下统一
训练一样。

　　贵族、乡绅或有虚荣心或其他动机的家长，希望他们的孩子
从事某些收入丰厚的职业。这些人的孩子差不多都被送到了文法
学校。就是在这样的地方，根据判断，一百个学童里最多有一个
人拥有敏锐的洞察力，或者能够开辟真正属于自己的思想路径。

　　我并不反对这样的地方，如果人们对这样的学校追捧是适可
而止的话。有尽可能多的孩子有机会谋求今后在高智力部门工作
总是好事。熟知语言，把语言的各种精细之处作为课程来学，将
会使所有人为之受益。对于青年人来说，即便仅用半年时间来学
习拉丁语的入门知识，在其整个的未来生活中，也将或多或少地
使自己处于有利的位置。

　　但是文法学校的学童通常在那里学习七年。在许多情形下我
并不反对这样做。毕竟，对语言的学习和掌握是一个非常缓慢的
习得过程。培养那些以后注定要到所谓的高智力部门工作的人来
说，长时间的词汇学习是非常有益的，而他们在理论和系统知识
方面的进步则是非常泛泛的学习积累，被搁置不用，到他们真正
进行研究和独立判断的时候，这些知识又回到生疏的状态了。对
词句学习而言，这样的危险则很小。

　　但是这样的学习方法现在被盲目地效仿着，造成了极其严重
的后果。客观的观察者会很快作出判断，孩子对学过语言的掌握
是否到家，是否可能取得足够的进步。但是家长们并不客观。而
校长也并不适合对此问题表态，其原因有二：第一，如果他的态
度是否定的，那么他有理由担心会得罪家长们；第二，他并不想
失去他的学生。一旦可以确定，学童对所学语言掌握不到家，并
不大可能取得显著进步之时，那就是校长下岗之日。

　　儿童教育中最明显的不足是，缺少一个合理的判断，关于最
适合每个孩子的、能让他出类拔萃的职业或工作的判断。

　　根据莱克格斯①制定的制度，一旦一个婴孩降生，他将接受

————————

　　①　Lycurgus，公元前 9 世纪斯巴达的法典制定者。

来自政区长者们的检查，这些人将决定他是否会被抚养、是否可以被培养成为国家的有用之才。所以，人们期待就此问题能有一个及早的、切实可行的清楚分辨方法，这样，对于孩子未来的事业及命运，便会有个负责的决定了。

但是，要想解决这个问题，难度非同一般。要依充分的根据来提出一个圆满的解决方案，那就必须进行一系列的观察。应该给孩子介绍各种各样的场景，比方说，给孩子们看一本又一本的杂志，里面的内容涉及到人类所从事的各种工作及其就业技能。对于整个结果做出判定的观察者应该是个极具睿智的人，能够对孩子身上表现出的最细微最偶然的迹象做出判断。他应该目光敏锐、善于捕捉到孩子们眼睛的不经意的转动以及嘴唇和肢体动作所表达的意义。

通常，孩子的意见是没什么用的。他可能早上一时兴起，有股冲动想做点什么，而到晚上，这股激情就烟消云散了。他的喜好就像我们有时观察到的傍晚的浮云的形状一样变化无常，而且都是源于一时的兴致或幻想，而非自身本质的表露。通常情况下，他希望从事某一种特定职业，那是因为他的玩伴儿已经在他之前被安排从事这样的工作了。

这样的重大问题，父母是不具备决断资格的，因为他们站在偏爱的立场，都希望自己的孩子能够成为一名大法官、一位大主教或者其他什么大人物，认为自己的孩子具有最终使其在世上成为显赫人物的条件。父母没有资格决断，因为他们是当事人，或者出于对自己孩子优点的夸大，或者由于自私地在培养孩子成人的巨大花销上退缩，他们急切地想得到一个结论，而仅从要考虑的具体情况本身是得不到这样结论的。

即便已经充分确定了一个孩子从事的最能受益的职业，也仍然会有无数的外界因素会阻止他从事选中的这个职业。造化不是根据人为的社会状态区分来分配它的人才的。那些需要精心雕琢辛苦培养，那些有朝一日会成为世界的骄傲和辉煌的天才们，可能出身于贫寒的家境；而适合成为一名出色的木匠或工匠的人，却由于出身官宦世家，便远远地背离了他真正的终极目标。

25

关于人的思考
▼

　　降生到这世上的每一个人，其命运都有着不同的安排。就像赛密斯托克利①那有名的说法那样，在这世上，有的人能弹萨泰利琴或竖琴，而有的人则能借助政治技巧和聪明才智将一个不起眼的小镇变成一座雄伟壮丽的大都市。

　　我们却很难深入洞悉造化的奥秘。

　　音乐才能似乎是人的幼年时期最能清楚确定的才能之一。从造化之手接受了这一归宿的孩子甚至在幼年时期就会对乐曲表现出异乎寻常的喜爱，并且不久便会学着哼唱一些调子。我相信，现今牛津大学的音乐教授，在他三岁的时候，便想要弹奏一种乐器，并表现出弹奏钢琴的特长，这是他自己想做的事，而不受周围任何人的鼓动。这就叫做有乐感。

　　同样与幼儿时期相关的才能也表现在绘画上。在这方面早慧的儿童后来在绘画方面也有所建树。

　　这两种天赋的存在看来是毋庸置疑的。

　　贺拉斯②说过："诗人生来就注定是诗人，而不能通过艺术才智赋予造就。"此言似乎不虚。诗人用自己独到的眼光观察周围的世界，那掠过他耳畔的声音在他身上产生的效果，留下的记忆，都与他同伴的感受不相同。他的感知异常敏锐：

　　　　　　诗人的眼睛，涌动着高雅的激情，
　　　　　　目光从天空扫向大地，又从大地扫向天空；
　　　　　　他用想象描画出
　　　　　　未知事物的形态。

　　若没有从造化得到天赋，要想通过艺术的训练获得这方面的才能是不大可能的。

　　大脑精密的网络系统，或其他能使一个人更适合某项工作并在此项工作中获得成功的物质，在活的或死的生物体中，都是很

---

① Themistocles（公元前 514—前 449），古雅典执政官。
② Horace（公元前 65—前 8），古罗马诗人。

难追踪或探测的。但是，正如人与人之间个体差异是无限的，因而没有两张面孔会相像到无法辨别，甚至从同一棵树上摘下的两片叶子也不会完全相同[2]，所以我们有理由认为，人类的感觉、器官及内部构造，也是种类繁多，各不相同的。尽管它们很精巧，旁观者触摸起来会感到非常纤弱，却可赋予某个人一种秉性，使其能在某些艺术领域具有极为高超的表现，取得极度卓越的成就，跃然于数以百万计的竞争者之上。

有人说，所有这些区分及预想都是无用的，因为人并不是生来就有思想的。无论这种我们称为造化的，造就了人类因而有恩于人类的无法理解不可解释的力量是什么，若要认为这种力量能够感知文明社会中人们各式各样无穷无尽职业的差异性，并由此来决定天资的分布，那这样的想法就是没有根据的。一个孩子不一定天生就是个鞋匠，因为他可能降生在一个人们都不穿鞋的地方，而他因自身构造天生就会成为玄学家、天文学家，或律师、杂技演员、算命先生或是魔术师的可能就更小了。

我们确实不能认定自然能够因文明社会中人们职业的差异性来分配才智。但同为事实的是，一个人因其内在构成会在形形色色的职业中从事某一个最适合的职业，并做得出类拔萃，尽管他的个人构造可能是和那种职业偶然联系上的。因此，对于杂技演员来说，能够遇事冷静，拥有坚定的信念，良好的柔韧性，以及肢体的完美比例是极具优势的。而对于魔术师来说，灵巧的手指，轻易就将我们的思路引到对其意图急速实施上去的能力，加之他们那泰然自若的神态，这样的神态与迷惑观众（比喻的说法是：把灰尘撒进观众的眼睛）的手法配合得非常协调，这些素质对魔术师来说是极为重要的。从事其他职业道理也是一样。

秉性也和独特器官的精巧或智能一样，能够使一个人在某个行业而不是其他众多的行业中表现出色。如果一个观察者对一个出生几个月的孩子不能说出与孩子一同来到这个世上的其秉性方

---

〔2〕 Papers between Clarke and Leibnitz, p. 95【原注】。克拉克与莱布尼茨通讯集 p. 95。

关于人的思考

▼▼

面的一些特点，那他就是一个非常粗心的观察者。

一个关于阿喀琉斯在斯库罗斯岛的传说是极具寓意的。阿喀琉斯被他的母亲男扮女装安置在吕科墨得斯①的女儿中，以免他受诱惑而卷入特洛伊战争。尤利西斯奉命去找出他。他向公主们展示着他的珠宝和各种妇女首饰，故意在其中混进一副盔甲。当阿喀琉斯看到这副盔甲之时，他的英雄精神马上被唤醒了。

每个人体内可能都有这样一根弦，相比其他的弦，它更易受到影响。它只需要一种类似的感觉便能唤醒其潜伏的特性。就像《约伯书》中描写的战马一般："它跃跃欲试，斗志昂扬；它冲上前去迎敌；它嗅到了远处的战场，听到了统帅的呐喊和士兵的厮杀声。"

没有什么比一个人与他自己更不相像了。当触及到他体内的主弦，他便与自己最为和谐；反之，主弦没有触及到，他便与自己最不和谐。就像李维②笔下的曼利尔斯·托科特斯③一样，由于他怪异的行为及其对各种教诲都持桀骜不驯的态度，他被父亲放逐到父亲管理的乡下人中以示惩罚。但当他得知他的父亲被控对他施行野蛮管理时，他毅然决然地找到了起诉者，并以死威逼其撤销对他父亲的起诉，他朝着昂扬的气质与不俗的举动方向就这样迈出了第一步，最终，他被证明是罗马共和国历史上最杰出的人物之一。

一些孩子的父母无意将他们培养成能在高智能部门工作的人，所以就没有想过让他们接受传统教育。尽管如此，他们中的大多数还是会把他们的孩子送到学校去学习算术和英语语法知识。就像我前面对传统教育说过的那样：对于这些门类基础知识的学习，即便是非常少，也还是有益的。

但是人们经常会发现，就像在教授传统教育的贵族学校里情形一样，在普通学校学习的大部分学生被认为是没有希望的，也

---

① Lycomedes，希腊神话斯库罗斯岛的国王。

② Livy 即 Titus Livius（公元前59—公元17），古罗马历史学家，著有《罗马史》142卷，涵盖古罗马770年的历史。

③ Manlius Torquatus，古罗马时期的执政官。

就是所谓的迟钝。据观察，问题在于相关人员倾向于将这些学生归为那些白痴蠢人之列，认为他们缺乏任何独创性思维。

我们若得出上述结论是没有道理的。

首先，正如已经观察到的事实那样，对于校长来说，世上最困难的事就是激发学生尽其所能，做到最好了。绝大多数在校男生内心都与他们被置于其下的校规校纪作对。教师要他们向东，学生偏要向西。学生的目标就是，找到一个方法，能以最少的遵守校规的代价，最大程度地逃避责罚。面对摆在面前的工作，他没有哪怕一丝一毫的进取欲望，眼神茫然而游离。在这种情况下，我们所奇怪的便不是他为何不能成为一个杰出人物了。这更多的是一种证明：对大多数人来说，要学习一点东西都需要某种顺从的精神。校长肯定通过学习取得的进步来衡量学生的智力，学生对于这样的学习又是最乐于找借口推脱的，这时，校长便如预期的一样，接连不断犯下最严重的错误。

对个人才智的真正检验是看成功的欲望和有成效地完成某项工作的欲望是否已在他年轻的头脑中被唤醒了。无论是谁，当他发现了自己具有胜过他人天资的那个时刻起，他便成为一个新的生命。那种绝大多数人普遍具有的愚钝和智力休眠状将离他而去。从我们能自由舒展自己的肢体那一时刻起，便开始对运动怀有了一种稚嫩的爱好。娱乐是每日所需，但倘若人没有严肃认真的时候他就不会那么喜好玩耍。也许每个人都能感受到理想的激励。每当他想到他也能成为一个出众人物，而不是一个名不见经传、生来便注定用来填补人类社会大棋盘某个方寸之地的一颗平凡棋子时，他就会感到很兴奋。他希望被人重视，被人关注。不只是被人赏识的愿望使他兴奋，他也按令自己满意的方式来行动。自尊对每颗心来讲都是一种亲切的情感，这种情感要被公正对待可能会有难度。当一个人在感受天性自然流露的时候，他会觉得每一次努力都会产生他预想的效果，他前面有个目标，他一步步在接近这个目标以前，他像是被包裹在层云叠雾之中，看不清任何东西，像一个盲人一样左突右撞，现在，智慧之光已降临在他头上，他每走一步都带着坚定不移的自信。

人们常由衷地感叹，当我们想读一本书的时候，便会从中获得十倍于我们将其作为任务来完成的收获。这与一个人选择职业的道理是一样的：当他选择的职业是真正适合他本性的时候，他就会感到很踏实。若将这样的人与内心不情愿学习语言与文学、算术或其他知识的男孩相比，后者就像莎士比亚描写的："像蜗牛一般极不情愿地挪向学校。"他们都是人类，但看上去却是那么的不同。

以上这些观察有力地证明了本篇散文之前提到的观点，那就是，除了蠢人和某些特殊情况，每个人都被赋予了一定才智，如果能够得到正确的引导，那么，在真正适合他们天赋的领域中，他便能展现为一个灵巧、熟练、机智和敏锐的人。

第三节　关于我们共性的令人振奋的观点
——所有人都具备的条理性阐述的能力——本篇论文观点与爱尔维修①假说之比较——愿意学习的学生与不愿意学习的学生之对比——传统教育模式的有害倾向

我们都被赋予了共性，这是多么美妙又令人振奋的看法啊！我们的同类，某些盛气凌人百般挑剔的批评者要我们相信，一千粒种子被播种到广阔的土地上时，可能只有少数种子能够茁壮成长，成为杰出卓越的人物。至于其余的那些，即使起初它们没有完全死掉，也只是很艰难地存活下来，很可能会成为那些更优者的养料。其实，这并不是事实。相反，根据我们前述观点，每个人都有可能在某个领域闪出光芒，可以考虑如何满意地发挥自己的能力。他在自己的领域创造的成果，与比他更出色的人所创造

---

①　Claude Adrien Helvétius（1715—1771），法国18世纪著名的唯物主义哲学家和教育家，也是一个教育万能论者。

的其他形式的成果相比，可以一样完美，毫不逊色。他带着一份平静的自信跨入他的同类之列，说："社会中也有我的一席之地，我充填其中，有权利获得满足。"他在工作中表现得灵巧，手脑结合且完美配合。一个合格的观察者会从中发现他的个性特点的。

他不再像个普通的在校男孩那样腼腆，天性上对于老师交给的任务格格不入，在学长面前毕恭毕敬，面对他们经过时对自己的评头论足与他们对自己的欺负时不敢有丝毫异议。在涉及到自己的研究与劳作领域话题时，他可能会谈吐自如，给予那些在其他方面聪明而富有成就的人以指导，其条理性与融会贯通能力不亚于那些人运用自己天赋的分析能力对相关问题的分析。就像《约伯记》中的以利户所说："我年轻，你们年长，因此我说过，年长的当先说话，寿高的当以智慧教人。但人都有灵，上帝的灵气使人聪明。尊贵的不都智高，年长的不都明理。因此请听我言，我也要陈说我的意见"。虽然上例这种情况得到肯定，在实验中却不是总能应验。就算是最卑微的工人，只要他倾情投入，都会在工作中感受到荣耀，在回顾中感到满足，并能够出色而充分地谈论他所从事的工作。他对自己有一份合情合理的自信。如果有机会让他说说他工作的话题以及他采用的办法，毫无疑问，他的回答会使听者十分满意。他知道他的解说圆满而有气度，是经得起严格检验的。

不过，即使他有与自己的地位相匹配的清楚阐述问题的能力，当他面对不想聆听他述说的人时，也只能归于失败了。他常常遇到这样一些人，他们在既成的社会结构中处于优越的地位、更多的语言天份，且由于财富而具自信，并多少受过所谓的人文教育。这些人会瞧不起他那朴实无华、毫无修饰的谈吐。这样的结果，可能也不是他所期盼的。在受了数次这样的对待后，他不希望再遇到这样的事了。他知道自己所说的东西的价值，但当他发现其他人无意倾听到他的建议时，他便安然将他的这些建议埋在了心底。

需要补充说明的是，尽管他能够清楚明白地表达自己，但他

关于人的思考

▼

并不是语言大师，没有优雅华丽的语言，他甚至可能不能准确地运用语法。他的声音也不适合表达那些令人赞叹的婉转变化的腔调，那些是社会上层人士习惯表达的方式：

> 老年人听了娓娓忘倦，
> 少年人听了手舞足蹈；
> 他的口才是这样敏捷而巧妙。[①]

　　作为对照，他粗俗的表达方式与上述的感觉却格格不入。于是，他便很容易遭受那些轻浮自大的人耻笑。这些人不满意他能够用的清楚恰当的表达方式，不怎么信任他，几乎不愿意听他讲话。

　　以上这些现象让我们再次思考下述普遍看法的原因所在：人类大多数都很迟钝，思路狭窄而混乱，大量男孩在他们受教育的过程中看上去都是如此。这是因为他们的教育者所教授他们的东西很少能开启他们的好奇心并激起他们表现出色的欲望。被掩盖了的抱负之火还没有在包裹它的外壳中熄灭，还是它产生于自然之手时的最初状态。同样的，那些年纪稍长的人，他们要么还没有感受到人文教育的好处，要么从中获益甚少，缺少外部的良好熏陶，因此他们普遍在倾听别人时缺乏耐心，又无自信与愿望告诉别人他们知道的东西。

　　而对于后面这类人，如果在谈话中无人理睬他们，这类话题又是他们关注并付诸了聪明才智的，他们拥有的本来可以获得喝彩的知识和技能并不会因此减少。于是，他们便淡然地将他们所学得的一切在心里封存起来，并满足于别人认为他们并非是同时代各司其职的人们中不能充分胜任其角色者。

　　那些赞同人、会不断改进观点的人会受到爱尔维修理论的极大鼓舞。爱尔维修理论肯定人类的头脑在刚降生到这世上时都是同样无差别的，都是准备好可以学习任何学科、接受任何指导

　　[①]　莎士比亚喜剧《爱的徒劳》（Love's Labour's Lost）第二幕，第二场。

的。那么，起决定作用的就只有教育了。最广义上的教育这个词包括每一种可能加之于头脑之上的印象——从我们出生那一刻起，无论是刻意的还是偶然的——决定我们会成为诗人还是哲学家，舞者还是歌手，化学家还是数学家，天文学家还是分析我们共有才能的分析家。

但实际并非如此。在本文中已经阐释过了：天赋，或者更准确地说，个体适合培养的原始状态，像音乐或绘画方面的，取决于我们与生具有的某种特质。诗人的培养也可以如此肯定。人与人之间的差异是无限的，没有两张面孔会相像到无法辨别，甚至从同一棵树上摘下的两片叶子也不会完全相同。同样道理，无论是人类的感觉、器官、还是内部构造，都是种类繁多，各不相同的。尽管那么精巧，旁观者触摸上去是那么纤细，它们却能确定个人的秉性，决定其在某个特定技艺或才能方面，而不是在任何其他方面，达到出众的程度。

细想一下，这种看待事物的观点比爱尔维修理论关于人可以不断改善的假说如果不是更有道理，至少也是一样在理的。这位哲学家认为，降生到这世上的每个人都有能力变成或被培养成像荷马、培根或牛顿一样的人，而且这对每个人都一样容易做到，把握十足。如果这种观点真能受到诚心信奉的话，无疑教师和学生都会受到极大的鼓舞。因为，如果这是真的，它便告诉我们任何事都可造就成任何其他的事，只要是头脑在可能的范围内，不仅可将头脑提高到出色的程度，而且，我们更愿意看到最诚挚的期望，便是所有头脑都能达到这样出色的程度。

不过这种观点同样也会使教师和学生感到很不满意，因为它在我们面前勾画出过于空泛和不确定性的景象。我们将长期处于选择发展哪种特长与容易取得进步的广阔领域之间的权衡状态：没有地标或指南针指引航向，要想感到可靠的自信并能预想到未来的成功，这几乎是不可能的，而这样的自信与预见又是完成真正艰辛的工作所必不可少的。

但是，依据本文所阐述的原理来看，情况就大不相同了。根据这个原理，为我们每个个体所提供的学习科目都是更适合特定的培养目标而不是其他。对这样投入地进行个体学习我们都很兴奋，而且会更为准确地发现个体的本性与天资正是特别适合他所从事的学习。我们可能会花很长时间来抉择。我们甚至可能面临犯重大错误的危险，不过随后的观察则能使我们改正那些根据以前的观察所作出的推论。这种关于我们共性的观点促使我们进行艰苦细致的观察，而艰苦细致观察的结果又会使我们的睿智得到回报。

除此之外，我们还有两个重要的收获。

首先，我们确信每个小孩生来都有适合他的领域，只要他足够投入，便不会成不了出色人物，也就是说，他会被看成有才干，灵巧熟练，聪慧机敏的人。这样的看法有充分的理由激发我们为我们所关注的孩子确定恰当的目标作深入细致的观察。

其次，有了这样的认识，我们会发现，我们处在一种与监护人及教师完全不同的窘境。这些人碰巧选择了做着自己认为应该做的事情，受到了狂热的抽象哲学那自以为是的断言所激励，一定常常私下对最后的结果产生疑虑，尽管他不愿意这么想。他也许会成功，向惊叹不已的世界奉献出一位完美的音乐家，画家，诗人或哲学家。即便碰运气也可能有中的的时候。不过他很有可能是失败的。"人人都想获得成功，到头来可能一场空"。[①] 而且，如果他失望了，他不仅会对最后的结果失望，还会对这一过程的每一个阶段都失望。当他尽其所能、全力以赴、投入了所有精力时，他都可能会以这样的方式结束每一天：有时候有一丝朦胧的成功感，有时候则是完全失败的空虚感。相对于努力，若有一次得到了应有的丰硕回报，那么后一种感觉则会发生千万次。

但是，当一个孩子的目标，通过一系列对其才智、表征以及他早年偶然表现出的兴趣仔细研究之后而被确立时，那么接下来为他设定的每一步都会给他带来一种新的，更实在的满足。当他被严肃告知什么才是最适合他才智的人生追求时，他的眼睛一下子亮起来了。除了他出生时被赋予的生命外，他的第二次生命又

———————————

① 拉丁语原文：Sudet multum, frustrague laboret.

降临在他身上。此刻，他感到他拥有了值得生存的东西。他感到如此惬意，存在于完全适合他的领域。他所付出的每一次努力都是成功的。在他不断进取的赛程中，每次在休息处停留，他便满足地回顾他所做的一切。老师的教导不如他自己主动的获取奏效。

与学校教育的一般课程相比，这种教育方式是多么地不同啊！学校教育中所设置的每门课程，都会导致教师与学生之间一种间接的战争——教师声称他们的目标是使被教授的学生获得知识；而学生带着厌恶的情绪看待期望在他们身上产生的教育效果。学生们愿意干任何事情，唯独最需要他们注意的学习，恰恰是他们十分抵制的。这样看来，无数学校，用不太准确的比喻来描述，在某种程度上就是思想的屠宰场。就像李维所叙述的占卜官阿克修斯·纳维斯①那样能用刀片将磨石劈开——差别就在于：现在的教师们并没有被赋予创造奇迹的能力，当用他们之手来尝试的时候，他们所付出的努力只能是换回令人遗憾的失败。知识很少被传授了，尽管教师们执着于一贯的勤勉并坚持做着无效的尝试，科学的硬壳还是很难被钻进哪怕是一点点，而造物主赋予我们的无价的礼物——人类才能的锋锐性，却被磨钝毁坏了，以至于它很难被有效地利用，即便是用于原先最适合的用途。

无数学校都是最糟糕的、恣意对我们天性不停进行蹂躏的场所。我们根据一个持久重复的判断被这样教育着，这个判断就是，大多数人注定都是些傻子。

这绝非建议减少任何孩子一点点的写作和算术，甚至是传统基础知识的教授，只要这些知识教得实用。问题在于，我们以坚韧的毅力月复一月，年复一年地播种，但最后确切知道的是，培

---

①　阿克修斯·纳维斯为李维的《罗马史》中记载的古罗马王政时代塔昆国王统治时期的占卜官。据李维记载，他制止塔昆不征求占卜官们的意见就扩大部族数量的做法。塔昆问他头脑里的想法是否可行，纳维斯回答："毫无疑问。"塔昆于是要他用手中的刀将磨石劈为两半，以证明他的话可行。纳维斯于是奋力挥刀一击，磨石应声分为两半。

关于人的思考 ▼

育不出合格而茁壮的庄稼。

　　而更糟糕的是，一旦土壤不能生长出我们所期望的丰硕果实时，我们便会习惯性地宣称这片土壤是一无是处的。大部分男孩，恰恰是在他们的智慧之花开始绽放时，却已经如此地习惯于被人告知他们是愚钝不堪、一无是处的，从而不可避免地产生了极坏的影响。他们一半相信了这些不停在他们耳边呱呱唱歌的乌鸦不祥的聒噪，一半又并不确信断言他们无能的说法，但他们却将自己的能力收藏起来，什么也不做了。他们一面满足于将自己的能量浪费于无所事事与玩耍活动上，一面则懵懵懂懂地等待真正的命运在他们面前展开的那一刻到来。

　　绝非期望孩子在早年人生道路上不遇到坎坷与挫折，只应永远踏行在"花街柳巷"① 中。有时乌云和暴风雨也能洗涤智慧的尘埃，就像洗涤可见世界尘埃一样。通往科学之巅与美德之岬的道路是充满艰难险阻的，随时都在考验那些勇攀高峰者的勇气与力量。

　　每个人要学习的东西有很多，而且只要是适合文明社会体系的，这些东西都是可以让他来学的。应该引导他尽可能自愿地学习，但如果这种引导没有完全奏效的话，也要让他有一半的愿望。除了要学习阅读、写作、算术及语法的基本原理外，还应尽可能加上通常用到的所有学科的基础知识。然而，对于后者的学习不能过早进行，如果能适当地延缓，初学者在一定程度上自己就会走进教师的视野，有意愿地去尝试"肩膀能担负什么，不能担负什么"②。不过重要的是要鼓励对这些知识的基础阶段学习，因为它们开启了我们的想象力之门、使我们了解到我们同类的感受，他们的快乐与痛苦，并且教会我们站在他们的立场考虑问题并渴望帮助他们。

────────────

　　①　"the primrose path of dalliance"，莎士比亚悲剧《哈姆雷特》中的人物奥菲莉亚语，与险峻之途相对。
　　②　拉丁语原文：Quid valeant humeri, quid ferre recusant，源于贺拉斯《诗艺》（Ars Poetica）。

第四节　珍重我们真正的秉性与才智到何种
　　　　程度——自我尊重的推崇——结论

　　我认识一个智能超群的人[3]，他最爱谈论关于道德审慎的话题之一便是，世上最大的错误在于，一旦我们发现了青年人头脑中的特别抱负，我们便会不遗余力、倾其所能地帮助他们实现这种抱负。他所持有的相反的观点是：我们真正明智的做法是在青年前进的途中设置障碍，阻挠他成功。因为我们确信，如果他的抱负不是一时心血来潮，他一定会显示出他的力量并战胜一切困难。我们所设置的障碍反而会激励他更加热切地想赢得最后的成功。

　　这里所述的格言如果被无限制采用的话，这无疑是非常危险的。有些障碍是任何人的能力都无法克服的。"贫寒"有时会"压抑最有理的愤怒"①，而人的精神几乎就是"愤怒"激发的。我们最明智的做法可能就是不动声色地支持这些胸怀理想的年青人的真正爱好，即使我们看上去是最反对的。

　　但最重要的是，我们不应该教他以太慢的速度来估量自己的能力。毕达哥拉斯②所谓的《金诗》中最明智的箴言之一就是：他教导他的学生要"尊重自己"。抱负是埋在人类灵魂的花园中最高贵的根基，这种抱负不是为了被人喝彩、受人崇拜，不是为了成名、受人景仰，也不是成为"愚人们注目和欢呼鼓

---

　　〔3〕　Henry Fuseli【原注】。亨利·福塞利（1741—1825），瑞士画家。

　　①　托马斯·格雷语：Chill penury repressed their noble rage（贫寒迫使他们克制自己全然有理的愤怒）。

　　②　Pythagoras（公元前580—前500），古希腊哲学家、数学家。

关于人的思考 ▼

噪"① 的热门对象，而应该是这样一种理想，期望在社会的舞台上占有一席令人尊敬之地、成为有用的、受人重视的人，在离职的时候，感受到我们并没有白活一世，有资格成为最有荣耀的人，具有彻悟的自我嘉许的人。没有什么比那些坦率天真的孩子们遭到的来自傲慢自大的书儒永久或暂时的否定，以及他们无情长者们生硬的决定，更能使这种抱负不但无法实现，甚至连想都不敢想。

在学生思想中培养出的自我尊重是一个实施良好的教育所取得的最有价值的成果之一。要想使其圆满完成，切不可让学生感到他是愚钝无知的。根据本文的原理，学生们所显示出的任何不佳的表现都不是源于他们愚钝，而是那些对他们实施监管的人造成的错误，因为这些人要求学生做不适合他们的事，并忽视能发挥他们特长的事。

如果自尊是良好实施教育所取得的最令人赞赏的成果之一的话，以下这些则是更有必要的了。由于我们不应该用不雅和羞辱的语言来贬低学生在他自己眼中的地位，所以我们应该尽量避免个人虐待及用主人对待买来的或契约奴隶的手段来对待他们。屈辱是所有事情中与人文教育的最佳目标最背道而驰的。有时，有必要对那些处于青少年时期的人——哪怕是在最适合他们的人生追求中——提供一些告诫及劝谏这样的鞭策，目的是促使他们克服人，特别是在青少年时期的人，容易沾染上的浮躁及阵发性的懒惰这样的毛病，不过在这样的人生追求中这种鞭策的必要性一般可能很少考虑到。弓不一定总要绷着，有时，我们也需要放松一下，干点荒唐事。人们便更容易想到，对于前面所提到的那些只有一半意愿学习的孩子，也许更合适给他们点刺激以激励他们学习。怪诞的行为是决不能纵容的；警告是有益的，教师应该提

---

① 出自亚力山大·蒲柏长诗《人论》（*Essay on Man*）"One self-approving hour whole years out-weighs of stupid starers and of loud huzzas"（终究一个小时的自我赞赏，胜过愚人们的注目和欢呼）。

醒学生冷静思考与果毅行事。每个忒勒马科斯①都应该有他的良师益友，但在整个学习过程中，一定不能挫败学生的锐气，不应傲慢无礼地对待他。在任何情况下，惩罚都应该被看作是最后的迫不得已的手段，并且作为问题按照明智之士的聪明办法来解决，尽管可能出现必须采取这样惩罚的紧急情况。

这里所阐述的原则极为有力地证明了在将一般人最大价值充分培养出来的艺术方面我们所取得的进步是多么微小。每个人都有他自己的位置，只要定准了他的位置，就算是最挑剔的评判者也不能瞧不起他。但是要实现这样的安排，就需要给予充分的关注来确定一个人能获得最大成功的人生目标。在印度，全体社会成员都按照等级制度作了划分。在那里，并没有对每个孩子特点的早期表现进行仔细观察就已经在他来到这世上之前决定了他将成为牧师还是军人，是物理学家还是律师、商人或是艺术家。欧洲的情形并没有像印度那么极端，所以也没有错得那么离谱，但是我们中间同样愚蠢的因素却也繁茂。大多数情况下，一个人出身的偶然，就决定了他的生活方式，无论他对这样的生活方式如何抵触。只有极少数情况，靠着任何专制都无法使其屈从的力量，才能逃脱这致命判决的实施。

造化从没有创造过傻瓜。低能的心智就像动物里的残疾一样，是极为少见的。如果这种观点是对的，那么我们只需记住，充分地相信自己。迄今为止社会对其成员命运犯下了多大的错误，而且在我们为我们的共有本性洗涮掉加于其上的所有最为卑鄙的中伤之前——这样的中伤是所有褫夺人权行为中最为致命的——我们还有很多事要做。

伏尔泰曾说过这样一段话，大致意思是这样的：毕竟将天才与一般人区分开来的分界线是微小的。虽然我仍然记得我是何时何地读到这段话的，但我却不能找到此话的原文。然而此

---

① Telemachus 希腊神话中俄底修斯与其妻佩涅洛佩之子。俄底修斯出征特洛伊时，忒勒马科斯尚幼小。俄底修斯于是托忠实朋友门托尔（Mentor）帮助将其抚养成人。后门托尔成为良师益友、导师的代称。

刻，我却需要提到这段话，因为借此我可以说明现代名人与尊敬的昔日文学先贤——我在本文前引用了他的名句——能够如此地英雄所见略同，以从某种程度上证明了我阐述过的主张的真实性。

第三章

论才智的夭折

在前一章中，我努力确立起这样一个命题：除愚人和极个别例外，每个人都被赋予了才智。如对这些才智加以正确引导，那么在真正适合他天资的领域中，他便能展现为一个灵巧、熟练、机智、敏锐的人。

然而，有一种现象正使人类日趋置身于不容乐观的境地，而且这一现象绝非少见——正如事实所示，许多人被迫置身于并不合其自身才智的境况或追求之中，让同时代的人感到既可悲又可笑。

还不仅于此。人们不仅仅因其父母荒唐的选择或外界环境各种因素强制作用而误选目标与职业，以至永远难以脱颖而出，而且往往在没有任何外部压力的情况下，他们自己拿主意选定的奋斗目标仍明显与其自身能力不符，这也就注定了他们的努力必将以失败告终。

记得有这样一个青年，他被培养成为一名理发师。但他却认为自己亲历了艺术之神缪斯的秘密造访并被赋予了艺术灵感。"出于无奈的礼貌，忍住头的疼痛"①，我仔细阅读了至少六部出自这位满腔抱负青年之手的喜剧作品。但在这些作品中，没有一页能让我找出诗意或智慧之光的闪耀。事实上，在这连篇累牍的赘述之中，实难猜测作者究竟是何用意。诗人蒲柏在其讽刺作品的序言中提到过这一类人物：

> 一位牧师，边喝啤酒边发呆的牧师，
> 一位伤感的女诗人，和韵律打交道的同辈，
> 一位职员，注定承袭其父的精神，
> 本应潜心读诗，却拿起笔来创作。②

每一位剧院的经理，每一位有声望的出版商年复一年地向您

---

① "With sad civility, and aching head" 此句由蒲柏诗《与阿布斯诺博士书》（Epistle to Dr. Arbuthnot）中的句子变化而来。原文是"I sit with sad civility, I read with honest anguish, and an aching head."

② 出自蒲柏诗《与阿布斯诺博士书》（Epistle to Dr. Arbuthnot）。

关于人的思考 ▼

提供大量的、汗牛充栋的被玷污的纸张，证实了这种现象的频繁发生。

然而这一令人痛苦的错误原因并非在于外界因素，并不是每个人都不能通过自然之手获得适当的目标，进入某一领域。在领域内，倘若他活得足够长久，便可确保得到邻里们的尊重，便可在其墓碑之上铭刻："此生虽已休，事业有尊荣"。

人性中最突出的弱点之一就是不知足。就人类思想而言，最无可置疑的特点之一就是热衷新颖事物。"未知的东西总以为是宏丽的"①。我们对那些构成日常生活方方面面的事物已是熟而生厌，迫切想要尝试一下那些于我们尚为陌生的新事物。透过迷雾与朦胧，任何事物在我们看来都妙不可言，只因我们看得不够真切。任何事情，一旦我们有充分把握获得，且不费吹灰之力，鄙视之情也便随之产生。与实力更加强劲或训练更为有素的对手较量，会让人振奋，让人快慰。但如若胜利来得轻而易举且毫无悬念，那么其感受将与此大相径庭。

每个人都清楚自己必然可办到的事，因而这便不能被看作是远大抱负的目标。我们许多人心中怀有类似传道者表述的精神："忘记过去之事，朝着未来迈进。"只要这一原则得到明智地实施，那么将没有什么行为能比之更值得赞扬。进步乃人间正道，我们不能停滞不前，不进则退。当莎士比亚写成《哈姆雷特》时，并不知晓他会在日后创作出《麦克白》与《奥塞罗》。

但是三思而行的人在很大程度上是沿循他已置身其中的路径前行。如若涉足新的领域，他也必定会经过一番深思熟虑，而不会随意追求。他会仔细审视自身能力，判断这些能力最适宜从事什么事业。"人人都想获得成功"②。他会像初次置身于轻薄的小船，为惊涛骇浪所拍打；他会紧靠海岸，为其行动的风险感到担忧；他还会感到保持高度警戒的必要。慎思的人，只有当他感到

---

① 拉丁语原文：Omne ignotum pro magnifico est 出自古罗马历史学家塔西佗（Tacitus）的《阿古立可拉传》（*Agricola*）。

② 拉丁语原文：Sudet multum。

全部思绪都为想做的事情所占据，当血管中的血液都阵阵澎湃，当双眼中闪烁着意志的热忱，当他的内心感觉有如神助，才会开始付诸行动。

　　不过愚蠢之人却草率行事，不计他的仓促行为会给自己带来什么样的危害。他不研究将要穿越的国度的地图，也不测量他面前地面的倾斜——隆起的山丘和下降的斜坡。这种人做事盲目，欠考虑，仅凭一时冲动。

　　愚蠢者的情况与一名为奥利弗·哥尔德史密斯①的人极其相似。此人在措辞方面极富才能，他的散文行文自然流畅，辞藻华丽优雅，宛如塞壬的歌唱；他的诗篇是英语中最富激情、最真切自然的那类。但他却不甘于此。若遇技艺精湛之舞者，他便觉得自己没有什么理由做不到同样舞技纯熟，立即就要一试身手；若听到音乐家的完美演奏，便要与之一决高下。他的所作所为与一乡野之人如出一辙：为一副眼镜讨价还价，还装模作样地拿面前的书本来试验效果如何。当终被问及"离了眼镜您能读书么？"他就不得不回答："不知道，我从没试过。"哥尔德史密斯的虚荣心无边无际，而他诸如此类的尝试也必然以荒谬可笑的失败告终。

　　处于我们视野之中的东西，是其光彩与非凡之处唤起我们内心的激情。某些成就与造诣获得喝彩与盛赞，从而激起我们的向往。我们像年轻的特米斯托克勒斯②抱怨米而提亚德斯③的战利品让他无法入眠；我们像稚嫩的基多④，一边欣赏米开朗基罗的画作，一边大喊道，"我也是画家"。特米斯托克勒斯和基多是对的，因为他们与其所钦佩的伟人们有着同样的精神。但是给予他

---

　　①　Oliver Goldsmith（1730—1774），英国诗人、剧作家、小说家。
　　②　Themistocles（约公元前525—前460），雅典国务活动家及将军。他是打败波斯人第一次入侵时雅典的军事统帅，也是雅典海军的奠基人。
　　③　Miltiades（约公元前550—前489），古雅典统帅，曾率雅典军队在马拉松平原抗击入侵的波斯军队，获得胜利，从而名垂后世。
　　④　基多·莱尼，Guido Reni 也译作古伊多·雷尼（1575—1642）意大利博洛尼亚派画家。以其神话和宗教题材作品中所表现的古典的理想主义著称。

人的称赞往往给那些受自然眷顾最少而无法获得类似称赞的人们带来不安与叹息。人生路上，我们不甘心个人功用与价值被湮没而无闻。我们渴望为人所景仰，因此常常陷于种种追求。而对于这些追求来说，或许在所有人中我们是最为不适合的，每个人都有可能比我们做得好。

而这一点恰是以下现象的原因之所在：我们看到如此多的人本可以荣耀地度过此生，在作出了毕生的努力之后，结果却可能弄得自己荒谬之极。

关于这一点，需要补充的是：纵使是古往今来最具智慧的人，也缺少自知之明，尤其是在人生起始之际。以其英勇功绩而得以名垂青史的人，在人生之初，或许远不曾料到他竟能创造奇迹，创造标志着他人生成熟的奇迹。他很可能会惊叫起来，就像圣经里哈薛那样惊叫："难道你的仆人比一般人强，可以做这样的大事？"①

即使是有史以来最卓越的诗人，当他还是个青年时，或许也未能意识到他头脑中所蕴涵着的财富，也不曾料想终将等待他的崇高命运。既然如此，那么，一些人从左右其思想的麻木与迟钝中觉醒，竟又去相信那终将不会属于他们的命运，去期待那命中注定永不可享有的荣誉，就让人感到奇怪了！基于同样的原因，当失败不期而至，他们起初不愿意灰心泄气，并鼓起勇气，不懈坚持，"没有希望，但仍相信希望"。

这解释了为何文学事业上有无数的失败。这一现象不仅限于文学。在所有留有人类印迹，并拥有壮丽迷人景色的条条道路上，永远有莽撞的冒险行为，而这些冒险几乎没有一丝成功的希望。"懒惰的牛垂涎马的鞍。"②

---

① 哈薛（Hazael）是圣经中的一个人物。预言者以利沙（Elisha）曾预言他将对以色列人施暴，并成为叙利亚王。哈薛很吃惊，回答说："可是，你的仆人难道不是条狗（指哈薛自己）吗，怎么可以做这样的大事？（But what, is thy servant a dog, that he should do this great thing?）参见《圣经·列王记下》。

② 拉丁语：Optat ephippia bos piger. 原文为 "Optat ephippia bos piger, optat arare caballus"，[出自贺拉斯的《书札》（*Epistles*）]。

所有人都离开自己位置而一飞冲天。①

但是除了这些彻底又触目的失败外，存在着令人更加惋惜的失败案例。年青的人们在人生之晨，踌躇满志踏上征程，旗帜飘扬，号角激荡，精神振奋，但他的人生航程却注定以彻底的挫败为结局。我目睹过这样一个人，其早期导师对他抱有最大的希望，他的前辈对他交口称赞，而他同龄的年少竞争对手也毫无迟疑地坦言其优势地位，躲闪两旁让他一路胜利向前。但最终，他却一无所成。

现实中，天才的辉煌征程是困难重重的。"赛跑未必快者赢，打仗未必强者胜。"②他要掌握许多未曾想到的才能。这些才能不仅每一种都要扎实深厚、卓越不凡，而且各种才能还要合理分配，这将决定结果是否尽如人意。天才的行进犹如一支飞行的箭，一丝微风便可使它偏离轨迹，使其最终与其既定目标相去甚远。因此，无论是多么敏锐的预见，都几乎不可能断言志向最远大的开端都定会有预想的结局。

还有这样一个人，他想象丰富、学习勤勉、又有极佳的记忆力。凭借其敏锐的理解力，他不仅可以洞悉一切，条分缕析，还同时为先贤智慧和学识增加新的积累。但此人也注定要经历人生中依次相继的各个阶段，看起来总是积极进取，总是不停工作，然而却没有留下任何能令其名垂后世、更没有任何能足以展示出他所具有的优良品质的东西，那些只有少数亲密挚友才了解的存在于他身上的优良品质。

头脑中有些念头来得犹如闪电一般耀眼。你若能捕捉那一刻的光亮，它仿佛将给予人类后世更加耀眼的光芒，几乎令天日暗淡无光。但就在你还没来得及说"它在这儿"，就已消失得无影无踪了。它似乎要向我们揭示未知世界的秘密，但我们还没来得及领略它眩目的光芒和壮观的景象，阴云就再次积聚，将我们笼罩。

想要留住天才的灵感，并使之持久，两个条件尤不可或缺。

---

① 出自蒲柏《人论》（An Essay on Man）。
② 出自《圣经·传道书》（应是）9：11。

关于人的思考
▼▼

首先，讲演者或者作者应充分理解需要传达的思想；其次，演讲者或作者应借助词句切实地向他人表达这一思想。萌发这些思想的人会时常需要一种稳定心绪状态来确切地传达他们的思想，但恰当的词句并非总能信手拈来。实际使用中的语言就像是个大迷宫，就像古老的海西森林①。我们被告知，走出这片森林至少要六十天。如果我们连路线都没有就尝试进入，将必死无疑，连思想和记忆也将同我们的肉体一同殒灭。

当这个思想的传达者讲话或写作时，他造出的句子中会充满困惑与混乱。这些句子冗长繁复、总不能恰到好处地终止，而且其中充斥着一个又一个插入词句。我们察觉到这个写作句子的人一直在绞尽脑汁想表达某种意义，但总不能遂愿。他就像个被抛入大海的人，没有任何本领与肆虐的大海抗衡。他可怜无助、苦苦挣扎，但尽管他竭尽全力，却仍无法自救。他深陷于一种莫名的窘境。看着他之后的另外一个人不费周折，泰然自若，直截了当，全然没有意识到有何麻烦，就道出了他搜索枯肠也未曾阐明的意义，这足以让人赏心悦目。

很多原因会引发这类失败：在最肥沃的土地上，撒播最优良的学习、观察的种子，却根本没能让我们获得按常理设想所应得到的收成。许多这样的人是在懒惰与犹豫不决之间耗费掉了自己的生命。他们尝试做许多事情，并拟定出计划。如果这些计划施行得当，或许可以为一个民族的史册增辉，并拓展人类思想的疆域。但是这些计划刚刚开始施行，便被弃置一旁了，为我们许诺下美好的一天，时间还未及正午，这美好的一天就被最黑暗的暴风雨和漆黑的云朵所吞没。在文学的花园里，他们像蜜蜂一样从一朵花飞到另一朵花，但却不像蜜蜂一样在每朵花的枝头吮吸花蜜，充盈公共储备，丰富思想宝库。导致这一现象的原因是用心不专，总是被表面的新颖所吸引，从来不能下定决心，坚守既作出的抉择。

---

① Hercinian Forest，古日耳曼最大的森林。据说凯撒曾测算，要用 60 天才能走过其长度，9 天才能走过其宽度。现黑森林（Black Forest）据说是其残留的一部分。

　　还有其他一些人，他们本可以在某项事业上取得不俗的成就，但却由于凭空想象的、不切实际的苛求而离开这项事业。他们找不出任何一件事具备了所有条件，足以令其矢志不渝；也找不出任何好到能确定让他们可以展示给众人，并能奉献给身边同时代的人们，作为"不愿让其消亡"①的东西。他们经常开头，但他们所创造的东西在他们看来没有能让他们说出"让它流传后世"这样的话来。要么，他们就从不开头，因为按照他们的评判标准，他们的任何思想，总的看来都尚不值得留存。他们的眼睛明察秋毫，在批评家也只能发现美的地方，他们竟能察觉难以容忍的瑕疵。

　　这些现象引出了一句在很多人当中流传的至理明言：那些只字不写，不为后人留下自己印记的人们往往比那些将自己的名字刻在荣誉殿堂立柱上的人更具才华，更具较高的思想境界。确实，一些特殊的例子似乎在某种程度上支持了这一说法。许多将永恒的名誉归于幸运而非贡献的人，都作为作家为人们所铭记。因为他们大胆地步入了艺术或科学长廊中留下的某个空位，而那些资质更好但过分谦逊的人却止步不前。与此同时，那些受命运支配而生活在时代精英中的人们觉得有必要说明，当那些自吹自擂的同时代作家中的佼佼者枉费心机想要与人一较高下时，他们已经从那些任思想随说话气息消逝的人口中听到过随口而出、不同凡响的见解。

　　但是，尽管有这样一些情况，还是可以将这句至理明言断言为谬误。对于这个说法，在很多领域，人们对它有更多的钟爱，因为在很多情况下人们在思想上更乐于接受貌似的真理，即那些乍看来有着谬误表象的真理。

　　不过，需要再次提到的是，人的头脑首先仅由一些能力所构成，这些能力是准备用来达到某些目的的，是可以不断改善的。因此，一个人若已选定主题将对其运用所有能力，已多方搜集资料以便能就这个主题充分发挥其能力，并对该主题夜以继日地冥思苦想，那么通过这般磨炼，他的能力就决然没有不被强化之

---

　　① 弥尔顿语。

理。从这一意义上讲，作出如下言论的作家，其言颇为可信："我写你提到的主题，并不是因为我对其知晓；恰恰相反，因为我写过，之后才知晓。"

一个人，徜徉于知识的旷野之中，若只为找寻其中最鲜艳的花朵和凡是能带给他最令人羡慕的快乐之物，那么，晚上他必定收获甚少回到家中。一个人，若能做到克己，并且对于头脑的改善拥有毫不退缩的决心，那么，最终更为幸运的人无疑会是他。

他不会被脚下断裂的鸿沟，或是可能横亘于去路上的山脉所阻挡。他懂得，意志怯懦的冒险家目标不会坚定，永不能把握问题的要害，并通过解决这些要害问题，为自己带来荣誉。但是着手将研究结论记述下来，并将其发现传达给他人，这样的人，才是真正的英雄。在他开始这项工作前，记忆中存储的一切都处在某种混乱状态。他自认为全然把握了整个事情，但当对其进行检验时，他才惊讶地发现自己被欺骗到了何种程度。谁若想将自己的思想和原理融汇归纳为通常性的体系，首先，就需要对其有个透彻清楚的理解，其次，还须选择最贴切的词语将其传达给他人。正是借助于词语这一媒介，我们被教会如何精确、严谨地独立思考；它是我们的观点与理论的重要组成部分。因此，正是在这个意义上，一位导师通过启发学生的头脑也使自己的头脑得到启发。他此时比刚刚着手这一工作时的领悟要多一倍。我们钦佩写公开发表论文的那个业余研究者，就像我们钦佩寒鸦或鹦鹉，因为他所做的远远超过我们的期待。

通过对这篇论文主题的思考，我们被引导从不同的方面看问题，这样来看人的头脑，它可能被置于某种位置，在展示其能力时候不像所有的人（除白痴与特例外）天生看上去那么可靠有效，那么引人注意。许多人对某些略显卑微，但又恰恰符合他们天赋和本性的职业不满意，于是开始了对更富有吸引力、更了不起的职业的过分追求，不过他们却最不具备在这些追求中出人头地的资质。还有更加令人痛惜的例子。某人被视为具有非同寻常的能力，青少年时期也是一帆风顺，成功的事业自然成为最高的期待。然而最终的实践证明他难孚众望，其"人生航程"经历的不过是"浅滩与不幸"①。

不过我们对涉及主题的探讨是不完整的，除非在以上论述的基础上再添加一项显著的事实，即关于人类共同缺陷的事实。构成人类历史的事例种类繁多，有人生抉择的各种错误，有冒进者偏激和无可弥补的缺陷，其中就有最为触目的失败。但同样为事实的是，所有的人，即使是最杰出的人物，也有一些致命的弱点，这使得他们以及他们的理性的称赞者不得不承认，他们带有人类的弱点，属于没有多少理由骄傲的种类。每个人都有他脆弱的一面。每个人都易受到伤害，哪怕弱点小得只是像传说中阿喀琉斯脚踵一样。我们就像是尼布甲尼撒二世在梦中看见的那样，尽管它的头是纯金，胸和手臂是银，但脚却部分是铁，部分是粘土。没有哪个人是从头到脚全副武装，胜任任何工作，或哪怕只是某一项事业，能将其进行到底，取得可以取得的成就，或作出可以做到的工作，且每一环节都能做到均衡、完善。

"此人完美无缺，没有一丝瑕疵"是存在于一些人心中的一种严重的误解。这些人由于对某些美德或英雄行为怀有深深的敬仰，很是热衷于这样断言自己追随的某人。看看这个人在他工作之余、闲暇之时的情况：当他没有角色需要表现，而身旁只有一个或数个旁观者的时候，他在这些旁观者的面前亟欲表现出自己的优越性，这时你就会发现这人是个很普通的人。他"和他的同类一样，有热情，有个性，有感觉，有情爱，吃同样的食物，会被同样的武器所伤，夏天也会热，冬天也会冷"②。因此，你若仔细观察，无疑将会发现他正暴露出人类的弱点，也会忽而情绪低落，忽而脾气不好，忽而暴躁，忽而愚蠢。没有人能够永为圣

---

① 莎士比亚悲剧《裘力斯·凯撒》（Julius Caesar）中第四幕，第三场人物勃鲁托斯语。

② 出自莎士比亚喜剧《威尼斯商人》第三幕，第一场夏洛克之口。原意为"难道犹太人没有眼睛吗？难道犹太人没有手，（The Merchant of Venice）没有器官，没有知觉，没有感情，没有血气吗？难道他吃的不是同样的食物，同样的武器不也可以伤害他，同样要生病，用同样的方法来治愈，夏天也会热，冬天也会冷，就像基督徒一样吗？"

关
于
人
的
思
考
▼

人，也没有哪个胸膛能够一直怀有高尚、克己、英勇的情感。如果"他不凡的头脑总能应对问题"，做到如此，那便足矣。

　　一个致力于创作完美之作的文学天才，如若指望自己的作品出手时能够做到各部分完整，无一缺陷，那么他会发现自己是大错特错了。

　　构成一部文学作品的一些基本要素他已掌握了，并且烂熟于胸。但还有其他一些要素，尤其当作品内容广博而全面时，他显然就无力掌握。而他若想从事这些部分的创作，并按照这些部分内在价值的要求来创作，或令其完美到自己最为擅长的作品所能达到的程度，那么他必须违背自己的本性，将自己变成另一个人。在某些方面，即便最为聪慧的人恐怕也不比一个孩子强。从这个意义上说，最卓越的天才"作品的总效果却很不成功，因为他不懂得怎样表现整体"①。因此，如果他有足够的自知之明，知道自己优势何在、弱点何在，就不会在这些内容哪怕最为次要部分的细枝末节上费工夫，而是会摆脱它们，将精力迅速转移到自己得心应手的方面去。

　　我们通常称莎士比亚为最全面的天才。他确实创作了十分精彩的多样化的文学作品。几乎很难断言哪一部是他最好的作品，是《哈姆雷特》，《麦克白》，《李尔王》还是《奥塞罗》？无论是在悲剧还是喜剧的创作方面，他都同样才华横溢。他以自己的方式刻画的人物福斯塔夫令人惊异赞叹之至，犹如在雕塑之神的帮助下他所塑造最完美的作品。他的诗作与想象的成果都无与伦比。当他才情迸发、文思泉涌之时，其笔下的语言更是丰富多彩、意味隽永并且充分显示出一种不朽的特点，永远像初次表述时那般清新生动。而对于这一特点，我们虽然能够认识到，但却很难说服自己不在错觉之中。正如安东尼·伍德②所说"靠着莎士比亚及其同时代作家的文学作品，英语这门语言得到了极大丰

---

① 拉丁语原文：infelix operas summa, nam ponere totum nescit 出自贺拉斯《诗艺》。

② Anthony Wood（1632—1695），英国古文物研究者，古董收藏家。

富，使其与以往大为不同"[4]。而且莎士比亚在这些作品中体现出来的韵律成熟、富于变化、悦耳动听，这是其他任何作家都没能达到的境界。

但莎士比亚也有做不到的事情。他不能塑造英雄。虽然他熟悉散漫思维的容易消散的特点，以及其最深处的情感，他却无法忍受浸透着神圣热情、全心投入高尚事业的英雄人物的品质，尽管这种品质实实在在是人之本性，而且更值得刻画。莎士比亚能够描绘这种情感，因为在他所塑造的人物布鲁托斯身上有这样的情感；但他却不能将这种勾勒出的情感变得丰盈、完满起来。他似乎有一种倾向，想要让高山与丘陵变得与平原齐平。在他笔下，凯撒显得毫无生气，西塞罗显得荒唐可笑。在他的作品中，他对特洛伊罗斯和克瑞西达的刻画似乎有意贬损，并带有轻蔑之意，尽管他们在荷马作品中被刻画成英雄。他甚至用最憎恶的诋毁来丑化这位希腊诗人描述的阿喀琉斯和普特洛克勒斯之间纯洁的、英雄的情怀。

正如他自始至终都无法容忍英雄人物一样，他同样不能勾画出这样完美的情节：越来越引人入胜，吸引住观众的好奇心直至最后一刻。他有几部剧作主题连贯，没有任何缺憾。但他却没有给我们留下任何作品可以在情节的构拟方面与古希腊悲剧的代表作《俄狄浦斯王》相媲美。这部作品幕幕相承，犹如一座高塔层层相叠，耸入云霄。莎士比亚的剧作中几乎没有哪一部有第五幕可以继续前几幕的精彩情节，往往第三幕以后就不那么吸引人了。

莎士比亚作品中的晦涩之处也是容易受到指责的。最睿智的批评家们至今仍在争论，究竟哈姆雷特是否真的疯了，福斯塔夫到底是勇敢还是怯懦。或许这种缺陷在一定程度上应归咎于悲剧创作本身的特点。通过剧中人物之口，表现出作者头脑中所有的闪念，让读者知道，作者想要表达什么，这几乎是不可能的。

我刚刚谈到，在莎士比亚最为经典的段落当中，他的语言优

---

〔4〕 *Athenae Oxonienses*, vol. i. p. 592 【原注】。《牛津的雅典》，安东尼·伍德写于 1691—1692 年。

关于人的思考

美、无与伦比，我几乎称之为一种奇迹。"但愿一切皆能如此！"①
不过令人痛惜的是，这种恰当表述的才能并非随时能发挥出来。
他的语言也时常受到禁锢，生硬并充满学究气。他最优秀的部分
是永恒的，属于所有时代的，但他最糟糕的部分却已被锈迹所覆
盖，成为比任何一位他同时代作家所造成的都要重的负担。这些
人的作品，凭借其中价值，继续吸引我们仔细去研读。

　　继莎士比亚之后，若要找出某位作家，不管他是否坚定地声称
自己达到了完美的最高水准，是否在其作品中确实充分展示了其不
同凡响，世间罕有的天赋，恐怕很少有值得一提的。而创作了《克
拉丽莎》的理查逊②算得上是这少数最具代表性的作家之一。他对
女性柔弱的刻画，对高尚情操的描写，对最细腻的情感以至精神失
常状态的再现，以及对超越人类忍受力极限的大悲大痛之情的渲
染，这一切都无人可及。但他却无法塑造出完美的绅士形象，也无
法刻画出心灵深处感人的快乐。这些可以在某些人物身上有所体
现，但却无法被表述，也无法持久。他笔下的浪子毫无修养；他笔
下的轻浮女子傲慢无礼、令人深感厌恶。他没有类似在弗莱彻③与
法夸尔④作品中得到充分体现的那种表达技巧，无法向读者或观众
展现出从永恒之源泉流淌出来并扩散开来的欢乐沸腾之情。这种欢
乐我们一旦感受到了，就注定会喜爱它，并向旁观者传送着这种的
气息，使我们跃跃欲试，心情与之共舞。然而，我们惊讶地发现，
这个刻板的学究已凭借其广博的才智摆脱了他那不合时宜的文风。
虽然他还未向我们呈现知识浪子或者女性精神世界可爱快乐状态的
真实图画——对此我们虽都曾见过，但却不能固化并复制下来——
我们差不多要钦佩这更加令人惊异的才能：虽然他将这种才能用到
显然不合适的方面，却不会让人嘲笑，并且游刃有余地运用到曾经
并不适合自己的题材中去。

――――――――

　　①　拉丁语原文：O, sisic omnia！
　　②　Samuel Richardson（1689—1761），英国作家，以写了三部书信体小说而著称，
《克拉丽莎》是其中的第二部。
　　③　John Fletcher（1579—1625），英国剧作家。
　　④　George Farquhar（1677—1707），爱尔兰剧作家。

第四章

论人类成果与产物的恒久性

关于人类特征，似乎有一种观点比其他所有观点更铭刻人心，令人敬畏。

就我们所知，人是唯一在其有生之年终结后能给别人留下记忆的生物。

所有其他动物辗转猎捕、腾挪造筑，只为了一个目的：从自然界获取粗陋的可食之物和栖身之处。而人的能力除了足够实现这一目的外，还绰绰有余。而且人常常感到有种动力，可以使用富裕能力作不懈的努力，并通过对外物的统筹经营，以及对思想的永恒记录，将存在于头脑中的构想、理念种种付诸实际。

有一种方法，可以使这一事实鲜明地呈现在面前。试想我们乘坐气球或其他工具升入空中以更开阔的视野俯视我们居住的地球。我们将看见成片的平原、连绵的丘陵、无边的森林、纵横的河流以及所有大自然带给其子民的富庶产物。我们将看见众多的动物，成群的家畜和捕食的野兽以及各类长有羽翼的空中宿客。但是，我们同样会看到人类劳作的痕迹，这些一样会吸引我们的目光。我们能望见城堡与教堂，小村庄与大都市。我们会看到人这种奇异的动物，将造化万物屈从于其意志之下。他建桥筑渠，"乘船下海"①，用大船小舟给海洋注入人类的色彩。升入空中的人视野宽阔宏大。在他看来，地球表面和人类智慧间似乎存在着某种争夺：前者可以想象是存在于先，而后者却要占据并控制尽量多的土地。地球上大量的土地被我们所占有，并烙下人类文明的印记。

因此问题的关键就在于人类如何施展其力量对外物加以经营统筹。

然而，思想深邃、善于思考的人会发现，人类凭借其能力永恒地记录下自身的思想，这带来的影响异乎寻常。

所有的人类科学及文学无不起源于这种能力的发展。人类是一个奇迹，我们自己对此再清楚不过，并因之大为叹异。演说家

_____

① 出自《圣经·诗篇》107：23。

关于人的思考 ▼

对于人生短暂反反复复大尽其详。当人基本的欲望通过辛勤劳作得到满足时，我们就从事科学与文学的活动。我们在剩余的时间里创造了壮丽高尚的事物，筑起了永传于世的纪念物。

人类才智的创造力是无穷尽的。我们的科学和艺术创作是何等的部类繁多、卷帙浩繁！文明社会的每一国度，都有众多的人口，而人们也往往将科学与艺术视为其从事工作的唯一追求目标。自从告别原始蒙昧、漂泊不定的生活，人类的这种生存状态便大抵如此，世代相传。

带着这样的人类历史观，我们很容易转而思考热衷名誉的实质以及它对人类思维的影响。上文中已经讨论过，建碑立塔以遗后世是人类的一个明显特征。起初只是偶然的，并非建造者有意设计。先民只是搭建棚屋以躲避严寒酷暑，随后将棚屋变成宽敞一些的住宅。他并未想到不再拥有时其住所竟能得以留存。

也许正是这样，我们身死之后教人长相怀念的愿望以及这愿望有望实现的念头同时降临到我们身边。人生苦短，命多乖舛，因此必然产生这样的想法：或我们所爱之人先我们而去，或我们先他们而去。第一种情况，我们不可避免多多少少会珍存曾经所爱之人的记忆，虽然死亡已将他从我们身边夺去。第二种情况，少有人不希望对自己的回忆被尚且在世之人悉心珍藏。追求死后的尊荣，根源就这样简单。它在历史的篇章中产生着难以磨灭的影响。

然而，在进一步思考身后之名前，让我们把注意力稍转向"名望"，或者按更通常的说法"知名度"，这是少数幸运者在世时就有的好运。从这个角度考虑我们即将讨论的问题，视野将更加开阔。

名望与身后之名相比，更接近一般能力所能获得，因此比身后之名更令人向往。它使人们的感知得到满足。掌声是好运的一种，几乎没人会对它充耳不闻。给予我们掌声的人们以赞同的微笑表达对我们的接受，对我们的追随，我们只要在他们中出现就足以让他们愉悦。他们向我们诉说着赞誉之词，并高兴地邀我们到家里做客。普通人很难理解身后之名的意义，他们不明白为何颂词和荣誉能够"抚慰死神呆滞冰冷的耳朵"①。但他们可以想象欢呼的人群和雷鸣的掌声将给人何等的满足。

名望有很多特征，其中最显著的特征之一便是易变性。没有人一旦有了名望便被人长久拥戴，若不遭受他的同类可以理解的非难与批评，至少也会遭受些许冷落。公众的好心和善意有着吞噬性的欲望。就如同屋檐下圈养的野兽，如不时时喂养，必反目伤害主人。

寻本溯源，万物皆然——浮丽初生，世所共赞。赞誉声中，真金染尘尚不及灰土沾金。②

克伦威尔对这一点了然于心。据说有一次远征胜利归来，一个军事同僚让他注意欢迎人群兴高采烈的赞美声时，他却说："哎，朋友，不远的将来，若是有一天看到我们身赴绞刑，他们同样会欣喜于色！"

与现实或想象中的群众英雄知名度相伴发生的事情，同样发生在追求身后之名过程中。

如上所言，文明社会每一国度的众多人口将产生于人脑的科学与艺术作为他们从事工作的唯一或主要目标。

回顾欧洲中世纪，即人们通常所称的黑暗世纪，这一点能够得到最显著的体现。

就人脑的活跃性和创造性而言，若想当然地认为它已陷入深睡，直到土耳其人占领君士坦丁堡以及古希腊语书本和教师消散于欧洲才逐渐复苏，就是一个低级错误。现代发明的兴起时间要早得多。封建制度，这个人类社会最为有趣的构想产物之一，产生于9世纪；而其后的骑士制度，则是一种11世纪的制度，我们情感的提升细化，以及慷慨大度的风范的形成，主要归因于这一制度。在所有这些基础上，才诞生了文学创新和浪漫诗歌。

这绝不是普通的进步。或许多年后这段遥远的历史已让后世

---

① 出自托马斯·格雷的诗《墓畔哀歌》（Elegy Written in a Country Churchyard）。

② 莎士比亚剧作《特洛伊罗斯与克瑞西达》（The History of Troilus and Cressida）第三幕，第三场。

关于人的思考
▼
▼

从僧侣制和教会单身制受到最大恩惠。因为有这些制度，许多民族的人一直前后传接，从尘世中分离出来，隔断了夫妻之爱、父母之情，得到独立奋斗所需的充裕时光。我们应该感谢这些人们，是他们保存下了古罗马经典和无数的先贤著作。他们不满足于人们对他们勤奋不止的赞扬。他们创造出大量后人奉为经典的著作，而若要驳倒这些经典，比较批评界得全力以赴地进行鉴别评判。在这样的追求中，这些不知疲惫献身其中的人们，甚至不为追名逐誉所激励。能够意识到自己的持之以恒与独创精神，对他们来说，就已心满意足。

但是装点这些时代最值得怀念的群体却是经院派学者。他们可被视作逻辑之术的发现者。古之先贤虽才华横溢，但在条理化方面却乏善可陈，对于严格的精确演绎术也少有建树。他们更多是依靠灵感一现的幸运来达到真理，而非按规律通过步骤来自然达到。中世纪的学堂孕育了"不可辩驳的博士"①和"六翼天使博士"②。他们特有的精妙及其钻研的恒心毅力都是人类智力了不起的丰碑。13世纪孕育了托马斯·阿奎奈③、邓斯·司各脱④、威廉·奥克姆⑤及罗杰·培根⑥。此前一个世纪，托马斯·贝克特⑦结交了一群文人朋友，他们的书信流传至今。在他们看来，他们最引为自豪的特征就是彼此互称哲人。经院派学人常将自己困顿于毫分厘析中，常传播惊世骇俗的信条和体系。但这就是人。他持之以恒的劳作，百折不屈的勤勉，义无反顾的决心，是

———————

① Irrefragable Doctor，亚历山大·哈尔斯（Alexander Hales，1170—1245），著名的神学家。

② Seraphic Doctor，圣·波那文图拉（St. Bonaventure，1221—1274），13世纪著名的思想家。

③ Thomas Aquinas（1226—1274），意大利中世纪神学家和经院学家。

④ Johannes Duns Scotus（1266—1308），中世纪苏格兰经院哲学家。

⑤ William of Occam（1285—1349？），14世纪逻辑学家、圣方济各会修士，被人称为"驳不倒的博士"。

⑥ Roger Bacon（1214？—1294），英国自然科学家、哲学家。

⑦ Thomas Becket（1120—1170），英国亨利二世的大法官兼上议院议长。他原本跟亨利二世有密切的关系，在取得坎特伯雷大主教之后因教会在宪法中享有的权限与亨利二世反目，后被亨利二世的四位骑士刺杀而殉道。

何等的伟大。他信心坚定，一年又一年，光彩接一个光彩，去完成他的判断和热情告诉他应该做的事。

现在回到文学名声这个问题。所有这些人在他们的有生之年都辛勤劳作，令人赞许，而如今却如过眼云烟，被扫进了遗忘的角落。恰如斯威夫特①在其《献给王子王孙》② 一文中趣言："殿下，我本来为您准备了无数的头衔，说明我身处的这个时代人类才智如此富有创造力：街头巷尾到处都贴有独创作品，但几个小时后回来再看，它们已被撕下，已被新作取而代之。我向读者、书商求索，却一无所获。它们已被人遗忘殆尽，无踪无迹。"

休姆③所言〔5〕甚笃："抽象哲学理论和深刻神学体制曾盛行一个时代。在其后一段时期，它们被普遍证明是荒谬的。其他理论、体系取代了它们的位置，继而又让位于后来的理论。潮流风尚的更迭循环中，所谓科学的结论变化最快。雄辩与诗歌之美不在此例。只有情感与天性的表达，不需多时必为公众所欢迎并保持永远。亚里士多德、柏拉图、伊壁鸠鲁和笛卡尔也许是前后相承的，但是特伦斯④和维吉尔则无可争议地普遍在人们心中占据着重要地位。西塞罗的抽象哲学已荣光散却，其雄辩口才却至今令人钦佩。"

一些例子能最清楚不过地诠注名誉是不常在的。

佩雷斯克⑤生于 1580 年。他博学多识，前所未有。从 21 岁起，便被公认为学界掌舵人物，执文学界之牛耳。在他 57 岁谢世时，罗马的滑稽学会⑥为他进行了最高规格的追悼，众多红衣

---

① Jonathan Swift（1667—1745），18 世纪英国著名的讽刺作家和政治家。

② Dedication to Prince Posterity，为自斯威夫特所著《一只桶的故事》（*A Tale of a Tub*）中的一篇文章。

③ Hume David（1711—1776），英国历史学家、哲学家。

〔5〕 Essays, Part 1, Essay xxiii【原注】。第二十三章，第一部分。

④ Publius Terentius Afer（公元前 195/185—前 159），常被称为特伦斯（Terence），古罗马喜剧作家。

⑤ Nicholas Peiresk（1580—1637），法国古物收藏家、人文主义者和有影响的学术保护人。

⑥ The Academy of the Humoristi at Rome.

关于人的思考▼

主教参与了其葬礼悼词的写作。一部诗集以四十多种语言出版，以此对他进行赞颂。

　　萨尔马修斯[1]被视为学术奇才。多国王子和权势人物竞相对他邀请，看谁有幸能让他驻留本国。瑞典女王克里斯蒂娜得到他垂青，带着独一无二的敬意对他悉心招待。萨尔马修斯在斯德哥尔摩患病卧床，女王竟执意为他亲手准备羹汤，燃旺火炉。然而，要不是他碰巧成为弥尔顿的对手，他的名字将如同佩雷斯克一般，难以为今人甚至当今学者所知。

　　巴特斯[2]，生活于亨利四世统治时期的法国，是有史以来最为成功的诗人之一。在仅五、六年时间里，他关于创世记的诗就发行了多达三十版，并被译为欧洲大多数语言。一时间各类评论者甚众，盛况不亚于对荷马的评论。

　　在十六世纪末，邓恩[3]是最受赞誉的英国诗人之一。四五十年后，许多继他之后的无名诗人依靠平顺的韵律、别致的构思以及文雅的风格赢得赫赫声名。邓恩则不然。他的诗自出机杼，能量充沛，激情无限。读者读邓恩，无不深有共鸣，心窍大开。即便最用心、最努力的学者也时常不得不承认自己无法完全吸收诗人头脑中的所有思绪。不论诗歌或散文，邓恩每写一句，都只此一家别无分店。不仅如此，他的思维经常以诗的辞藻最高尚的意义来表达。除了弥尔顿和莎士比亚，再没有任何英国诗人能与他的篇章媲美。本·琼森曾这样预言性地评述他"不被理解的邓恩将不能长存"，所言极是。不过这并非事情的全部。如果说沃勒[4]、萨克林[5]和卡鲁[6]牺牲一切都是为优美雅致的话，邓恩则走向另一极端。除少数优美绝妙的篇章外，他的措辞和结构深奥，

---

　　①　Claudius Salmasius（1588—1653），法国古典学者、欧洲著名的拉丁文学者、莱登大学教授。

　　②　Du Bartas（1544—1590），法国诗人、作家。

　　③　John Donne（1572—1631），英国诗人、文学史中玄学派的代表和奠基人。

　　④　Edmund Waller（1606—1687），英国诗人。

　　⑤　John Suckling（1609—1642），英国诗人。

　　⑥　Thomas Carew（1595—1640），英国诗人。

令人难以卒读。读诗首先为了愉悦。因此，很自然，邓诗被遗忘在了书架上、墓穴中，无人问津。甚至在文人学士中百人之中也难寻一人对他能多少作个评述，如果平时他们没有听说过他的作品的话。

提到莎士比亚的赫赫大名，没有人不佩服得五体投地。但也不尽然，当最初的新颖感消失后，其作品便很少有人问津。查理二世时期，莎士比亚只有三、四部剧是当时主要剧团的演出剧目。博蒙特①、弗莱彻及雪莱②等人的剧作被搬上剧院的次数是他的三倍。最终贝特顿③因为他出色的表演重新受到欢迎，《麦克白》、《哈姆雷特》以及《李尔王》为大家所熟悉起来，直至今日。但是，《麦克白》重新受到欢迎是在 1674 年经过威廉·达文南特④改编并加上音乐后的事。《李尔王》的复兴更是在数年之后，由那鸿·塔特⑤添加了爱情和恰当的灾难场景之后才得以实现的。

在查理二世末期，德莱顿⑥，奥特韦⑦和李⑧在严肃话剧领域占有无可争议的至高地位。

这就是当时的英国公众，他们对造化及其至高使者莎士比亚已经无动于衷了。以上三人的作品中，只有《保护威尼斯》⑨至今仍在剧院演出。至于原因则很难说清，或者说难以找到一个合理而光鲜的理由。在这部作品中，所有主要人物都自甘堕落，放荡不拘。皮埃尔有一个妓女做情妇。她贪图势力，并与一个老朽之徒长期私通。皮埃尔为了她决心破坏并铲除他为之工作的共和

①　Francis Beaumont（1584—1616），英国文艺复兴时期的剧作家。
②　Percy Bysshe Shelley（1792—1822），英国浪漫主义诗人。
③　Thomas Patrick Betterton（1635—1710），英国演员。
④　Sir William Davenant（1606 —1668），英国 17 世纪著名的桂冠诗人、戏剧家。
⑤　Nahum Tate（1652—1715），英国桂冠诗人兼剧作家。
⑥　John Dryden（1631—1700），英国古典主义时期重要的批评家和戏剧家，被封为"桂冠诗人"。
⑦　Thomas Otway（1652—1685），英国剧作家。
⑧　Nathaniel Lee（1653—1692），英国剧作家。
⑨　奥特韦所写悲剧，1682 年开始搬上舞台。

关于人的思考 ▼

制。一贫如洗的贾非叶过惯了奢华浪费的生活，甚至没有任何出于公共道义之类的表白就加入了这场阴谋，但旋即又背叛了，向政府告发了他的同伙。是蓓尔维德拉鼓动他背叛这场阴谋的，因为她无法容忍父亲被谋杀。她天真地认为向政府告了密，她和丈夫就能从此以后过惬意快乐的生活。然而从话剧的后几幕来看，他们爱情续延的仅仅是空洞的夸夸其谈，毫无意义，没有相互体谅，也没有来自心灵的激情。他们爱情的荒诞性只有贾非叶无耻跪求巴结他曾经卑鄙背叛过的人，并与之重归于好那一幕能够与之相提并论。在整个小说界，没有哪部作品比起这出戏表达更少坚毅的，甚至是持续的感情，或共同规范。这部作品中道义感的缺失很显著地反映了作品写作年代的特征。与此同时，这部戏以其丰富的韵律、诗画般的行为迷惑人，甚至赚取人们的眼泪，这些人仅通过看和听就被打动，几乎没有去理解和思索。这类空洞的咆哮、无意义的说教在当时已足以使那些细致的人物刻画，超然的情感喷发以及完美的内心分析相形见绌，而正是这些元素使得莎翁的名著成为所有民族、所有时代的财富。

当莎士比亚被部分遗忘时，人们完全不知道的还有，他同代的作家远远超过后世的剧作家。由于莎士比亚是位场景描绘的全能大师，同代作家就逊色不少。当时风行的说法是莎士比亚独自置身于一个荒蛮的年代。鉴于此，他所有的生硬措辞，及其高贵典雅与滑稽荒谬的杂糅风格便都无可厚非了。

考利①是人们记忆深刻的声名无常的一例。他亲切友善，作品中闪烁着其性格的可爱。他的灵魂为了诗歌而生，他率真而潇洒地随意倾泻着优美的情感。他因斯图亚特王朝②深受其害。他当时是被放逐的女王朝廷的要员，但当国王复辟，其追随者和友人仍带着深深的情感欣赏他的诗。他是"真正的诗人"。和考利

---

① Abraham Cowley（1618—1667），英国诗人。在马斯顿荒原战役之后，跟随被放逐的女王一行到巴黎。

② The House of Stuart，是 1371 年至 1714 年间统治苏格兰和 1603 年至 1714 年间统治英格兰和爱尔兰的王朝。有罗马天主教背景，导致基督新教徒为主的英格兰民众经常质疑君主的宗教倾向，统治不太稳定，经历数次革命，两位君主被革命所推翻。

比起来，宫廷诗人微不足道。共和派弥尔顿在内战期间发表诗集，想证明自己是最为出众的诗人，然而他的诗却湮没在人们的记忆里。考利死于 1667 年。八年之后，《排演》① 的作者，白金汉公爵②在国家公墓为他建墓碑，铭刻碑文称他为 "国之集品达③、贺拉斯与维吉尔于一身之人。时代之荣耀。斯人离逝，万世哀痛。" 可是，盛名难持久。近一个世纪前，蒲柏就曾言："有谁还在读考利？纵然愿意读，缘由因道义，并非其真意。忘记君史诗，品达之技艺。独我爱君言，发自君心里"。

正如考利是国王复辟之后杰出的皇家诗人，克里夫兰④在内战时期也有着同等地位。二十多年来，他的作品接连问世，一年一版甚至数版。他讽刺极为辛辣；他思维活跃，充满活力，极富气概；他言简意赅，尽得先机；他思如泉涌，光彩耀人。当诗人因忠于自己的信念而身陷囹圄时，曾向英格兰护主克伦威尔提出请愿书，体现出独一无二的男子气概、绝世独立的思想。他选择的恰当话题，就是为了唤醒自律与仁慈的感情。但除了那些以钻研被人遗忘的事物为己任的人，不必说克里夫兰现在已无人知晓。

声名易逝的例子无穷无尽。心存嫉妒者为了掩盖贤者的光芒，往往炮制出可鄙的同名作品。因此，克莱恩⑤和塞特尔⑥曾一度侵扰过德莱顿，让其不得安宁。伏尔泰说，普莱顿⑦所写的《费德拉》与拉辛⑧作品同样富有激情，但却韵律不一，词藻粗俗。普莱顿现已被遗忘，路易十四统治下的奥古斯都时代⑨的所

---

① *Rehearsal* 写于 1671 年，是白金汉公爵乔治·维利尔斯的一部喜剧。

② the duke of Buckingham，乔治·维利尔斯（George Villiers，1628—1687）。

③ Pindar（522— 443），希腊诗人，与萨福并称古希腊最杰出的抒情诗人。

④ John Cleveland（1613 — 1658），英国诗人。

⑤ John Crowne（1641—1712），英国剧作家。

⑥ Elkanah Settle（1648—1724），英国诗人及剧作家。

⑦ Jacques Pradon（1632 —1698），法国剧作家。

⑧ Jean Baptiste Racine（1639—1699），法国剧作家。他与 Pradon 写过同名作品《费德拉》。

⑨ 公元前 31—公元 14 年，拉丁文学黄金时期。

关于人的思考 ▼

有法国诗歌也面临着同样的命运。一些年里，海莉①被誉为蒲柏的真正接班人，而普拉特②的悲悯诗也发行了十二版。其后一个短时期里，几乎每个前后相继的时代都充满了才华横溢的天才。然而，他们一个接一个退出人们的视野，他们如"星宿落溅，永不复现"。很少有人有着异乎寻常的创作才能，能成功驾驭所有时代的浪潮。

征服者亦然。有多少人打了多少场可怕的战争，让血流成河，就是为了让自己功绩永被铭记。可是现在，即使是他们的名字都难以流传下来，他们施加于人类的战争阴霾也似乎已被扫开，如同根本不曾存在。战士与诗人、制度的缔造者与哲学的启蒙者，这些人一度震撼过地球，并被人仰望，视为神祇，甚至被比作台上的演员，演绎过自己的辉煌，然后不再被人提起。

较之其他所有人类头脑和双手创造的产物，书籍有着其优越性。书籍可被复制，数量可以不断增加，除去疏忽所致而滋生出一些小错误外，其效果与最初的书本别无两样。与佩西斯特拉托斯③当初盖章定稿时相比，《伊里亚特》仍深受欢迎。古希腊游吟诗人，古斯堪的纳维亚游吟诗人，以及中世纪欧洲的吟游诗人，他们的歌谣曾一度被认为如同歌者的气息般容易流逝，而今天，却被人收藏在图书馆。先贤哲人的机智妙语，路德和塞尔登的《闲谈录》④ 将与读者、评家共存。

其他人类产物却有其期限。不论多么令人景仰的画卷，其寿命都只能和画的颜料及所依附材料的寿命一样长。最受喜爱的画通常也只能传世三四百年。我们鲜有古人的画作，其雕塑也很少见。即便这寥寥幸存的作品，又有相当多的是破残的或后世次等

---

① William Hayley（1745—1820），英国诗人、传记作家。

② Samuel Jackson Pratt（1749—1814），英国诗人、小说家。

③ Peisistratos（公元前607—前528），身为雅典执政的佩西斯特拉托斯指派俄诺马克里托斯（Onomacritos）从众多的手抄本中整理和校勘出日后成为规范诵本的《伊利亚特》和《奥德赛》。

④ Martin Luther（1483—1546），德国籍神学家，伟大的改教运动领袖，John Selden（1584—1654），英国著名的人文主义学者、法学家、历史家。他们分别写过《闲谈录》（*The Table Talk*）。

66

艺匠临摹仿造之作。如蒲柏所描述的那样，布佛图书馆已逝诗人的雕塑中，真正品达的头像已经掉落。

无论多么纤细或多么坚固的纪念碑都会遭受岁月的侵蚀，抑或因后世之人看法的改变或为一时之便而被拆除。埃及金字塔尚存，但是修建它的人和它所要纪念的人的名字都已一同消逝。人类安身立命的住所无法永存于世，宏伟的城市和单独的巨大建筑一样，也注定会消失。底比斯①、特洛伊②、波斯波利斯③和巴尔米拉④就从地球表面消失了。

"人类宫殿荆棘满布，它们成了蟒蛇夜莺的乐园。"⑤

但有些人类产物似乎比任何大厦更持久。这当首推人类政体模式。斯巴达⑥体制延续了七百年之久，罗马体制也差不多持续了同样久的时间。社会体制一旦根植于人们的习惯中，便世代相承，效力不减。信仰的模式有时更恒久。更不用提被我们视为秉承神意的摩西⑦及耶稣体制。穆罕默德体制至今已有一千二百年⑧，并看起来可能还将再持续一千二百年。中华帝国的体制更

---

① Thebes，曾为希腊最强大的城邦。在公元前 336 年被马其顿国王亚历山大攻破，并夷为平地，所有幸存的底比斯人沦为奴隶，底比斯从此灭亡。

② Troy（拉丁语 Troia，或 Ilium），公元前 16 世纪前后为古希腊人渡海所建，公元前 13 世纪一前 12 世纪时，颇为繁荣。公元前 12 世纪初，迈锡尼联合希腊各城邦组成联军，渡海远征特洛伊，战争延续十年之久，史称"特洛伊战争"，特洛伊也因此闻名。城市在战争中成为废墟。

③ Persepolis，位于伊朗境内，曾经是波斯帝国的首都，大约在公元前 560 年由居鲁士二世所建造（一说于公元前 520 年大流士所建），在公元前 331 年被征服者亚历山大大帝焚城。

④ Palmyra，是叙利亚中部的一个重要的古代城市，后来的一场地震毁灭了巴尔米拉。

⑤ "Thorns and brambles have grown up in their palaces: they are habitations for serpents, and a court for the owl." 此句根据《圣经·以赛亚书》34：14 而写，原句为 "And thorns shall come up in her palaces, nettles and brambles in the fortresses thereof: and it shall be an habitation of dragons, and a court for owls."

⑥ Sparta，古希腊奴隶制城邦，军事重镇，以简朴、刻苦、黩武为其文化特点。

⑦ Moses，《圣经》故事中犹太人古代领袖。据说摩西在带领犹太人出埃及时，秉承上帝的意志，创立规范犹太人行为的"摩西十诫"。又为立法者的喻称。

⑧ Mahome（570？—623），伊斯兰教创始人。穆罕默德于 610 年开始在麦加创立伊斯兰教，距本书作者成书的 19 世纪正好为 12 个世纪。

关于人的思考 ▼▼

是以其千年不变而闻名于世。

这很自然使人联想到自然学科的持久性。在巴伊①看来，早在耶稣诞生前三千多年，对太空的观察，对天体运转的计算，即天文学，便在中国和东方发展成熟；如同过去一样，天文学极有可能将与整个人类文明相伴而行。天文学后来增加的内容也许会过时并消亡，但其本质将永存。人类和动物体内的血液循环这一发现将永不过时。几何学和其他学科的基本原理也可如此断言。只要书本得以代代传承，知识的最重要的各分支就能延续下去。

因此，我们有理由带着赞赏与敬畏之情去审视人性，是人类创造了这些巨大成果。与此同时，人类单个的纪念碑会销蚀，许多时候传遍地球每个角落的盛名不过是一时现象，不能持久，这样的情况使我们有理由相信，它可以平息人们甚嚣尘上的虚荣心，使我们保持有益的内敛与谦逊。

---

① 　Jean-Sylvain Bailly（1736—1793），法国天文学家。

第五章

论人的叛逆性

人脑本性有种不太好解释的特点。

人具有理智与非理智这两面性。

据说人有两个灵魂。《赛勒斯启示录》①　中的阿拉斯皮斯②常以此说法为自己反复无常及背信弃义的行为辩护。照此说法，人的两个灵魂，其一为兽性，其二为知性。

在此，我不准备讨论灵魂的这一平凡浅显的性质。

人是理性的，这正是他与兽类截然不同的特性。人能够收集充分的条件，然后推导出结论。人通过日积月累形成自己的思维体系，构建自己的行为系统。正是这一特征使人在其发展过程中显而易见地成为历史、诗歌和小说表现的主题。也正是这一特征使人的地位高居地球其他栖息者之上，被视为"神及似人之神"的伙伴。但除此之外，人性还有另一面。有时，我们一开始就谬以千里。抛开了理性，舍弃了高等生物特有的高贵，不经深思熟虑，甚至纵容狂烈的激情，非常迫切地，或至少觉得很兴奋地，作出反常古怪之事。就好像体内存在一个弹簧，对保持恒定的清醒冷静无法忍受。我们渴望发生突然的、意料不到的事情，或制造点这样的事情，就像从宿舍窗口将家具扔出，或在做完礼拜即将离开那或许激起心中最庄严神圣情感之地时，却想把眼前严肃正经者一把推下楼去。种种怪诞、狂野的奇思幻想涌现脑海，仅因慑于被视为变态或受国家法律的制裁而克制自己行恶。

忽然想起在哈顿③听过已故帕博士④曾讲述的故事，可以多少佐证我力图阐释的观点。故事是这样的：

---

①　Cyropedia，作者色诺芬（Xenophon，公元前 427—前 355 年），古希腊历史学家、作家，苏格拉底的弟子。

②　Araspes，《赛勒斯启示录》中的一个背信弃义人物。

③　Hatton，英国地名，位于林肯夏郡（Lincolnshire）的合恩塞（Horncastle）西北 6 英里处。

④　Dr. Samuel Parr（1747—1825），曾任科尔切斯特文法中学（Colchester Grammar school，1776—1778）以及诺维奇中学（Norwich school，1778—1786）校长，此后定居在哈顿。

关于人的思考
▼

威斯敏斯特的圣·詹姆斯①教堂主事塞缪尔·克拉克博士②，与艾萨克·牛顿爵士交情不一般。他是荷马史诗的著名编辑，著有《存在与上帝之特性的证明》③。一天，他正在书房，被告知有二人来访，在客厅等候。他走下楼，进了客厅，看见一个亲戚陪同一位外国客人，这个外国人看上去就非等闲之辈，可能是欧洲某大学的教授。引见外国客人的这个亲戚是伦敦市议员，思想和行为举止都缺乏教养，为工作负担所困顿。博士已经习惯看见他整日衣着邋遢了，可今日却特意全身正装，戴上多卷而庄重的假发。可以看出，克拉克对他亲戚这样出人意料的古怪变化和一反常态的极度庄重非常震惊，几乎一进客厅，他就急不可待地一把从议员头上扯下假发，掷向天花板。随后这位名人马上就逃掉了，躲进了自己的屋子。同样听帕博士说，克拉克由于长年勤奋治学而耗尽了心智，遇反感事情的刺激，有时候会推开椅子，跳上桌子，像裁缝那样盘腿而坐④，以此化解以往施予智力的过度压力。

然而人类官能的偏差脱轨常常会诱发比此更为严重的后果。

且看一例。

我们作如下假设：在某处，只有我和另一人，不会有其他人旁观。一把子弹已上膛的毛瑟枪在触手可及处。我对此人说："我就站在你眼前，纹丝不动。拿起这把枪，对准我的心脏射击吧！"我想知道对方听到此话之时作何反应。

对于许多被要求这样做的人，脑海里闪现的念头之一会是"他的话我能当真吗？"

能够阻止人们行凶犯罪的因素有二，其一，伦理法则；其二，我们同类对我们所作所为的看法及处理方法。在此情况中，

---

① St. James，建于 1676—1684 年，由克里斯多福、连恩设计的砖造教堂。1709年英国安娜女王任命塞缪尔·克拉克博士为其教区长。

② Dr. Samuel Clarke（1675—1729），英国哲学家，亦为数学家、语言学家。

③ A Demonstration of the Being and Attributes of God，塞缪尔·克拉克博士写于1705 年的哲学名著。

④ 西方习俗，裁缝常盘腿坐在一种专用的无脚靠背椅上工作。

我排除了我赋予挑衅者任何特殊价值的可能，也没有对他怀有任何情谊和眷恋的可能。

人生阅历越丰富，我们自身的伦理法则（不包括宗教条文或父母导师的训导）也就越完善。我对我的同类或社会整体知道得越多，就越能感受到人与人之间相互关联的纽带，越能认识到用严格规则来约束自我行为的必要与明智。我们因此离莫名其妙的想法越来越远，越来越不会有事先不经考虑就贸然作出越轨之事的危险。

至于他人对此假设中我的做法是谴责和报复且不予考虑。

在上述假设中，人们可能理所当然认为只有疯子才会把挑衅者的话当真。而我想确定的则是为何听到这种挑衅时，当事人会有片刻这样的想法？

这可以从人性的三个方面来解释。

第一，喜欢新奇。

第二，喜欢进取和冒险。每日重复的例行公事，令人无比厌腻。人希望充满活力，今异于昔，改变环境，并割断系船舶于岸边的绳索，畅游于充满可能性的无边海洋，让我们目睹未曾料到的结果逐一出现以滋养我们的思想。

第三，渴求权力。这种欲望自幼时便有，并伴人一生。我们希望得到认可，希望因我们存在而使他人显著受到影响。幼童拆毁玩具，折磨甚至杀害身旁小动物皆源于这种欲望。

但在上述假设中，即便不考虑伦理法则及对公众谴责和报复的恐惧，很明显仍会有别的因素让我们不会把挑衅者话当真。

设想人若是无所不能，又保留了人现在所有的弱点，就难说他会因自己的恣意放纵而感到内疚。众所周知，品行再好也有被权力腐蚀的可能。那么无所不能对什么会失效呢？

如果结束某人的性命而又不留下任何蛛丝马迹的残余，我可能会少一些犹豫多一些坚决。然而事实上，种种后果会"让我们止步"①。我不愿看到他血流于地，不愿看到他痉挛抽搐垂死挣

---

① 莎士比亚悲剧《哈姆雷特》（Hamlet）第三幕第一场哈姆雷特的独白。

扎。他虽痛彻心扉，仍会开口说话。他会说些什么？会以怎样怨恨的眼神望着我？枪可能会哑火。可能我打伤了他，却不似我想象中那般致命。那将使我如何地恐惧？他的尸体将会拖累我，我必须把他移走埋掉，我一个人如何做得了？一次轻率之举将把我卷入一连串令人作呕的麻烦之中。

如果说可能除了无耻之徒外在真正面对上述情况时没有人会对这样的问题立刻就有异样的反应，那么可以确信的是，大多数读者，当他们将这一情况仅仅看作假设时，一时间也会不禁自问："我会照他所说的做吗？我能那样做吗？"

不过为了更充分地测试人类非理性的一面，我们来换一种设想。假如某人具有寓言中蛇妖的法力，"杀气逼人，令人望而生畏"①，同时仍保持人的本能、情感、推理及做出选择的方式。但他的"行动与意志为邻"，一旦有中意的想法，就要马上做到。他的想法由结果来接替，而行动之后却不留下任何可招致责难和怀疑的痕迹。

人的确是个奇迹。人脑是天意的产物，寓于肉体之形。被谴堕落，却嗤之以鼻。极力挣脱自身的樊笼，渴望逃离，希望穿越重重阻碍，在任何时候都可自由变换处所，就像可以自由变换思考的内容一样。

这种现象或类似于此的现象，恐怕就是人类最怪异荒诞之举的根源吧！这就是圣·奥丝汀②和加尔文③详细论述的原罪。一些阿拉伯作家似乎对此了然于胸，他们告诉我们：人心存一滴黑血，是"罪的印记"④。他们还告诉我们：穆罕默德在 4 岁时，加百利天使⑤从其同伴中独将他挑出，取出他的心脏，挤出脆弱，

---

① 莎士比亚历史剧《理查二世》（King Richard Ⅱ）第三幕，第二场。

② St. Austin 又名：St. Augustine（354—430），出生在塔加斯特，北非（现在的阿尔及利亚）。他的最著名、最有影响的两部著作是《论上帝之城》和《忏悔录》。他生活在罗马帝国走向衰落的年代，是当时最伟大的神学家。

③ Calvin John（1509—1564），法国基督教新教加尔文宗的创始人。

④ 拉丁文原文："fomes peccati"。

⑤ the angel Gabriel，《圣经》中的七大天使之一；上帝传送好消息给人类的使者。

自此，一般人性的弱点便无缘于他。〔6〕

托马斯·布朗爵士①说过："人这一高贵动物，化为灰烬也壮观，置于墓穴仍庄严。"埃及的金字塔就是最好的例证之一。通常认为金字塔是专为埃及国王建造的陵墓，无开口可渗天光，亦无法为活人居住。据说，建造金字塔，需数以万计的劳力，仅劈石运石就需十年，而完全建成还需二十多年。最大的金字塔底座呈正方形，各边呈三角形，愈往上愈收窄，直至塔顶。底座正方形边长为 220 英尺，塔的垂直高度超过 155 英尺。金字塔的形状经精密度量以求亘古永存。它不会为意外变故所摧，毁它同造它一样不易。

这一事实向人内心深处传达了怎样的感悟啊！人因其肉体之易逝及意识中生命之将尽而沉思冥想，痛苦不堪。人的的确确有一种压抑不住的"永生渴求"②。为使自己的欲望得以实现，让生命永生，便是各种重要方式之一。

可以列出种种显而易见的原因，导致不满情绪的产生。

原因之一，便是离家在外。

我来列举"家"这个词最显著意义中的一些构成要素。

在家中，人可以尽情放松，自由呼吸：肺畅通无阻地运行，每一次呼吸都会带来一丝清新，一丝愉悦。在家中，人可以轻松实现所有设想，随意摆弄房间里的一切家具、物品。在家中，人可以免受一切外界干扰，深居个人城堡，无嘈音乱耳，无烦客扰神。他掌控一切，只要愿意，就可使家如墓穴般寂静安宁。

正因为此，当人禁锢于肉体，束缚于社会多变而武断的各种清规戒律时，一种离家之感便油然而升。

我们不安的另一原因，则是人类的组成部分——思考准则和

---

〔6〕 *Life of Mahomet*, by Prideaux【原注】。出自《穆罕默德的一生》普莱多斯著。

① Sir Thomas Browne（1605—1682），英国作家、内科医生。性格怪癖，常有新奇的想象，代表作有《医生的宗教》、《瓮葬》等。

② 本句选自约瑟夫·艾迪生作品《凯图》（*Cato*）第五幕，第一场。约瑟夫·艾迪生（Joseph Addison，1672—1719），英国散文家、诗人、剧作家以及政治家。

行使这一准则的肉体相分离。构成有形人体的肉体根本无法对等于人类的思想、意志和欲望。于是，我们欲望不断地膨胀，总感到缺失，这种忧虑不安驱使我们鲁莽行动，一再失败。

乔治·麦肯齐爵士①在《骨相学图释》一书中这样说："如果形象被准确绘出，与想象的不一样，右侧并不与左侧十分对称，这种差异与此画所描绘的人物感觉相矛盾，他可能会觉得此画让人不快。"[7]麦肯齐爵士此番观点用来说明人的身体与其思维间不同属性，被认为是极为合理的。

这样或许可以解释一种显而易见的现象：在我们本性中，有一种欲望无穷的本能，一种不同于现实角色的期待，一种自身错位而应当是别种身份地位的感觉。这种感觉使我们思想匆遽冲撞，灵魂躁动不安，目标不明却盲目追逐。

于是有了空中楼阁的建造，人们让自己的灵魂沉溺在不同于我们所见所闻的尘世的神秘虚无中。许多作家都对此有过评论。他们试图从灵魂先存的学说来解释这种现象，说尽管我们并不清楚地记得我们现在状态形成之前发生过什么，但的确残存一些不完整的记忆碎片，好似我们清理记忆的书写板，在抹去我们以其他生命状态经历留下的痕迹时，总有少数的字迹躲过了那只勤奋涂抹之手。

正是这样的观念，在尚未开化的年代，让人们总认为有假想的存在物如仙女、鬼怪、女巫、魔鬼、天使等等，尽管他们或许从不会让我们看到，却让我们感觉他们时刻陪伴左右。我们的祖先从他们那里领略到各种暗示，获得肉眼凡胎无法获取的信息，被他们诱惑去做不能做的事情，或受他们鼓舞沿正直之途走下去。

所有这些现象中最显著的当属巫术魔法。巫师们专注于这一"奇幻之术"，撰写充满神秘隐晦之学的书籍。

---

① Sir George Mackenzie（1780—1848），他在 1820 年出版了《骨相学图释》（*Illustrations of Phrenology*）。

〔7〕 The remark thus delivered is applied to the portrait of the author of the present volume.【原注】。意为：换作本文作者的肖像，这番话同样恰当。

他们遮天蔽日，呼风唤雨，翻江倒海，使雷电轰鸣；他们放火燃烧，甚至撕裂朱庇特的方舟①；他们驾驭闪电，掌控方舟，唤醒沉睡者，打开舱门，让其逃离。②

在做这一切的时候，演员们是如此地认真，许多巫师被送上火刑架，他们的罪行主要是靠自行袒露来确认的。巫术史上让人记忆最为深刻的当属行巫之人经常与魔鬼达成的协议：魔鬼同意用其超自然的魔力协助行术者十到二十年，而作为对此帮助的交换，协议期满后行术者要将自己的灵魂交与魔鬼，为其所有。

在创造动物的时候，有些动物可以被驯服，而有些则不能。贺拉斯说人都不理智。毋庸置疑，通常情况下人都有不理智的时候。一般情况下，我们都相当理智、温顺，但这并不是说我们总是那么靠得住。我可以和一个疯子促膝长谈数小时，他也能做到谈吐清楚，举止得体，就像其他未得此病的人一般。可一旦触及敏感话题，未等你缓过神，他就已火冒三丈，口吐狂言。这种非常低层次的禀性，在人类中却很普遍。

人类的原始冲动是不可控制的。人刚具生命之气，就渴望如空气般自由，对羁绊极不耐烦。此时为意志至上时期。人内存一股力量抵制其他任何力量的束缚。我们渴望心随所愿，难以屈从那些自诩知道如何为那些不谙世事青年好而管制他们的人。

前辈人可以引导和控制年轻人追求的最适当、妥帖的办法，毫无疑问，就是要说服他们真正理解他们的良苦用心。但这样做并不总那么容易。要完全向他们解释清楚，让他们懂得这样做的好处所在并非都很现实。他们还太年轻，还需要再多点时间才能清楚地认识到这一点。

从这一观点来看，人性中还有一种恶习。

年轻人甚至从很小的时候就并不总愿意屈从他所认知的事情。他为自己确定了任务，但却常常无意付诸行动，使其最终成为一句空话。正是由于把任务视为必须履行的义务，才使他不情

---

①　Jove's stout oak.
②　出自莎士比亚的剧作《暴风雨》（The Tempest）第五幕，第一场。

关于人的思考 ▼

愿去完成。

　　产生这种勉强情绪一个很明显的原因是并非我们每个人都能坚信我们所理解的事物。我从前提进行推论，得出了结论。可当要我依照我得出的结论去行动时，整个过程中的某些步骤我却看不甚清楚。此外，当我打算开始推论的时候，最初想法中有一种新颖的成分，但经反复琢磨，时间一久，就完全失去了原有的新鲜振奋感觉了。

　　在我们看来，桀骜不驯及不切实际是青年时期一般不可避免的。当生活的新奇感逐渐褪去，我们也逐渐变得理智。我们像操练中的士兵，像阅兵场上的士兵。起初训练仅出于必须，动作笨拙，极不情愿。后来渐渐地接受了这一行当。我们犹如马术中的马匹，或像牛、狗般被驯导去拉犁拖车。原本的倔强一点点被削弱，不再为摆脱挽具而做无谓的挣扎。

　　最初我的信念是坚定的。但到了能作出清醒判断的年龄，我又变得冷静谨慎，仔细斟酌权衡种种行业，看哪一种我可以为之投入全部的时间和精力，最终选择了在任何时候都能让别人称道的那种职业。决定一旦做出，我就调动我全部的才智，投入我全部的精力去从事这一工作。然而，渐渐地，我的意志削弱了，努力松懈了，学会虚伪，学会放弃，突发一个又一个奇想，行为怪异。

　　但随着生活新颖感逐渐消失，吸引力也下降了。那信念，最初坚定，后来逐渐模糊，逐渐乏味，由于多次重复，已经成为我本性的一部分。我不再怀疑其真实性，就像不怀疑我之存在一般。实践让我的追求更加容易，但若遇阻碍，我又困惑不安。我的追求仿佛一日三餐，离开它们，我会日渐衰弱，离生命的终结也不远了。我若感到失去了想要的工作，太阳也不能确定是否还能升起。

　　教育的责任就是驯服人性中倔驴样的叛逆秉性。为达到目的，明智的家长或教师尝试无数的办法。细心周到的长者用爱抚和各种好处来吸引孩子的注意，以便向他传授人生的基本道理。

　　随着孩子一天天长大，教育者想出千般理由让他认识到文化与进取的重要性，尽其所能让孩子更加顺利地成长发展，为他斩荆折棘扫除所有前进道路上的障碍。他苦口婆心地激发孩子对学习的热爱。他如数家珍地向孩子一一展示他所读过作品的美妙之处和作家的高超所在，手把手扶持他一步步走下去。他劝说，他忠告，偶尔他也责备。他唤醒孩子对优秀的热爱，对耻辱的恐惧，以及成就"地球上最优秀的人"的事业的雄心壮志。

到了一定年龄，年轻人将自己来掌握自己的命运，成为自己的教师。他若有幸具有率真的秉性，便会以极大热情，全身心地投入到开始做的工作中。头脑冷静胸怀宽阔的人从不自欺欺人地认为：当他掌握了自己命运的时候，教育便终止了。某种程度上每个人都懂得，生命不息，教育不止。在一生中任何时候，我们都不应闭目塞听，任何时候我们都要善于听取别人的意见。每一天都应增加新的知识，提高自身修养。不过，除了"教育"的广义外，青年人教育的很大部分是自身教育。完全自我作主时期是危险时期，此时需要年轻人自己明辨事理，不要滥用了自由这一人世间首要福祉。青春期也是兴奋骚动之源，"人所难免"①，这样就要求年轻人最严格谨慎地约束自我。总之，人性与生俱来的叛逆倔强随时都会驱使我们做出愚蠢之举，若是要驯服它，我们绝不能麻痹大意，而是时时刻刻都要约束自己，作出明智的判断。我们应该像置身于凶险海面技术娴熟的领航员，完全能够沉着应对航海中一切流沙暗礁、重重危险。

本章所论及的不过是人类生而有之并至少相伴其生命早年的倔强叛逆，而未论及源于我们较低层次的本性，与我们所称执着的爱相关的、诱人类犯罪、致人类不幸的种种诱惑。我也尚未开始内容更丰富的篇章，讨论有关作为生物体的人，因时刻有这样或那样的短缺，以及文明社会财产普遍分配不均造成的刺激和愤懑。我也未论及人性的某些属性，它们可以用作好的目的，也可以用作坏的目的，因为人可以碰巧具有或没有更为强烈的刺激，那些刺激经常会败坏人最纯真的本性，并有激励人们进行精心谋

---

① 莎士比亚悲剧《哈姆雷特》（Hamlet）第三幕，第一场哈姆雷特的独白。

关于人的思考 ▼

划、深谋远虑的趋势。我仅限于讨论尚还未被文明社会驯服、还未被成长过程所摧残的人，这种成长过程不仅由社会存在的各种利益所决定，而且在某种程度上与个人进步及幸福息息相关。在我看来，人并不是常受各种看似几乎强迫他从恶的原由和动机所支配，而只因他躁动不安，缺乏忍耐，藐视他人的掌控和体制的束缚。

出于同样考虑，我也未论及其他非理性物种，以便更准确清晰地展示阿拉伯信念中"fomes peccati"——人心底的黑色血滴。我们依据我们判断力所理解的动机而行事，但我们却并不止步于这样的动机。一旦行动起来，我们时常超越原意图，就像剧中的奥赛罗：

> 我现在再也遏止不住我的怒气了，
> 我被血气蒙蔽了清明的理性，
> 叫我只知道凭着冲动的感情行事。①

这便可以解释人类为何犯下滔天罪行，可以解释尼禄②和喀利古拉③惨无人道之行径。我们越错越多，越走越远。所幸，大多数情况下，我们不像神话中的法厄同④那样点着了整个世界。我们作为普通人，任最狂野的情感驰骋，也超不出我们声音所及之处。

---

① 莎士比亚悲剧《奥赛罗》（Othello）第二幕，第三场。
② Nero（37—68），古罗马皇帝，暴君。
③ Caligula（公元前12—前41），荒淫无度的罗马帝国暴君，公元前37—前41年统治罗马帝国，死于暗杀。
④ Phaeton，希腊神话人物，是太阳神阿波罗与克里敏尼的儿子。因向人夸耀自己是阿波罗之子，为了证明自己身份，向阿波罗要求驾驶太阳车一天，阿波罗苦劝不听，最后因不会驾驶而点燃了整个世界，自己也为此丧命。

第六章

论人的清白正直

社会人呈现在我们面前最显著的特点之一便是他们身上那种常见的与人为善和清白正直。

社会在很大程度上有其自身结构。

每个成员都追求适合自己的职业，但极少数的人有通过个人暴力来阻碍身边人追求的倾向。我们观察大城市以及乡村居民，那些往来于田间地头、道路荒野的人，他们举止安祥，一路走过，沉浸于自己的思考中，不为所相遇的陌生人干扰，但又愿意为别人提供诚心的帮助。我们不得不很公允地对我们同类的清白正直赞叹，并想象，我们就像过去时代的族长那样"与天使不期而遇了"①。

每一个社会都有少数人，他们是暴乱与掠夺之子，而正是由于有这样的人，那些讽刺和批评者把他们的抨击指向了整个人类。

当我们带着善意与满足来观察人类社会时，我们常常会忍不住想象，即使没有法律的强制，人们也能够很好地群居生活。事实上，刑法仅仅是为了防止那些心怀叵测的人妨碍绝大多数人日常友善的活动而制定的。

人类本性中哪种秉性使这样的包容共存得以持续呢？

首先，这不是因为爱。对偶然在路上遇见的陌生人，我们只有轻微的兴奋感觉来向他们表示友好。

也不是因为害怕。

主要是因为预见和谨慎。我们具有敏感性，防止因很小的原因就将自己坦露于我们不熟悉的人和事中，我们不愿意受到打扰。

我们有一种精神惯性，与物质属性相似，这种属性让原本静止的物体拒绝进入运动状态。我们爱安全，爱尊严，但二者皆可能由于我们轻率鲁莽地干涉他人而遭到危害。我们总是按自己的意志行动。当我们觉得自己可以预见到提出的合作将得以进行，并且是按照我们的希望进行时，我们也喜欢与他人一

---

① 出自《圣经·希伯来书》13：2。

关于人的思考 ▼

同行动。

　　举例说，我正沿着公路行走，身无分文，没有任何指望得到我所需的膳食。

　　这个流浪汉脑中琢磨着如何夺取他人以解自己燃眉之急，仔细打量着那个他思谋用强的人。他思量着，这人会不加反抗就听命于我吗？或者，他会以何种方式反抗我的入侵呢？他观察他的眼睛，他估量他的肢体、他的力量和他的敏捷性。虽然他们在非洲的沙漠里相遇了，那里没有法律惩罚施暴者，他也知道他将自己完全置身于可怕的危险之中了。他横下一条心要去达到自己的目的。在文明社会的范围内，所有这些甚至更多都会浮现在施暴人的脑中。

　　乞讨，是人可以从他遇到的陌生人手中获得自己生活必需品的最温和的手段。

　　但是，即便是在乞讨之时，乞丐也清楚，他已将自己置身于这样一种境地：他面临的不只是拒绝，并且有可能是用尖刻、粗野的语言所表达的拒绝。在这个城市里乞讨是违背法律的，因此求我施舍就成了冒犯国家。

　　在城镇入口处，我们经常可以注意到这样的警示牌：在此乞讨者将被铐枷上镣。尽管有点担心自己会后悔，在某些情况下我仍可能和陌生人搭讪。我可能找不到谈生意或是游玩的场所而向他问路。昔时厄尼乌斯①曾说过，lumen de lumine，②借用邻居的灯盏点燃自己的蜡烛是这个文明社会所认可的特权之一。

　　但是我们忍住不去打搅路上的陌生人并非仅仅出于预见与谨慎。我们所有人都对同类怀有一定的友善。很多人甚至对一切生命体都心怀这种友善。我们并不愿意去打扰那些对我们没有造成任何伤害的陌生人。相反，在别人遭受意外伤害或是陷入苦境之时，我们一定程度上都乐意给予他们帮助。因此，作为人类的本

————————

　　①　Quintus Ennius（公元前 239—前 169 年），拉丁诗人。

　　②　"出自光明的光明"，弥撒用语。拉丁文全句为：Deum de Deo, lumen de lumine.（他是出自天主的天主，出自光明的光明。）

性，部分的清白正直还被应用到了慈善事业中。

童年时代是羞怯的。大部分小孩都不乐意在陌生人面前说话，除非是在完全没有预料和思考的情况下，他们才会开口说下去，仿佛完全没有思考和推论的能力。小孩既不了解自己，也不了解路上遇到的陌生人。他也从来不会对自己或是陌生人作出衡量。他不清楚陌生人能够对自己做什么或可能产生对自己做些什么的念头，也不知道自己应该怎样防卫或是逃脱。

因此，他只能保持机警，有时是固执的沉默，作为避难的措施。正是这个原因，我们总是可以看到，与长大成人后相比，在上学的小男孩身上，总有更多的笨拙和木讷。

随着判断力和力量的增强，我们能更好地认识自己和他人，并且大多数情况下能在社会不同的阶层上找到自己应有的位置。我们学会了谦逊而谨慎的坚定，既不夺人所爱，又懂得维护自己所有。最后，我们很大程度上都会如本章开头所述的那样，与人为善。

那么为什么我们的本性要遭受这样尖刻的抨击呢？我们被描述成是阴险狡诈、背信弃义之人。其他动物聚在一起是为了相互的便利；它们与同类的交往在很大程度上是一种社会情感和善意的交换。但据说人相聚组成社区是人生存的条件，人为了生存便让所有的恶劣品质展露于光天化日之下。我们相互陷害，用各种高招相互算计。我们难辨人言真伪，作出的承诺和最为神圣的誓言经常看起来像是专门为了欺骗。我们充满暴力和深仇大恨，轻易就变得残酷无情。我们难以满足，除非是破坏和血腥。我们充满报复心，我们把伤害，无论是真正的还是想象中的伤害，都铭刻在心里，等待对手被麻痹而放松防卫时，将我们所受的不幸十倍加以奉还。我们贪得无厌，没有任何迹象表明我们的占有欲可以得到满足，而我们却千万次地撒谎说基本就要满足了。人的野心没有极限，为追求野心人可以不择手段。总之，人是自己最可怕最危险的死敌，大人国的国王正是基于对人本性的这种看法，才对格列佛说："我不得不认为，在所有曾经可怜地蠕动在地球上的可憎害虫里，你们这个种类的大多数是最有害的。"① 因此，人的综合才能及其智力的精进，只会让人类成为更加可怕的伙伴，只能让我们作为整体得到应有的谴责。

很明显勾画出的人的这种形象未免太过夸张了。这样形象描绘的只是我们种群中很少的一部分人，甚至对这一部分人来说，也仅是他们特点中的少数，有失偏颇。

历史——人们各自扮演各自角色的连场戏——是一个迷宫，没有人得以准确地找到线索。

我们很早就发现，四大君主政权的历史，专治和民主国度的历史，骑士和氏族制度的历史，伊斯兰教和基督教的历史，欧洲主宰历史以及推翻帝国的革命历史，都只是一连串的犯罪，仿佛许多凶恶的兽群，其天职就是将彼此撕成碎片，用血海和碎尸让大地变得满目疮痍。

但仅从历史的纪录来形成我们对人性的观点是不够的，人是徘徊于平和与暴力之间的，但后者仅仅为我们提供合适的描写素材。当人受强大力量所刺激的时候，我们就会产生强烈的好奇心去观察他。我们注意到他的情感，他的力量，他的骚动。正是在这样的时候他成为了戏中人。当这样的骚动不只出现在个人身上，而是同时发生在几个人身上，发生于民族的时候，历史就开始收获了。历史携带她的收获工具来到田间，将她的丰厚庄稼尽数填满仓房。但是宁静和平的时期却会让她颗粒无收。它们被遗散至只言片语中，留不下任何记忆。

让我们把这个广阔的地球均等隔开，看看暴力生于何处，而宁静又处在何方。我们来概览一下人类社会的各种阶层和职业，尽量得出一个一致性的结论。职业军人及其指挥官在行使自己专职的时候，看起来像是争斗者。国之君臣们更是多半如此。而四处点火的征服者们，更是将其狼子野心显露无遗。

但这些只是这个人口众多星球上的一小部分居住者。人类以辛勤劳作谋生。物产丰富的地球使得人们以劳作求生存成为可

---

① 出自《格列佛游记》（Gulliver's Travels），乔纳森·斯威夫特作于 1726 年。

能。至少在已踏入文明的民族里，农业是首要的、最不可或缺的行业。

这一行业本身即是和平的象征。其所有环节：从播种到收获，都是平静的：农业里没有任何显而易见的可引发愤怒情感的东西，也没有会置人于彼此仇视地位的东西。除农耕者以外，还有手工业者、技师、木匠、泥瓦匠、工匠和家具匠等所有这些众多阶层的人，他们的劳作让我们有衣穿，有房住，为我们生活便利舒适生产各种车马器具。毫无疑问，所有这些人的行为举止都是平和的。同样的，那些并非生产生活用品，但从事买卖和交易的人也是如此。

除此之外，还有文人学者们。他们或是对人类的创造物进行研究，或是在科学与文学领域中创新，或是授人以信仰和义务，或是对青少年进行教育。"礼貌"、"文明"这些词，与"战争"相对，表达一种平和的状态，暗示心态的平静，而远离了争夺、喧嚣和暴力。

因此，很显然绝大多数人都是讲文明、致力于维护和平、远离暴力行为的。抢掠只是人类普遍本性的特例。

我们进入到一个生硬、苦涩的法律制约的世界，"就着汗水吃着面包"①。这是针对我们自身的严酷法令，"不劳动者不得食"。我们都想挣脱束缚，依照自己的意志行事，我们用自己的力量去从事自己想做的事。我们的心知道我们想全力以赴做想做的事情。一些人热衷于从事有难度的工作，他们规划、他们建立起宏伟大厦，建造成宽广游乐场。或者，他们将自己的身心投入获取知识之中：

> 与智慧之神赫耳墨斯一同守望熊星座，
> 或移开柏拉图的灵魂，
> 为的是揭示什么地方，
> 什么样广袤的区域能拥有

---

① 出自《圣经·创世纪书》3：19。

关于人的思考
▼
▼

那不朽的思想。①

　　而其他人可能会将自己的一生都浪费在空想与闲散上。他们
太过平静与友好，以至于他们的灵魂从不会因事业的缺少或外部
的刺激所震动。他们可以一直躺在阳光和煦的沙滩上，头脑介于
思考与空白之中，身心松弛，享受着习习吹来的微风，望着高低
起伏的地面，泛着涟漪的溪流，赞叹蔚蓝的天空，气势磅礴的云
彩，一时间任思想信马由缰，让自己沉溺于"浓重的幻想"②、白
日梦或是无穷的浪漫想象中，
　　最终在无止境的迷惘中迷失了自己。③
　　但是所有人，无论是忙于事业或是懒散休闲的人，都期望遵
循自己内心的意愿行事，不被外部严酷的现实需要或是同类专横
的命令破坏。
　　然而由于生存不可抗拒的规律，除非是那些碰巧生下来就享
有从他人劳动中获取供给特权的少数人，我们却不能不通过自己
的努力或是技能去获取衣食住房这些必需品。置身于荒岛上自己
去获取这些东西的人会发现行动与思想的自由是支付了巨大代价
的，这样的自由本来可以算是他们与生俱有的财产。那些因命运
生在人口众多社会的人，其生存状况与黑奴相似，只不过他可以
在有限的程度上选择自己钟爱的职业，或者因为被迫或者自行选
择完全或部分地挨饿。这就是普遍的命运。

　　　　这命运如死亡般无法躲避，
　　　　甚至当我们加快脚步时，
　　　　这可怕的命运仍会降临在我们身上。④

────────────

　　① 出自弥尔顿诗集《幽思的人》（11 Penseroso）。此处赫尔墨斯指埃及智慧之神
Thoth 的希腊名赫尔墨斯·特利斯墨吉斯忒斯（Hermes Trismegistus）。
　　② 出自莎士比亚悲剧《麦克白》（Macbeth）第五幕，第三场。
　　③ 出自弥尔顿《失乐园》（Paradis Lost）（Book 2）第二卷。
　　④ 出自莎士比亚悲剧《奥赛罗》（Othello）第三幕，第三场。

我行走在街道上，观察着他人所拥有之物。我注意到路两旁的商店，觉得人的创造发明能力是如此巨大，让人惊异。他们从他们的同类中，从"农夫粗糙的手里"①，从匠人手里，榨取他们赖以生存的部分所得。我们从情感上认定，我们也同样必须参与到这庞大的勤奋创造的队列中，否则

> 就像前潮一样，被他们全都匆匆超过，将你抛在最后，
> 你就那样躺着，为那些卑鄙的后来者铺路，
> 被任意踩踏。②

这种必然性致使文明社会成为现在的状态。我们都分属于不同的阶层，每个人都是某一特定团体的一个成员。我们清楚各自的位置，几乎像大军里的每个士兵，准确地被编排，被约束，因此我们很少想到去相互妨碍彼此的工作。我们专注于自己所投身的特定的行业，"早起晚睡"③，无暇去搅扰他人的追求。因此在文明社会中，绝大多数人都清白正直，不会去扰乱他人的生活，发生这样的情况就是必然的了。

但是由于人类社会的这种状况使我们保持相对的纯真，并使我们生活其中的社会秩序在某种程度上呈现令人平和、惬意的景象，因此，另外一方面，它直接的趋势就是束缚了我们内心思维的翅膀，使这个我们生存其中的社会群体中的成员处于单调而无成就感的平庸状态中，这也差不多同样是事实。有这么一些人，从他们的情况来看，或多或少有条件看清楚他们众多的同胞，性格的"种子"，可以确定"什么庄稼可以生长，什么庄稼不能生长"④。他们的目的应该是，让自己小心翼翼，避免像绝大多数人

---

① 出自莎士比亚名剧《袭力斯·凯撒》（Julius Caesar）第四幕，第三场。

② 出自莎士比亚名剧《特洛伊罗斯与克瑞西达》（The HBtory of Troilus and Cressida）第三幕，第三场。

③ 出自《圣经·诗篇》127：2。

④ 原句为"if you can look into the seeds of time, And say which grain will grow and which will not."选自莎士比亚悲剧《麦克白》（Macbeth）第一幕，第三场。

那样必然地陷入忘忧谷，以此获得回报。因此，当这种方法最严酷地运用时，就有了这样一种不恰当的说法："让每个人都自己照顾自己，自食其力吧。我们为什么要帮他呢？"

但是我们应该为同类提供帮助，这就要求我们实施帮助时要极为细心慎重。外表的欺骗性是多种多样的。没有什么能比织工、农夫及工匠的情形更可悲可笑了：若有人相助，让他们不合时宜地离开自己的本业，结果在更大舞台上却更显示出他的低能与愚蠢。他们的平庸能力被扭曲到荒谬，让我们觉得是在俯视一个侏儒，而他却仿佛像个提坦巨神，开辟历史，以震惊世界。

其实他们这样的平庸能力，只要使用恰当，本来也会使他们在生活中获得尊重的。同样的事实是，在很大程度上，人类的思想活动大多是健康和有活力的。有才能的人通过这样的活动，可以施展自己，不断克服出现在面前的障碍。

> 把它们抛弃一旁，
> 并且通过争辩来堵住它们。[①]

不过在历史文献中也可以找到许多这样的例子，因为他人的善良，轻率大度地施予帮助，让一些人从一文不名的状况中崛起，处于高高的位置，像灯塔般照亮世界。而且，撇开所有的例子，只要恰当地运用常识想想，我们就会知道，世间最优秀的人，尽管可能会很神奇，并非是无所不能的。一定的帮助，来自能够提供帮助的人，无论是谋略还是钱物，常常能产生最高尚的影响力，将我们内心的慷慨冲动持续下去，当我们本性因弱点产生绝望就要放弃的时候，激励我们勇敢地坚持下去。

但是，在此要说的最恰当的话是：对于那些头脑因为天生或是教育使其复杂且具有非凡能力的人，我们不应该就此断言"让每个人都自己照顾自己，自食其力吧。我们为什么要帮他呢？"这样的说法是正确的。甚为遗憾的是，这样的人常常迫于生计而不

[①]　莎士比亚悲剧《裘力斯·凯撒》（Julius Caesar）第一幕，第二场。

得不做相对庸俗不体面的事，这样的事大多肯定是不可避免的。然而，对于有着非凡能力的人而言，若不是因不可抗拒的环境力量逼迫他远离初衷的话，他会取得何等辉煌业绩呢？

　　这种人一方面内心有着强大动力，另一方面他又不得不屈从自然和环境的外部力量，所以生活处于一种分裂的状态。他好的一面的奋斗是高尚和令人敬佩的。假使他能够完成自己所投身的事业，那么他放弃得越少，他就越值得世人尊重。如果最后他过多听从了自己本性高尚的一面而失败了，那么这是深为遗憾的——作为一个人在一定程度上说是失败了——但只要他的失败不是因为追求不切实际，或是陷入有害的自高自大心态中，那么他就值得每一个有宽容之心的人的同情。

第七章

论人的生命期限

在文明国度中，人的活力和勤奋体现在那些从事体力劳动和脑力劳动的人身上。

下列观点很清楚仅适用于脑力劳动的人，尤其是那些从事文学创作的人。不过这些观点对所有那些用相当多时间从事研究和思考的人来说也是有用的。只要使用得当，这些观点就会在研究人类思维的科学中占据较为重要的一章。

对于从事脑力劳动的所有成员来说，人生应该是由工作和假期组成，换言之，是由脑力使用和脑力休息时间交替组成。

人生由年、月、日所组成。一日有 24 小时，用脑能占用多少时间？

所罗门说过，"万事皆有时"①。睡眠有时，娱乐有时，锻炼有时，为身体这台机器补充给养有时，消化有时。当这一切需求均得到满足后，还剩下多少时间从事脑力活动？

如我所说，这些话主要是针对文学创作方面而言的。那么，当人类满足了一切基本需求后，所剩下的也许就只有很少一部分时间能够有效而审慎地运用到文学创作中了。

毋庸置疑，很多人会一天将 8 个、10 个或 12 个小时用于创作，但是我们会怀疑这样做是否明智。

作家之所以为作家，是因为其职责要求他去考虑如何运用手中之笔为他人创作出可以阅读之物。他不是在给自己的朋友写信、谈生意、说消遣、论情感。他是在写能够抓住尽可能多读者的东西。若他信心十足志存高远，他就会希望其作品不仅被有闲暇的人阅读，而且被忙碌的人阅读：他们抽不出时间来却宁可在不该搁置工作的时候停下来也要读他的书。他希望他的作品不仅被好娱乐有闲暇的人阅读，也要被那些有智慧有修养的人阅读，被那些能够品出作品的味道的人，具有敏锐感觉和准确鉴赏力，能够就其优缺点给出公正判断的人阅读。他努力向前，追求永恒的荣誉，渴望他那苦心写成的著作能够流传后世。

一个有如此想法的人一定不会打算将其粗浅之作传于公众。

---

① 出自《圣经·传道书》3：1。

关于人的思考 ▼

若模仿昆特列①的一句名言，我会说："人类需要得到尊重"〔8〕。换言之，我们对要以恒久形式传达的东西应该细心地加以审视，使之符合人类的品味和理解。作为作家见诸印刷的只应是他那沃土里的第一批产物，那些最优秀最精华的思想。在思想没有进入状态之前，他不应提笔，而当思维一旦被乌云笼罩，创作的勃勃生机缺少了活力，不管程度如何，他都应该就此搁笔。

也有些非同一般的情况。一个人可以通过长期思索和学习让自己做好充分准备。他的头脑里可能有了丰富的思想，他可能要连续花费10到12个小时，仅仅为了写下或分解在他头脑里已成熟的想法。我们听说德莱顿差不多就是这样，他花了整整一晚上及次日早上晚些时候，写作《亚历山大的盛宴》。而这样的情况确属例外。很多时候，一个作家顶多一次花费两三个小时来写下他头脑沃土上的刚成熟的收获，精华的思想。之后，他的头脑乌云笼罩，那旺盛的精力也随之减弱。

也并非总是如此。在头脑多少还算清晰时，他可能继续写作稍长的时间。但是这时他那本值得炫耀的沃土已经渐趋贫瘠，他不再驰骋于思想的绿地，徜徉于丰富的想象中，他思维枯竭，力不从心，需要休息了。傍晚的露水，夜晚的睡眠，将使土地恢复生机，第二天早上便精神抖擞，活力重现。

以上的观察让我们自然转向了这样的问题，即对人生的真实评价及其价值问题，这被认为是如何使用智力的问题。

关于这一点首先要问的是人的生命期限：是长还是短？

这一问题的提出，我便听到了来自各个角度的答案：人们通常是怎么说生命之短暂呢？"人生长不过咫尺"②，它是"传说的

---

① Marcus Fabius Quintilianus（35—96），古罗马时期的著名律师、教育家和皇室委任的第一个修辞学教授。

〔8〕 Mankind is to be considered with reverence.【原注】。原文为拉丁文"Magna debetur hominibus reverentia"。

② 英语谚语。

往事"①，"像花儿般绽放又凋零；像影子般逃逸无踪迹"②。我们"如睡梦，如青草：早上还生机无限，晚上就零落凋谢了"③。

这种感叹其基础显而易见。人非永存于世，生命终有尽时：再怎么认定为长久的事物，某种程度上仍然可能是短暂的。对人生的评价决定于我们看待它的角度。希望是我们最大的快乐之一。拥有也很不错，但过去的就烟消云散了。懊悔或许使生活有一定的实在感；回忆生活中那些善举德行也会令人愉悦振奋。但成就、荣誉与名望，甚至是痛苦、穷困与折磨，一旦离我们而去，也不过轻如鸿毛，不值一提。从这个意义上看，德莱顿那有名的诗句也不是狂放之言：

> 今天，我已活过；明天，哪怕更糟。
> 是好，是坏，是雨，是晴，
> 除了命运，快乐我也都已拥有。
> 不是上天有支配过去的力量，
> 发生的已经发生，而我也有过自己的时光。④

但如此把人生的图像从我们身边移至远处，把曾经令人高度关注的东西看成无所谓、不值一提，并非是我们作出对人生真实、合理评估的可取之道。当前成为过去的一切，即便价值不大，也都曾经存在过：能够作出正确判断的人应该把我们人生的每一部分都看成是依次存在过的现象，而不应该因自己所思考对象的远近让自己的看法受到扭曲。

有一句话，被人们反复引用，现已成为名言，但却显然是大谬不然：人生短暂，艺术长青〔9〕。我很乐意知道，跟人类自然生命周期相比，从青春萌动到迟暮之年，什么样的艺术是长久的。

---

① 出自《圣经·诗篇》90：9。
② 出自《圣经·约伯记》14：2。
③ 出自《圣经·诗篇》90：6。
④ 出自德莱顿的诗 *Happy the Man*。
〔9〕 Art is long; life is short. 【原注】。Ars longa, vita brevis.

关于人的思考
▼
▼

　　若说没有期待任何人能够掌握一切可能的艺术，或者掌握那些已经成为人们同时或次第勤奋追求的目标艺术，这样说确实没有错。但原因并非是由于人类的生命有限，而是在于人脑能力的属性：人的理解力和勤奋不能通达一切事物。当我们掌握了一件事物时，必然要放弃另一件。对科学与艺术的追求，若都要达到我们所能做到的极致，就必须不间断地进行。说得再明确一点，那就是人不可能永远年轻。在生命的长河中，不同的事情都有其适宜的时段。语言或许在青少年时学习效率会最高。

　　年龄稍大，一个人就要致力于一门科学或艺术了，不同的人选择是不同的。这个人是个数学家，那第二个人就研究音乐，第三个人就研究绘画。这个人是个逻辑学家，那个人就是演说家。不可能期望同一个人既能在复杂艰深的哲学中出人头地，又能在才华横溢的诗人中一枝独秀。当一个人在科学或艺术的某一领域中取得辉煌成就，若要转而进入其他领域时，往往觉得才智钝滞，没有了先前那种程度的柔韧与活力。脑部器官也像我们的语言器官一样。我们发现儿童的语言器官的柔软构造能够轻松地适应语音的些微变化，而成人其肌肉要僵硬得多，在大多数情况下，再练也是枉然。

　　再回到此格言：生命短暂，艺术长青，若它意味着我们不可能在任何一门艺术上达到至善至美，在现实中我们取得的所有进步都微不足道，就如圣·保罗①所说，"不要为我们所取得的沾沾自喜，要忘掉身后之事，要让它激励我们去完成那即将到来的使命。"——这是对的。但这也仅仅是因为我们在才智上的局限，我们即使能够追逐到完美的影子，也需要一代又一代的努力。问题不在于人生的短暂，否则我们就要在延长的生命期限上再加上青春永驻的特权，也许还应该加上身体活力永不衰竭，头脑永远清澈如水，才智永远柔韧灵动，就像我们永远都处在生命的早上一样，一切都是新的，透着诱惑、透着愉悦，有着不可言喻的美，

　　① St. Paul（？—67？），犹太人，曾参与迫害基督徒，后成为向非犹太人传教的基督教使徒，《圣经·新约》中的《保罗书信》和《以弗所书》的作者。

如德莱顿所表述的那样：生命之酒所激发的热情"最初生机勃勃的奔涌"[10]，而以后再也难以企盼。

再回头考虑所谓的生命短暂，在本章开头我提过："人生由年、月、日所组成。一日有 24 小时。"但是当我这么说时，与这话给人的感觉不同，我绝无细分之意。而有人却曾计算出人脑可以在一秒内体验 320 种感觉[11]。

"思维之快真是疾速无比！当我说话时，在同一时刻或许我脑海中没有两个相同的想法，而我却靠敏智从一个想法过度到另一个想法！若对我的话存争议，我却在话出口前反复审视过其话题，即使在我说话期间，也每隔一段时间继续审视着话题，而话语却不会产生任何停顿！与此同时，我内心又经历了多少其他的感觉，却未造成干扰，也就是没有明显改变我的思路。我的眼睛相继看到了纷呈在我面前的万千事物；我的思维在我身体的每个部分间逐个游移，感受我坐的椅子，我倚靠的桌子。头脑回想到早上、昨天所发生的各种各样的事情，回想到那与此刻我全身心关注的事情最不相干、最遥远的事物。我看着窗户，看着敞开的门，还有烛花，当这一切最可被感知的事情发生时，我的思绪却未感些微滞阻就从一件事移至另一件事，丝毫没有因为诸事纷扰而分心旁骛。"[12]

以上这一论述或许对某些人来说太过晦涩，不过却可以为我们对以下观点作出恰当评说做好准备。

"艺术长青"，其实不然。与人类从青春年少到老年迟暮这一自然生命周期相比，没有哪门艺术是长久的。三年中若不付出足够勤勉也许没有任何艺术可以得以掌握，即不能掌握其基本部分对其加以熟练运用。之后或许还会有长进，但也只限于一些细枝末节，而且还是时断时续。其后的进步更多的不是靠不断的运用，而是靠我们头脑整体的改善，品味的提高，判断的强化和经

---

〔10〕 *Aurengzebe* 【原注】。《奥伦辛比》，约翰·德莱顿 1675 年写的历史短剧。

〔11〕 See Watson on Time, Chapter II 【原注】。参见 Watson on Time，第二章。

〔12〕 *Political Justice*, Book IV, Chapter ix. 【原注】。《政治公正》（古德温著，出版于 1793 年），第四书，第十章。

关于人的思考 ▼

验的积累。

有一个观点在低俗的人中很普遍，那就是凡事从速才明智。这一看法的谬误常常被道德学家、哲学家指出，且人们感到，那急速朝着目标行进的人，常有永远无法达到目的之虞。

意识到这种危险，往往会使我们接受这一修正过的格言："从容不迫"①。要快，但步伐一定要慎之又慎。

但是对有抱负的人，更为正确的忠告却是：做事要认真，但步伐要慎重稳健。

我曾在一本书里看到这么两句打油诗，是关于演讲的：

> 学会慢慢讲，儒雅自然来。

对于正在读书学习的学生，我很愿意推荐一种类似的方法。

托普雷德②，上一辈著名的卫理公会牧师，曾讲过一个花花公子的故事。这个人曾告诉他，有一天在喝下午茶的时候他读完了《欧氏几何原理》，只遗漏了 A 线 B 线还有曲线，在他看来这些只会妨碍他阅读的速度。

匆匆浏览一本饱含深邃思想的书，阅毕却一无所获，这实在是太轻松容易不过了。

若一本书不会迫使我们觉得有必要时常停顿下来进行思考和内心争辩，或需要不停地回顾已看过的内容，将一种观点和论述与另一种进行比较，将散碎言论进行组合与重构，那么这样的书甚至都不值得阅读。

有一种我们多次观察到的现象，那就是当我们第二次、第三次阅读一个优秀作家的作品时，发现有很多层次的东西，这些是我们在第一次阅读时一点都不曾察觉到的。若第一次用心阅读或许能够在相当大的程度上得到随后预期的收获。

学童最宝贵的教益大多是他在完全将功课抛之脑后时得到

---

① 拉丁语原文：Festina Leate。

② Augustus Montague Toplady（1740—1778），英国卫理公会牧师、诗人。

的，没有什么比这更实在了。同样的，大一点的学生所获得的最大收益是在他合上书本，走进原野，思索所读内容时得到的。用心智与用肉眼一样，我们必须后退一定的距离才能如实全面观察所观察之物。我们应该从不同的角度去观察它，如斯坦尼①所说，"研究它，横向看，右侧看，然后这样、那样看，从所有可能的角度和方向去观察"〔13〕。只有这样我们才能期待准确地理解它。

但我的目的主要是要说明，人类远大梦想之一，不是要在最短的时间内完成多少目标，不是因为考虑到"生命短暂艺术长久"，因而要在最少的日子或年月内达到我们的目的，而是要将人生视为展现在我们面前的一片广阔原野，研究如何让它充满愉悦，充满好处，充满用处。人生就像一个瑰丽花园，它召唤艺术家用浑身的解数，用无尽的变化和美去装点它。它又像一个宽敞的公园或游乐场，所有的不圆满都要被掩饰装点，而其滋养、高贵、雅致的特点都要得到利用，这样就会令我们永远徜徉其中而不知疲倦。

从70年这一常规寿命期限来看待人生之前，若我们在一个有限时段内来讨论这个问题，或许能有最好的理解。首先来考虑一天的时段。我们不是要考察人如何在这一天通过双手维持生计，也不是考察他如何陷入经营的繁琐细节，我们是要以此为例，查看他如何精心安排使用一整天的时间。

好奇的观察者往往将注意力集中于生命的沉闷乏味上，我们如何让时间轻易地在我们手上流逝，艺术如何给时间插上翅膀让时光迅速而快乐地飞翔，从而被看重到何种程度。愤世嫉俗的道德家总对人的双重性感叹不已：人一方面抱怨生命短暂，另一方面又处于巨大的困惑，不知该如何恰当而愉快地度过生命的不同阶段。"那些把人生看作是一种负担的人"，这些德育家说，"还有那些人，若有人向他们建议一种从未尝试过的事情或消遣，就很乐意给予他回报的人，别再对我们说人生短暂了"。

---

① Laurence Sterne（1713—1768），英国作家。
〔13〕 *Tristram Shandy*, Vol. IV, Chap. ii.【原注】。《项迪传》，第四卷，第二章。

关于人的思考
▼▼

　　但是这种矛盾性的确如此，并非矫揉造作无病呻吟，而是基于我们最本质的秉性。当人生任何一个重要阶段就要结束时，我们都会不可避免地感叹它的短暂并为没能好好利用它而伤感，当人生最后阶段就要结束的时候我们更是这样。但是当时间这条溪流流经我们面前的时候，我们又常常觉得它慢得难以忍受，会想着结束现在的生活，在生命的画卷中翻开全新的一页。

　　我曾听各式各样的人说他们从来都不知道时间多得没地儿花是什么概念，全然不知道什么叫做——借用法语里的一个词——无聊（ennui）。除了拼命工作维持生计或者总是处于有好多事情要做的情形，没有闲暇来觉得无聊和厌倦，听他们这么说的时候，我承认我多少有些难以置信。

　　但是这里我们所说的各式各样的人，是自己的主人，他们精心安排使用每一天的每一个小时。此外我们还可加上一类人，他们拥有部分自主，每天用三四个小时做他们必须要做的事情，到了一定时间铃声一响，就散学了，然后完全按自己的选择，从事自己喜欢的工作或娱乐。

　　回到人的一天时间问题上。所有自己安排的时间，用得好与用得不好，全凭自己的判断或临时改变的冲动。

　　我们来设想一下，人起床后就有 16 个小时摆在面前，任他安排。我排除了旅行或类似的事情，因为这些事情本质上让他无从选择，会以一种恒定的行为占满他的时间，这类事情从一开始就清楚明了。

　　在这种情形下，一个人自然而然地需要一件接一件地做不同的事情。没有任何学习或研究能够让人一干就是 16 个小时，个别例外不包括在内，但这种情况生活中极少发生。即使有这种情况，人的注意力也常有懈怠，大脑兴奋感与活力下降，不过只需稍事休整几分钟便能重新焕发生机，再度投入到工作中去。

　　在人生的一般进程中，人总是期望在同一天里能从事多种不同的工作。我自己大多数一天中一部分时间阅读一种语言，然后另一部分时间阅读另一种语言。每天用两到三个小时，而不用再多的时间，从事创作或写作，这样我的身体和精神都保持在最佳状态。16 个小时中自然要包括吃饭时间，还应该有呼吸新鲜空气和身体锻炼时间。根据人的天性，一天中也需要和朋友相处的时间，不管是在公共场合相聚还是以熟悉的方式与仨俩人交谈，尽情畅所欲言。所有人生，正如我说的那样，每一天都由工作和休息组成，明智的做法就是将一件事情与另外一件事情穿插进行，从而产生恒定的变化，恰当的休息，重获清醒与敏捷，以此与疲倦抗衡。

从这一观点来看，闲暇之人又对自己生命的每一天具有什么样的支配权？他支配自己时间的方式，就像一个连长，用作战的方法来训练下属。

连长命令他的一部分士兵去爬山，另一部分涉过或游过峡谷中湍急的溪水。他命令这一部分人径直向前，而让另一部分人转向，迂回前往或许是同一地点。他命令他们向左走向右走。他在训练场地解散他们，让他们擦拭武器、检查装备或者补充给养。而一个闲暇之人在安排他生命中每一天时间时，其权威丝毫不逊于这位指挥官。人生由许多这样的日子构成，我们每年都有365 天。

人生从小到老所做的事可说是数不胜数了。我们可以学习语言，可以从事艺术，也可以投身深奥的科学。其中的任何一个目标与其他的目标并非互不相容，同一个人也没有任何理由不能从事多种工作。我们可能会将一年中的部分时间用于旅游，另一部分时间用于学习各种知识。我记得当自己还是个孩子的时候，曾怀着恐惧审视人生广袤的原野，问自己，当我读完了所有写成的书后，又该去干什么呢？这样的担忧要比有些人可笑的言论有意义得多，他们抱怨缺少时间，说生活没有给与他们实现自己梦想的空间。

反之，当一个人穷尽了一门技艺或完成了一门学业时，便不得不去考虑接下来该做什么。当我们经历了一个轮回，获得了尽可能多的，从人有限能力的角度上看来是不相互诋毁的收获时，我们经常会发现自己的某些收获又被减弱至起点。我孩提时代读过的书籍随着岁月的流逝，又在我面前呈现出很不一样的面貌。

同样的词和短语向我展示出一系列新的意义。在同一作者或同一本书上，说老又不老的，发现一种特殊情感无疑是快乐的，呈现给我的是久存于心中、无比珍贵的回忆，同时还向我传达丰富的宝藏，其财富迄今都未被发掘完。

以上各种观点目的就是要劝说那些正直坦诚的人们，把人生看成一份重要而丰饶的财富，应该慎重而周全地来支配，就像一个有真正善心、有智慧的人支配一大笔收入一样。在任何时候都不要期待某个有意义目标的追求其时间可以短到什么程度，又以如何完美的方式得以实现。别再听那些对自己的时间具有相当程度支配权的人喋喋不休、可怜巴巴地抱怨他们无暇去做应做之事和想做之事了；他们应该感觉到他们有一个巨大的仓库，里面堆满了分分秒秒、日日月月，足够他们去完成一个高尚的灵魂该做又值得做的事情了。

第八章

论人之滞钝

关于时间，因为它涉及到人生的问题，我们还可以从另一个角度来看，这样我们将得出与前面一章截然不同的结论。

人有两种大相径庭的存在状态：一种是他工作时状态，一种是他熟睡时的状态。

洛克①和其他一些哲学家提出了"灵魂是否一直在思考"这样的问题。即是说，当我们躯体四肢平躺基本处于不活动状态时，大脑是否仍处于绵绵不断的思维意象中。这个问题也许永远没有结论。当睡眠中止或是被惊醒时，我们常常意识到在此之前，大脑正充溢着我们称之为梦的各种意识和景象。清醒时，我们没有这种感觉。我们也许一直不能确定，当我们从梦中惊醒时，这些飘忽不定的非真实的意象是否也随之烟消云散。一些人习惯说他们从不做梦。如果事实上，从出生起，人的大脑依其自然属性必定一直都充满着感觉或是意象，那么这些人终其一生处于这种状态：当他们被惊醒的同时，这些飘忽不定的非真实的意象也随之烟消云散，也随之消失。补充一点，人也许有一些混乱说不清的感觉，这种感觉从未达到我们称之为梦的明确界定。

关于睡眠中的人就讲到这儿。

但我们醒着的时候，大脑在一天不同的时间段想的也不一样。我特别将人醒着的两种完全不同的状态区分开：一种是大脑迟缓，而另一种则是大脑敏捷。

当我在写这篇短文时，我的大脑也许可以说是敏捷的。当我全神贯注地读一本哲学书，文论集，雄辩术或是一本诗集时，同样如此。

当我面对一群或多或少的听众演讲，尽力让他们感到愉悦或是受到教益时，我的大脑是敏捷的。当我静心独处，努力理顺思路，将思想依关联性整理、安排好，或是以另一种方式改善思维，提炼思想，以数千计的智力改进方式之任意一种提高自己时，我的大脑是敏捷的。当我置身于活跃的交谈中，一心想积极

---

①　John Locke（1632—1704），英国唯物主义经验论哲学家。他是政治学、经济学、教育学和宗教等多方面有巨大影响的思想家。

关于人的思考
▼

参与他人交流事实与观点，或仅仅坐着，全神贯注地聆听他人陈述事实和观点的时候，我的大脑都是敏捷的。

人们大脑的这种状态可以被肯定地称为处于活跃而注意力集中的状态。

只要我处于此处所列举的任意一种状态，或是另一些未被列出但思维同样兴奋的状态中时，我的大脑就是处于一种活跃的状态中。

但也有与此相反的另一种情况，人们度过时光的方式与这迥然不同。他们的时间如何分配，大脑多少时间在积极地思考，多少时间处于滞钝状态，对一些人来说，取决于体质，对另一些人来说则纯属偶然。

在很多年前我发表的一篇短文中有这样一段话。

"有才华的人和平庸的人之间的主要区别，在于他们利用相同的时间段的方式不同。如果假设他们被要求从圣殿酒吧①走到海德公园角②。平庸的人径直向前走，他有很长的路要走。他注意看看是否遇见熟人，好停下来问问他的健康状况和家人情况。路过商店，他或许会进去看看，欣赏一下锁扣的式样或是一个茶壶的金属质地。若他有什么想法闪过，也非常具有局限性，如同一只被剪掉翅膀，注定要在农场院坝中度完余生的林中鸟儿一样所飞有限。而有才华的人任其想象驰骋。他哭，他笑，不受周围事物所干扰，整个思想都陷入思索中。他进行曼妙的演绎，品味睿智的推理。他在想象中慷慨陈词，侃侃而谈，被深深的同情所打动，或因高尚的升华而兴奋。他作出数以千计新奇、绝妙的联想。他穿越无数想象的场景，尝试胆量，开启创造力，然后逐渐做好准备去面对人生的方方面面。凭着记忆，他查阅所读过的书籍，并且构思出将来能让人受教益，给人以愉悦的作品。倘若他观察路人，他会审读他们的面容，推测他们的过去，然后得出一

————————————

① Temple-bar，圣殿酒吧，位于伦敦城西部去往威斯敏斯特教堂的路上。
② Hyde Park Corner，海德公园角位于海德公园的东南角，它是公园路、骑士桥路、匹克底里路及国会山的交汇之处。

个大概的结论，他们是聪慧还是愚笨，是善良还是邪恶，是满足还是失落。他若是观察发生的一幕幕场景，其眼光一定像鉴赏家或是艺术家。每一事物都能让他浮想联翩。这两人在时间方面相一致：他们都在这个时间到了海德公园角，然而在其他方方面面都迥然不同。"〔14〕

这段文字对可能发生或已经发生的事情其描写无疑是真实的。

但在这段话中隐含了一个相当大的失误。

本书的第二篇短文似乎表明，聪明人和迟钝人之间并没有人们通常认为的那种鲜明突出的界限。我们所有的人既是聪明人又是迟钝人。或者说，有史以来的最聪明的人至少也曾度过一段空虚、无聊的时光。而看似最迟钝的人，若从出生之时起，就教育得当，那么在特别适合其才能的工作岗位上也会表现得敏捷、灵巧和聪明的，当然除去那些从人脑最普通的标准来看极少的例外情况。〔15〕

毫无疑问，许多人在上述从圣殿酒吧走到海德公园角的相同时间里，有过许多的行为，其中也包括各类强烈的兴奋行为，如上一段落中所列举的那样。

但所有人，聪明人及其相反的，我们习惯称之为迟钝人，他们的生活都被分为充满活力和相对空虚两类。有很多人，他们绽放的才华让世界为之震惊，博得后代人的崇敬，但他们也曾度过一段如同从圣殿酒吧走到海德公园角的时光，头脑闲散，没有多少内容可供回忆，就像最迟钝的人也曾有吸入活力气息的时候。

要区分人的两种状态，第一种是理智居首要地位的状态，意愿占主导，以这样或那样的方式支配脑力或体力行为；第二种则是各种能力倦怠，未发挥其功能，或是刚从沉睡中惊醒，能力还未发挥，如同一个水手在广阔的大海上，浑然不觉危险，放弃了把舵，一任头脑之舟漫无目的漂流，全凭运气导航。

---

〔14〕　Enquirer, Part 1, Essay V【原注】。《询问者》第一部分，第五章。

〔15〕　See above, Essay 3【原注】。参见前文第三章。

关于人的思考
▼

　　描绘后一种大脑的状况，除了"遐想"以外，我找不到更好的词。其本质就是我所见的所谓"出神（brown study）"[16]，这是一种打盹儿，半睡半醒的状态，所有的人在一生中的每一天都会有一部分醒着的时间这样度过。每个人都肯定意识到每天的每分钟，也许每小时在流逝，特别是在户外做运动这种空乏、倦怠的时候。此时常常也不是不快乐的，情绪也并不低落。其本质也许是有益的，也许一定程度上就像睡眠那样是对人有好处的方式，机器由此得到休整，人从束缚中解放出来，重新充满活力，又能积极工作。

　　我们在这种状态比在完美梦境中感受到的活力要少得多。在梦境中，我们常常感觉到栩栩如生的景象，忙碌的情景，事物及感觉迅速前后交替。我们时常感觉自己认真地在讲话：话题和选用的词语特别流畅地向我们涌来。但我在此谈到的空泛和恍惚与我们入睡前大脑不甚清楚的思维没有展开的那种状况更为相似。事实上，大脑这种状况更接近于感觉，也可以有思维，但却没有真正去感觉，去思考。我们不单单感到活着，我们移动双腿，然后继续保持移动状态。因为离开房子，打算散步的人，当他动身的时候是行使了意志力的。但接下来的行动则是半主动的，凭着一种惯性，若没有一个明确原因，他的运动不会停止。他前行了一千步，除了最初动身的时候，他一直没有清楚的意愿。到了必须向左转还是向右转，或是在两个方向任选其一的时候，他的大脑会根据要求被唤醒以采取行动，但也仅此而已。

　　我刚才以行动举例，但人类生活又有多少种类和方式可被确定与之不同呢？骑马的人是这样，走路的人也是这样。在土地里培育果实的人，从事人类智慧产物的千百种生产的人，行进中的士兵，航行中的水手，各行各业劳作的女性，像洗衣女工，女佣，女裁缝，织钱包的，刺绣的，织毯的，绣花的，无不如此。总而言之，他们机械地运用四肢和手指，仅仅在需要时偶尔集中

----

　　〔16〕　Norris, and Johnson, Dictionary of the English Language.【原注】。诺里斯与约翰逊著《英语语言词典》。

注意力，思想在大部分时间里都处于平静和休眠状态。

这样的问题很令人好奇，但又极为难以回答，就是一个人每天得花多少时间在这种思维松散状态上。在社会较低层次，这个比例肯定很大，在一大部分富有和奢华的人中也广泛存在，而在那些被委以人类更严肃事务的人，从事文学和研究的人，以及半夜清影孤灯追求知识的人中，其比例最小。

前一章足够清楚地表明了智力不能一直处于紧张状态，大脑的弦也不能一直紧绷。写文章时，除非内容是低层次的，不会一次有超过两个或是三个小时的时间能被有效地利用。但在文学创作中常常是这样：除了写文章所花的专门时间外，更多的时间要用来收集材料，核对出处，将各种细节组合起来，从大量的素材中筛选出那些最能表达作者意图的部分。在所有这些准备性的和辅助性的查询工作中，大脑不必像直接写文章那样一直保持清醒与敏捷。实证哲学家情形与之十分接近，通过不屈不挠的实践运用，他坚定地要探索自然的奥秘，将其用于提高社会生活质量，或开拓人脑的思维范畴，或提升认识水平。这种工作有很大一部分时候是动手，以及用眼准确地观察，而不是脑力劳动，这样就让工作者在花费力气作出发明和发现，在阐述观点细心推导结论的过程中，时不时地有空隙进行休息。

传授教益的书和消遣娱乐的书之间有区别，所有花部分时间读书的人都再清楚不过了。一个学习数学或是任何高层次科学门类的学生，一个研读研究方法和论证方法书籍的读者，都需要专心致志。甚至在阅读王国史、国家史或是重大历史事件时，我们若不集中精力，将一段叙述和另一段叙述相比较，让大脑保持一种活跃状态，就不可能有满足感地继续读下去。

我们阅读时会不由自主地边读边思考。在阅读眼前的作品时，一定程度上我们会同时组织自己的语言。若不如此，我们所读内容的意义和实质很容易在我们注视下悄然溜走，而渐渐地，当我们原先打算记住内容和思想时，却发现记住的仅仅是一些词语和语音而已。即便我们的眼睛看着书页，我们并未领会到作家要表达的意义，结果读完后，记忆中没有任何印象。

　　读消遣类的书，特别是读小说，则是另一回事了。有闲之人读它的时候如饥似渴，因为这类书有这样的优点：多数时候能给读者留下印象，即使读者大脑处于消极状态。他会愉悦地发现自己一阵欢乐一阵悲伤，不知不觉中就受到故事感染，同时他又未被要求集中注意力。因此这是一种奢侈的时尚，特别衍生于高度文明化的社会。

　　同样考虑问题的方式也可用来解释人类各种社会状态从公开展示和展览中感受的快乐的主要部分。观众并未被要求付出努力，在他保持一种舒适的松弛状态时，愉悦和快乐便自然而来。能够肯定的是，当我们被迫要付出努力，让努力成为我们自己愉悦的部分原因时，就超过了人脑愿意承受的程度，除非正是我们特别清醒和活跃的时候。

　　人一般都有寻求与同类相处的意愿，其原因之一就是我们无疑多少需要在特定的社会中携带自己的信息，某种智慧、风趣、谈吐的气质，这样我们才能将自己融入到总体氛围中。我们读报纸，最新的刊物，经常前往时尚的娱乐度假场所，至少有部分原因是我们要和可能碰面的大多数人保持一致。但许多人没有这样的意识，也不是每一个人在所有场合都这样。

　　人类生存的另一状态就是，我们明显放开手中控制大脑的缰绳，让我们的时光在无约束和散漫中悄然流失。

　　大致说来，这是处于病态的一段时期，我们不再有勇气保持活跃，监督我们思维的进程。这多半与我们任何时候清醒地躺在床上的情形相仿。以我的经验而言，当我独自在起居室时，除非有自己选择的事做，读读写写什么的，或是其他最初决定好了的决意要做的事情，我会烦燥不安，感到不自在。但当我醒着躺在床上时，不管身体有没有病，我就相当满足地任由思绪自然飘向它想去考虑的种种规律的关联，而不必让自己费力地去引导其方向，或是安排、主动规定思绪要去考虑的种种转折和变异。

　　我们就这样生老病死。一个掌控自己头脑思维的人，要么在一定程度上说明身体健康，要么思维健全能代表身体或长或短时间内的健康。当我们离世时，我们放弃了游戏，不再继续竞争。

常常都说一个处于濒死的人是如何挣扎。但这事就像许多其他发生在我们身上的尘世间的事一样，可能就是一个错觉。旁观者错误地把它认为是下意识的挣扎，是不情愿死的表现，而实际上这可能仅仅是神经无意识的收缩和痉挛，大脑并未参与其中，很可能已毫无意识了，但已经受够了，凡人在世，也许都会经历这人生最后阶段最难堪的时刻。

我发现几乎每个人一生中都有四种不同的存在状态或是方式。第一种是睡眠。与之形成强烈对比的是我们写作时的形态，或是发明创造连续不断地思考，或是读一些科学书籍，或是读一些需要注意力集中的其他书籍，或是对一群或多或少的人讲话，或是与人畅谈。做其中任何一件事时，可以确切地说大脑都处于活跃状态。

在其他两种不同的状态中，大脑滞钝。第一种是我们在散步或进行其他身体运动时，常常体会到的。当这一过程全部结束时，我们很难回忆起大脑刚刚所想的事，而是处于一种我姑且称之为健康的迟钝。这种情形下，我们的四肢在充分运动中，继续着锻炼；我们感到清新的空气拂面，在其他方面处于愉悦的空乏状态。这可能对我们的身体健康大为有利。这是智能的休假，就像弓一样，在一段时间没被弯曲后，能恢复它的弹性。因此大脑在这样的一段休假后，能重新充满活力，更加愉悦地工作，并且在一定的领域内能上升到一个更高的层次。

但大脑滞钝还有第二种状态，与上述情形不完全一样。它处于滞钝状态是因为此时大脑是被动的，没有起到掌控全局的作用，就像我们躺在床上还未入眠时的状态。在这种状态下，思绪和问题源源不断涌来，而似乎正是大脑的这种忙碌和我们思绪不由自主的活动阻止了我们入眠。

这两种滞钝的区别是，在后一种情形中，我们的想法相当清晰，并且是有意识的行为，而且如果我们愿意，就能够回忆起刚才所想之事。因此这不是我们所理解的遐想。在我们躺在床上醒着的时间里，大脑并不比做梦时轻松。另一种更完全的精神滞钝，是我们常常在户外做运动时候能体会到的那种，和入睡的必要前兆，无明确意识的思想状况本质一样。

以上陈述给我们导向一个对人生生命期限新的修正的评价。

如果我们所理解的生命仅仅是感受，一种从有感受的时候开始我们任何时候都可能有的感受，比如说感受到痛，这样一种生存状态，那么这种意义上的生活就等同于，或几乎等同于从腹中胎动到行将就木时的感觉殆尽，即身体变为无生命形体的整个周期。

但生命最突出、最重要的意义却被大大地缩小了。从生命的这种意义来看，我们不可避免地要去除所有花在睡眠上的时间，这样自然而然，一天 24 小时马上被减少为 16 小时。

而这 16 个小时中，有一部分时间是在意愿和注意力支配下度过的，而另一部分则是在精神滞钝的状态下度过的。平常人和修养最少的人，农夫、工匠、士兵、水手、大部分女性，他们都任凭一天大部分时间处于精神滞钝状态中，意愿没有积极地干预，注意力也未被唤起。甚至我们中最勤于思考的人每天都会有不少的时间在相似的状态下度过。当我们进行身体锻炼，当我们读书仅为消遣，当我们观看公共展示和展览时，我们的大部分情形是精神散漫的。

生命中每天那一部分注意力集中、思想敏捷的时间，我愿称之为生活的精华部分。而其余的时候，则与滞钝呆板相差无几。

也有两者都不是的时候。人脑最令人满意和有价值的思想有时恰好出现在最无意去探索、最没有期待的时候。读一本浪漫小说，在剧院看一场表演，在我们最闲散，最不经意的时候，智慧土壤中的一脉有时会出乎意料地喷发，比同时代所有的思想还丰富，将产生这种思想的人从他的同类中提升到此前他从未追求过的不同的地位。当牛顿闲散地躺在苹果树下时，因为苹果落地而让他得出了万有引力定律。"听别人布道，他却感到了诗意"①。当波莱莫喝醉后闯进色诺克拉底②学校，他被先生表现的力量和

---

① 出自乔治·赫伯特（George Herbert, 1593—1633）的作品《教堂门廊》（*The Church Porch*）。

② 色诺克拉底（Xenocrates）和波莱莫（Polemon）均为古希腊哲学家，先后做过柏拉图所创立的老学园派的领袖。

表达的思想所震撼，于是从那一刻起，他抛开先前的放荡生活，全心全意进行哲学研究。不过这些例子相对而言是极少的，不需要将其考虑在内。

因此这样说仍然是正确的：大多数情况下，即便是最聪明和最有力量的人每天头脑清晰、精神集中、思维敏捷的时光也不超过 8 个小时，其余的时候仅处于滞钝恍惚状态中。与此同时，我们毫无疑问在健康生存条件下有能力在一定程度上扩大我们每天的精华生存部分，并使之蔓延到精神滞钝或是睡觉时段。人类整个生命绝大部分醒着的时间，除了一些短暂，隔离开的空隙以外，都是在一种精神消极状态下度过的。想法像机会，或像某种自然界不明力量所引导一样，来而复往，完全不受绝对权威——意愿——这个大脑舵手的影响。理解常常显得是一片空白，若有任何印象留下的话，它们也像沙滩上的图像一样，轻易就被下一次潮水抹去。甚至比这个更轻微，更易瞬间消失。

我再补充一点。小孩从他出生起的两三年间几乎完全处于滞钝状态。作用于他感官的印象来了又去，无法预料其到来和离去，也不受意愿的影响。仅仅在一些明显的兴奋状态中，意愿的官能才能登上宝座，发挥其权力。小孩笑时，是无意识的，而他哭时，意愿马上参与到此现象中。任性、烦躁、叛逆都是大脑活跃的可靠标志。当小孩处于他人生的第一个阶段时，意愿仅仅间或插入其间，因此这段时间记忆极少，很少留下以后可回忆的痕迹。

心智还有其他的可记忆的状况，如果我不提及，这番论述看上去会明显有瑕疵。其中第一种是疯狂，在这种难堪的状况下，我们理智的权力被革除了，大脑一下处于混乱和暴风雨中，一下又归于平静变为极度愚蠢；甚至偶尔唤起的意愿，它与理性和审慎的纽带也被断开，表面看似被控制，却又是以曲解和幻想为基础的。

在精神错乱之后是坏脾气的不同阶段，沮丧、无精打采。其本质源于思想消极、空乏。只要该忧郁的患者可以被唤起去行动，疾病能在很大程度上得以减弱，最终也许会被消除。但患者在折磨人的想象中度过漫长的岁月，一直持续的噩梦似乎挥之不去，它的力量将人长期锁定在消极状态中。只有当出于本能而需要我们注意时，或是我们对洁净和衣着的得体表示少许不确定的兴趣时，这种不活跃才能被打破。

在思考这些问题时候，我们发现有许多时候让骄傲和虚荣心受到打击。但它们并未推翻先前文中关于人类生命期限的一些原理，尽管这些时候肯定会增加额外的界限去限制个人提升的前景。

第九章

论休闲的力量

生命之河划分为两大溪泾——工作和休闲，更确切地说，一种是强制性的、或许可以称作生命职责的日常工作；另一种是可选择的、非绝对的、非目的性的、非强制性的业余消遣。我们如此精确地描述生命中的这两种活动，原因就在于我们对业余消遣有着同样的渴求、同样的激情。

人们难免会好奇，这两者究竟哪一个更有价值。对于这个问题人们总是明快而执着地选择前者。他们会异口同声地告诉我："工作才是生命之职责所在。"

与所谓的休闲相比，我们更注重所谓的工作，从某种意义上说，也许这是正确的。休闲之于人可极少或是根本没有，因为大多数人就是这样生活的；但是，如果没有工作，我们这个不得不生存的物种和其中的每一个个体就无法生存。

然而，这种对工作的推崇使我们不得不煞费苦心为休闲的价值讨个公道。

有人曾用大量事实证明学童在玩耍中所获得的有用知识与在学习中所获得的一样多，也许更多。

我们从多年的智慧结晶中总结出学童最应该学习的知识。其中大部分都是由父母所选，没有父母会不真心实意为自己子女的需求着想。毋需置疑，我们对于自己亲身经历过的事情可以作出最好的判断，而所有的父母也同样经历过孩童时期。几百年来，年长的智者为了下一代的前途精心筛选学习内容，如果说这些内容大部分都不尽如人意，这无疑是无稽之谈。最初，这些学习内容只包括读写技巧，随后加入了算术和一些代数及几何学基础知识。接下来，理所当然地出现了语言习得，特别是对古代语言的习得；在孩童期间就开始学习这些内容真可谓轻而易举，在这个阶段，孩子们记忆力超常，而推理能力还不够稳固，知识也不够丰富。而这些就是学童在课堂之所学。

然而，学童或许还有他的伙伴们不得不坐在一个小教室里。他端坐在课桌前，勤奋地朗读摆在面前的课文，当他能背诵课文时，他得走到老师面前，皱着眉头，颤抖着嘴唇，把课文背诵给专门纠错、并以此来评判他是否用功的老师。所有这些也许都没错，但我们可以看到另一番完全不同的、令人耳目一新的景象：当学童从暂时的学习中解放出来时，他开心地冲到室外，尽情地舒展四肢、无拘无束地大声叫喊。这时他自由自在，再也没有人管束，再也不用依附顺从。

此时，我们应该考虑的并不是哪一种状态能让我们欢心愉悦，而是哪一种状态能使我们取得更大进步。

区分人类的活动并不难，即身体机能的活动和大脑意识的活动。

毫无疑问，学童的身体正是在他嬉笑玩耍时得以锻炼而变得强壮。我们更应该看到，我们变得健康并不仅仅因为我们可以获得安宁、满足和愉悦，更因为我们可以有效地发挥头脑的机能。

但还有一种办法能让我们按照身体机能的活动和大脑意识的活动来划分人类活动。

身体是意识的载体和工具，是意识发挥功效的手段。我们生活在物质世界中，至少我们自己是这么认为的。我们所向往的绝大部分追求都是靠我们的四肢和身体其他部分依靠外部条件来实现的。

我们和其他人群的交流都是通过身体这一手段来实现的。我们成人后的四肢和身体其他部分是在我们学童时的嬉戏玩耍中得以强健的。首先，我们应该认识到我们自发而有毅力地在最短时间内使自己得到全面锻炼。在此时期学童就是这样锻炼的。他全身心地投入到玩耍之中。如果一个男人或男孩总是让人牵着鼻子走，而从未主动做过任何事情，那他真是太可怜了。正是学童自发的活动和运动让他学会更好地运用自己的眼睛和四肢。他寻找目标，然后孤注一掷。他日复一日，不断尝试，直到他克服了初次尝试的生涩，直到四肢变得得心应手。他所有的肌肉骨骼都参与锻炼，直到全部都能听从意识的指挥；他的四肢也因为锻炼而变得灵活柔韧，就像希腊运动员的四肢一样，像是上了润滑油似的。

锻炼伊始，他获得的是动作的熟练，接下来获得的便是对自己能力的自信，这一点同样很重要，他意识到自己能够实现自己的目标，他获得一种平静，一种安祥，就像舞蹈家和运动员将在一片空旷的场地上，在一块撒上碎木屑的场地上展示自己的优雅、自己的力量、自己的努力。

以上足以说明学童在玩耍之中获得的好处了——玩耍中使他的身体成熟健壮，从而促进了大脑发育，反过来又促进了身体的强健。

但除此之外，对于人们幸福和优越所不可或缺的就是人必须在自发的努力过程中充分运用头脑机能。我并不反对尤其是当孩子还未成年的时候允许一定的依赖和必要的管制。但尽管如此，孩子最大的进步还来自于他自身意志的驱动。学童锻炼自己的才智，醉心于思维方式的转变。这样是有益于身体健康的，而且是新颖的，比在那些规定的课程中学童所采用的思维方式要明快、清晰和果断得多。

在学校里，我们的孩子被灌输以别人的思想、行为和建议。但这些都只是模仿，就好像做二手生意一样。犹如训练新兵列队一样：他必须用眼睛向右边的人看齐，不能擅自举手，不能随意挪步，也不能乱动手指，要做得与前面的人一样。只有让他们到操场上自由玩耍，他们才能投入到真正的行动和交流中去。只有那时他们才能称得上是一个无拘无束的人，一个真正的自我。

学童之间的争论，他们讨论要做些什么，该如何去做，这些都是迈向成熟的标志。他们就是各种委员会、教会、法庭、地方机构、社区机构及国会未来的成员。当他们商量在何时何地举行下一场蛐蛐比赛时，我们可以把这看作是一种商议公司上市或者是建立殖民地的雏形。当他们谈论诗歌、散文、比喻、象征或品位时，便在不知不觉中更快地学会了严谨审慎，懂得了道德内涵，了解了宗教信仰，明白了科学真理。

套用一句古撒克逊人的话来说，正是这样才让人的智慧得以耕耘。一个孩子说一句话，另一个孩子提出异议，第一个孩子又给予反驳。这使他们的大脑像发动机的齿轮一样不断运转，不再需要任何外力，也能正常运转。孩子们在争论时知道，自己必须镇定自若，立即给予反驳。就像雏鸟一样，展开翅膀，奋力翱翔。他像一个真正的男孩，不管别人听不听得懂，率性所至，滔滔不绝，尽情发挥。而其他孩子对他这种咄咄逼人的攻势不屑一顾，尽可能退避三舍。这种学童的辩论是就像角斗士的战斗，他斗智斗勇，运用自己所掌握的技能和判断力来防护、躲避和进攻。

还有另一种方法能让学童在休闲活动中锻炼自己的能力。他身处社会中，但时不时地把自己与世隔绝。这个时期是人生中最富于想象，最无拘无束的时期。他爬高山、入丛林。他身体灵活，不知疲劳为何物。他一会儿从峭壁急速而下，一会儿又轻松地攀爬而上，犹如长了翅膀似的。他喜欢沉思冥想，喜欢探求思索。对他来说那表面上是一个"令人精疲力竭的世界"，但接下来他又会想象出另一个"新的世界"。他徜徉在深奥哲学的边缘，思考从哪里来到哪里去的问题。他自己建造出自己的城堡，幻化出属于自己的大学和国度，探索出能够从事的事情和应该遵守的规定。他思索要是他拥有无穷力量，要是他能飞翔，要是他能隐身的话，他会做些什么事情。在这些思维探索中他学会了自由和独立的精神。他学会了自爱，他会说服自己，他觉得自己是一个艺术家，是一个发明家。他想象自己带着沉重的枷锁，满腔愤怒，被暴力驱赶着。一股残酷的力量迫使他沿着一条轨迹前进。由于自身的错误或他人的错误，他受到严惩。

这就是玩耍给学童带来的好处。日复一日，学童玩耍比成人的休闲更有益处。我们拥有一份有规律而稳定的工作固然是好事。事实上人总是过于自由，而且对于那些在优越富裕环境下长大的人更是如此。我们来到这个世界上都是平等的，要"有劳才有获"①。而那些在社会的人为操作下不必辛勤劳作的人，则置身在一个很严峻和危急的环境中。如果他们审慎一下自己的财富，他们应该下决心为自己想象出一种人为的需求，让自己为这种需求努力，而这种需求对其他大多数人毫无诱惑力。

如果人人都能拥有一份有规律而稳定的工作的话，那么人们

---

①　出自《圣经·创世纪》3：19。

就更渴望能休闲度假了。

　　如果一个人终生与桨为伴，或是除了睡觉之外，所有的时间都得以最大体力能忍受的强度按照一种固定模式劳作的话，这种人是可怜而不幸的。曾有诗人说过："阿波罗也不会永远剑拔弩张。"总应有个时候，让我们如空气般自由，让我们摆脱思考，闲适懒散。但头脑清醒，不给别人带去任何伤害，就像是我们的意识指示我们去追随自由一样，以理智上的一点点牺牲换来能够展开自己翅膀，翱翔在未知天空的机会。人能够在某些时候无拘无束、自由自在，对自己是有益处的。他应该说，我就是这样做的，因为我知道只有这样我才能生存，或是我在过去就已决意这样做了。这种生活方式由于受现在意念的驱使，使我本能的力量能够得到最大限度的发挥。另外我们还必须考虑到，现在的工作最大限度地考虑了人性化，从而使工作有了一定程度的变化。当我在一份工作中感到身心疲惫时，换个工作可能会让我过上一种全新的生活，能让我充满新鲜感，就好像是第一次就业一样。正是由于这些原因，我们应该把握住休闲活动所能带来的极大益处。每天都应该有这么一段时光，让我们放下工作，做一些比工作轻松，活动量较小的运动。

　　值得注意的是，每一天我们应该花多少时间用于日常工作，花多少时间用于休闲活动。在前面的章节[17]中我们谈到，如果我的主要工作是文学创作，那么在 24 小时里写两三个小时是较有效益的。毫无疑问，这也应根据工作性质而定：上述提及的时间只是最小量。

　　而这只是从事文字工作者用于文学创作的时间。

　　下一步我们应该去问问社会下层的人和手工劳动者，看他们预想花多少时间在日常工作中，留下多少时间在消遣和休闲上。曾有人说过[18]，一个群体里的每个成员每天留出半小时来做公共

---

〔17〕　See above, Essay 7【原注】。见前文第 7 章。
〔18〕　*Political Justice*, Book VIII, Chap. VI.【原注】。选自《政治公正》第 8 卷，第 6 章。

劳动的话，就绝对足够满足整个群体的生活需求了。可是各种各样的情况会不可避免地延长我们的工作时间。任何一个在文明方面取得了一定进步的群体中，很多个体都期望能够从这种公共劳动中解放出来。我们也不希望所有群体都仅仅满足于需求上的自给自足。生活中有许多高雅之事，在文学和艺术上也有众多成就，这些都是使人的形象在社会上更高贵、更伟大所不可或缺的，因此我们也不该把它们置之脑后。

另一方面，我们可以肯定地说，欧洲和亚洲社会铺张浪费现象极为严重，人们将来会为之懊悔的。如果文明进步能像哲学家所描述的那样，我们现在的生活就不需要这么多体力劳动了，那么，下层阶级群体就能有比现在更多的属于他们的闲暇。

但是对于那些上流社会的人和那些声称为人类社会利益思考的人来说，他们总是习惯地认为，适度休闲活动会给那些品位较高、受过教育、有文化背景的人带来好处，而对那些未受过教育和愚昧的人没有好处。如果没有受过教育和愚昧的人有更多的闲暇，让我们来看看他们是如何消磨业余时间的。这里我要插一句，凭什么说社会下层的人就永远是文盲、是愚昧无知的？

首先，他们像学童一样参与到积极的体育活动中去，锻炼肌肉，增强体质。不过，他们的体育活动是在体力劳动工作中，从事单调乏味的机械劳动，在这种劳动中，他们的四肢犹如运动员、板球手或是猎人一样得到自由舒展。这不仅仅有助于身体健康，也有助于启迪心智，激发思想活力。

其次，他们应该每天花比现在更多的时间陪伴家人，培养融洽的家庭气氛，看自己的孩子茁壮成长，培养教育他们，告诫他们提防周围潜在的危险，给以更细心体贴的照顾，教诲他们该用什么样的品行去适应生活，在生活的哪一些方面最有可能遇上危险。父子之间就应该像朋友般相处，理解对方的愿望，分享对方的甘苦。

第三，毫无疑问，如果社会下层的人有更多的闲暇，那么，读书将会成为更为普遍的消遣方式。这是我同时代的人最为开明的箴言之一："我们身边总是没有人指导我们"，只要我们不断积累，总会有进步的。我们再也不会说：

> 世代相传，琳琅满目的书卷啊，
> 从不曾在他们眼前展开。①

我们也不该听信煽动，那都是智者们过分的担心，因而害怕文盲觉醒，害怕人类将不再有已适应普通追求的阶层。我们的能工巧匠们在闲暇之余获得了思维上的进步，就能达到目标，形成独有的习惯，就会重新审视眼前所出现的新现象，是仅仅看到事物本身，还是看到事物的本质。由于休闲时间增多，思维上进步的机会也会增多，这样，他们也就会更少去抱怨自己的命运了。通常，当面对全新信息和知识时，他们可能迷惑，可能一知半解，而当知识积累一段时间后，他们就会清醒地思考问题了。

酒馆是工人最常去的休闲场所。由此推断说，如果休闲时间越多，就越有可能出现酗酒、放荡和骚乱。

对于这种说法，我首先要说明，酒馆弊大于利是由那些爱挑剔的人以影响社会秩序为由所下的结论，这是极不公正的。

我们应当考虑到社会下层人的消遣机会是极为有限的。他们很少去咖啡馆，剧院和展览馆，那些地方对他们来说太昂贵了；他们也不可能常常去参加种种盛宴，和那些与他们毫无共同语言的人有什么私交。如果我们认为这个阶层的人应该担当所有的重活粗活，而不应该有休息和消遣的话，我们肯定会欺压他们。

而事实上，我们往往对发生在酒馆里的事偏听偏信。如果我们身临其境，我们就会发现那里只不过是一个展开激烈讨论的场所而已。那些热心肠的"不修边幅的工匠"和健壮的有妇之夫们正是在这里交流思想，斗智斗勇。这里是他们思辨的竞技场，是他们非正式的大学。正是在这里他们学会如何去思考。他们的思维从无知的沉睡中苏醒过来，他们在这里专心致志，取得无数进步。他们学会了说话的艺术，发问的艺术，辩解的艺术和答复的

---

① 出自托马斯·格雷的诗《墓畔哀歌》。

关于人的思考 ▼

艺术。他们仔细分析别人的话语，分辨其中的优劣。他们关注最
有趣的话题，认真分析，得出自己的观点。在那里，他们对生活
有了全面了解，成为了政治家。他们讨论国家的民法和刑法，了
解到政治自由的价值。他们讨论政府议案，判断其意图，讨论公
众人物的睿智和诚信。不管是为了保存所有人的权利，或者是为
了人与人之间公正的辩护和主张，他们将很可能成为有资格谈论
国家大事的人，也会获得更大的成功：总而言之，确切地说，他
们成为了真正的公民。

　　至于酗酒，这里确实有，就犹如在英国一些更为高档的地方
也有酗酒一样。在很大程度上来说，随着人们理解能力的进步，
我们发现与其说我们是饮酒的受害者，还不如说是感官容易兴
奋。古波斯君主就曾经夸耀他能喝下比任何一个国民都多的酒而
平安无事。而这种情况又与那些追求完美的希腊人不同。虽然当
时世事混乱，但大家都还是普遍认为酗酒是一种罪恶。而在查理
二世的统治下，放荡和骚乱则达到了顶峰。罗切斯特作为岛上最
有成就、最有智慧的人，据他自己回忆，曾有五年，他都不能肯
定哪天他是彻底清醒的。在爱尔兰，那个和我们国家相比，举止
不太文雅的国度里，曾几何时，家庭聚会时，主人会将房门反
锁，客人没喝够酒是不能离开的。而在如今，我们年轻一代成为
当年盛行的酗酒这一罪恶的受害者的人已不占多数。现今饮酒只
是用来表达高兴和愉悦的一种方式，而醉酒在上流阶层都会是一
大丑闻。同样，我们也可能会认为要是社会下层的人不再愚昧无
知，不再粗俗无礼，不再有野蛮人的痕迹的话，他们就会发现自
己没有必要再让自身意识随着这种野性疯狂放荡不羁，而把自己
投身于那些更能体现高尚人性的思考和事业中去。

第十章

论模仿与发明

　　昔日智者名言里传诵最多的是所罗门的那句格言："从过去看现在，从现在看未来：世界上没有新事物。"

　　显然，人们认为旧约全书收录了几乎所有古代名家的文学佳作，他们用智慧引导我们，他们的作品中充满了崇高意境和诗情画意。很难断言，这些作品是怎样作为佳作而收录到旧约全书中，并视为神圣启示的。当然，记录在王公书和编年史中的犹太人历史是真实记载，不需要圣人编写；而我们得到的所罗门的作品也是人性的真实流露。

　　上述所罗门的名言引自《圣经·传道书》，这本书中的许多观点与基督教不一致。例如，"野兽遭遇的人类也要遭遇，一个死去另一个也会消亡；是的，他们都只有一次呼吸，所以人不比野兽优越：一切终往一处，一切都如尘土般又会变成尘埃。因此，我认为世上最快乐的事莫过于为自己的成功而欣喜。"又如，"活着的知道他们即将死去；已死的却一无所知：他们的爱恨情仇都随之消逝，一切都将一去不复返。"还有："我赞美死去的，因为他们已经死去；我不赞美活着的，因为他们还活着。"因此，不会有人反对我们以这一章开头引述的格言展开自由的讨论了吧。

　　这句箴言包含许多不容置疑的真理，它来自缜密的观察，使我们能全方位地来讨论"阳光下"的一切言行。

　　智者会用透过显微镜观察蚂蚁上山的精神来观察人类的劳作。他会看到蚂蚁拖着一粒玉米上斜坡；看到它们来来去去留下的踪迹；看到它们不停地忙碌；有一天，他会发现这一幕又在重演；它们的努力全都白费了。我的意思是：这种劳动没有促进个体或整体社会思想上的进步，也没有使生活更加美好，也没有为人类造福。它们急切而认真的劳作全都花在寻找日常必需品，至多是为季节交替而作准备，或是为了我们所谓的朝生暮死、昙花一现的人生。智者为此只是付之一笑。

　　仔细一想，还有什么比我们称之为语言的东西更为神奇的呢？毫无疑问，我们以享有这种明显区别于其他动物的特权而感到骄傲。狗、猫、马、熊、狮等，它们都会发声，但只会发一种单调不变的声音，我们因此而瞧不起它们。

　　唇、牙、颚、喉这些器官对人来说可以使声音变化无穷，而对动物来说，它们有这些器官也不能做下面这样一些事情：至少大部分人都能够用语言表达思想，讲明事实，交流感情，进行讨论、反驳或是同意，或是发出指令，或是报告执行情况，激励高远志向，唤起心灵深处的怜悯之情，激发灵魂的强大力量。

　　但人类的语言大部分只是模仿吗？这显然只是表象。我们和长辈一样，学习同样的语言，讲同样的话，不仅是用词一样，连用句也一样。我们就像演员，出场时如同真实人物，但仅仅是说出预先写好的台词。我们每天都在演同一部剧，不论这种不断的重复有多么乏味，我们把话传给别人，甚至又传给自己，这一切仿佛只是发生在瞬间。事实上，在乡村或世俗生活中，一个新名词的发明应该作为值得纪念的事记录下来。既然人仅仅被视为舞台演员，和著名剧院演出相比，我们的台词过于平淡。我们手舞足蹈地表演，但所说的话却是出自另一个隐身人之口。不仅是话语，还有语调也是如此：我们甚至还不如演员，不能根据自己所要表达的内容和感情选择最合适的角色。所有的一切，如语音、方言等等，我们都得忠实地重复。我们的喜怒哀乐只是角本的再现。看到别人愤怒，我们便愤怒；我们高兴是因为我们的语调让人快乐。我们假装有自我力：但实际上我们在耐心而温顺地等待着，等待被称作合唱指挥的人发出信号，告诉我们哪里该鼓掌，哪里该谴责。

　　究竟是什么构成了民族风格，使一个国家的人能明显区别于另一个国家？从多佛到加来，穿过运河，只相隔21英里，你就会发现自己在一个全新的世界里。这种例子比比皆是。如果我们越过国境，进入爱尔兰、或是到苏格兰、或是威尔士，我们会发现自己周围是一个全新的民族，这里所有的人的行为举止都是从一个模子里倒出来的，他们与都市人的性格完全不同，他们相互之间又有很大差别。更进一步说，不仅是种族之间，不同阶级也是如此。西部都市里的绅士和东部为赚钱拼命的人的对比就更鲜明了。我们再来看看粗俗脏话和儒雅语言的对比，士兵和水手的区别，穿着盛装在圣·詹姆斯和海德公园里无忧无虑的孩子们与忧心忡忡的雇工的对比：他们带着妻儿星期天在伊斯灵顿区附近玩耍，那里空气污浊，只为了放松一下自己。上议院和下议院都有各自的风格特征，每个行业都有自己的特点：如律师、牧师、医生等等。我们都如猿一般，全神贯注，学着别人比比划划；我们就像羊，当领头羊指明方向时便迅速冲出缺口；我们又如同合唱队员，机械地演唱某一首曲子，在规定的地方换气。

宗教、民间习俗和政治信仰都是仿效。有多少人能证明他们宗教信仰的根据何在？信仰的理由何在？孩童时，我就知道世界上有四大宗教：天主教，伊斯兰教，新教和异教。如果能找到这样一个人，他能够同时信仰四大宗教，并能保持平衡、公正，那真是奇迹了。但是，你只要告诉我一个人出生的经纬度，我便能说出他信仰什么宗教。

> 大多数人被教育所误导；
> 他们的信仰源于他们所接受的教育：
> 小时候保姆带孩子，长大了牧师教育孩子，
> 孩子便是这样成人的。①

如果事实确实如此，我们永恒的拯救行动就值得争议了，其余问题就迎刃而解了。

这一章开始所引用的那句格言的作者评论说："人类生生灭灭，而地球永存不息。"英国宪法中有一句格言："王者永不灭"。每一个人，尤其是有孩子的人，都能深深地领悟到这一点。自然历史作家说："死亡使生命重生。"因此，动物腐化这样的事实被换作另一说法：人人必死。我送走了男仆另聘了新仆，他穿上前任的制服，把自己看作是个人物，而他其实还是个佣人。一个乡村绅士、一个贵族、主教或是国王死了情形也是一样的，前人脱下制服，后人又把它穿上。人人都知道鞑靼苦行僧的故事，他把

---

① 出自德莱顿的作品《牝鹿与豹》（*The Hind and Panther*）。

关于人的思考

皇宫误认为是旅店，还向国王推理说，他只是一个留宿的客人。从这种意义上讲，具有显著易变特征的事物从另一种角度来讲，又是不可变的。

最具灾难性、最惊人的场面不过是永恒而冗长的重复，如：处决、杀人、瘟疫、饥荒和战争。军事处决、毁坏城市、征服国家，这些在历史上已经上演了无数次。强大的征服者"不断痛击愤怒的人们"，"坐在上帝的位置上宣称他就是上帝"，并确信自己的所作所为会流芳百世。其实，他只是在做几百年前其他庸俗的征服者曾经做过的事，而他们的名字早已从人类史册上消失了。

因此，人类永远都处于劳而无获的状态。我们扛起车轮，把车抬出泥潭，因此说自己做了一件了不起的事，但同样的事早有人做过无数次了。我们把令我们印象深刻的事物认为是我们深入观察的结果，我们觉得自己做了挺睿智的事，仔细想想，就像我们报时间、报天气一样那么简单。人们反复强调毫无意义的观察结果，没有什么比这更可笑的了。人们费力劳神地向我们传递新思想；一段时间过后，我们会在角落里那些布满蛛网，落满尘土的过时书上发现同样的思想。

这里有一句众所周知的嘲讽："在我们还未曾想到之前，厄运早就降临在为我们指点迷津的老前辈身上了！"

其实，曾经最伟大的天才也一生言之无物，无所作为。教皇就是这样评论莎士比亚戏剧的："如果所有台词都没有配上名字的话，我们把这些台词安在谁头上都合适。"另一个评论家也持同样观点，他认为，大多数人说的话都基本没有特殊性。人类的共性大于个性。

在这条弯弯曲曲的人生道路上，很少有人逃走。那么多人出世、长大，然后被带走，像割草机把草带走一样。只有教区记事录里记载了人们出生和死亡的日期。"生命结束时人们才知道曾有某人来过世上。"我们离开人世，什么都没留下。那些一个眼神就令数千人颤抖的国王，当他们停止呼吸时，大部分人都无所谓，只是在编年史里留下一个名字而已。"迟钝的情郎走在废墟上，戴铁掌的鞋咔咔作响。"我们的纪念物和我们自己一样易逝，而最令人绝望的是，世上的强者到底在哪里？

人人都知道生命脆弱短暂，人人都渴望自己流芳百世，让子孙后代永世铭记，其结果是他们的努力全都白费。人们奋力拼搏，不断努力。而我们却十分明白，大部分努力都是徒劳。在伊索寓言故事《山震》① 中："极度颠簸，痛苦呻吟"，结果却是一只老鼠在作祟。难道事情总是如此吗？

这便回到了先前问题上："世界上真的没有新事物吗？"

当然，确实还是有新事物的。如果野兽死了，人也死了，我们就真的没有希望了。但是人有一种独特的才能，能够留下一些东西证明他的存在，不仅埃及金字塔证明了这一点，其他某些人类工程都不是时间能摧毁的。有时一句话、一个字连浩瀚的大海都无法洗刷。

这正是人的精神和心灵不断升华的原因。哪怕是一个字，如果能使人欣然接受，到达灵魂深处，也许"就是铁石心肠也能感化"。如果一个人因此而改变，那么他的孩子，他的一切都将会随之改变。

这才是人类真正的辉煌："一代人还没逝去，新的一代人又跟上了，我们在身后留下的是人类的进步。"② 一代人比一代人进步，一代人比一代人富有创造力，每一代人都作出了自己的贡献，每一天都在创造人类文明：桌椅、床铺、食物、衣服，无所不能！人们常说，整个世界总是在为创造出最合适的桌子努力着。这样一来，什么碾磨、织布机、上千台叫得出名字的机器；什么造船、航海、舰队都是必需的！人类仿佛赤身裸体，生活在一个无助无援的动物世界，为了生活所需而焕发才智。如果世上没有这样两种极端的人，一种是未开化的野蛮人，另一种是具有高度文明的人（他们不断追求完善，从而产生了一种人为的统一

---

① 有一次，一座大山发生了大震动，震动发出的声音就像大声的呻吟和喧闹。许多人云集在山下观看，不知发生了什么事。当他们焦急地聚集在那里，担心看到什么不祥之兆时，仅看见从山里跑出一只老鼠。这是说庸人多自扰。

② 出自《圣经·启示录》21：1。

关于人的思考
▼
▼

感），人们也许会坚信"世界上没有新事物"的格言。

如果我们乘坐气球，做一段时间的旅行，途经地球上高度发达的区域和荒无人迹的沙漠，也许我们会惊叹人类的力量和相对的优越性。一个壮汉如果总是躺在长椅上休息，恐怕连挡路石都搬不动吧。但人类开垦田地、种植园林、修建公园、挖掘运河、改变河流的自然流向，使之沿着人工河道流向大海；人类还夷平山脉、建造桥梁，将高耸的阿尔卑斯山同另一座山连接起来。人类还按照自己的意愿，在地球上建造了城堡、教堂、高塔和一座又一座城市。"先前的世界已经消逝，另一个世界兴起了，一切事物都是崭新的。"

说真的，那些最卑鄙的叛逆，最野蛮的暴行，最残酷的大屠杀，一切违反大自然、违反礼教束缚的行为，那些遍布尸体、血流成河的事件，所有这些都是历史上上演过无数次的低级重复。如果尼禄或卡利古拉想做天下绝无仅有的坏事，那他们就大错特错了。他们认为征服者就应该摧枯拉朽，横扫一切，摧毁城市，"使皇宫荆棘遍布，城堡野草丛生，使皇宫变成了恶魔居所，猫头鹰的宫殿，豺狼虎豹聚集之地"。而这些征服者的所作所为仅仅是重蹈覆辙，帖木耳①，奥朗则布②，成吉思汗③和无数其他征服者早已做过无数次了。所谓的辉煌灿烂和宏伟壮丽实际只是微不足道的东西，历史几乎不屑纪录这些事情。

但确实有些新事物，有鉴别力的读者很快就能感觉到。

说到摩西，他出生在一个普通家庭，在他出生时，就与他那个种族里的其他男孩儿一样，被标上了记号，不让存活下去。但他侥幸活了下来，长大后的第一次行动是谋杀了一个奴役自己同胞的埃及人，之后，他便被流放。他回来时，孤身一人，没有朋友。他的人格魅力赢得了整个民族的帮助和支持，他们都愿意跟随他完成共同的事业。他们迁移到一个可以独立建立自己政权的

①　Tamerlane，即 Timur（1336—1405），帖木儿帝国的开国皇帝，中亚的征服者。

②　Aurangzeb（1618—1707），印度莫卧儿帝国皇帝，号称"世界征服者"。

③　Genghis Khan, or Zingis Khan（1162—1227），蒙古皇帝，中国元太祖。

地方。他没有一兵一卒，却有一种精神优势使人们向他靠拢，他言传身教，悉心教导他们。他没有朋友，却有那些被他情操感动的人支持他。在他统治下的犹太人很卑贱、素质低下，总是不听从他指挥，一有不如愿的事就会回想起："埃及，富饶的家乡，在那里我们吃喝不愁。"但摩西仍一直主宰着这个民族，最终建立了一个风俗习惯和思维方式一直保持下来的民族。这才是一个真正的男人，拥有使别人归顺于己的魅力，并能以不可抗拒的力量领导他人。纵观整个历史，这一段在世界史册上是史无前例的。

波斯人入侵希腊，其结果在人类历史上绝无仅有。泽克西斯①率领528万人的军队攻打这片狭小的土地。他们跋山涉水，被利昂尼达斯②率领的三百斯巴达人拦截在德摩比利。他们攻打的国家太小，竟容纳不下他们的军队，这是专制与自由之间的一场战争。如果人具有高尚情操和坚定信念，知道什么是最有价值的，我们就能抵御任何野蛮进攻。沙滩上尸骨如山，鲜血染红了大海，战争之洪终于退去：最后，亚历山大和这些由于东方的无知所瞧不起的希腊人胜利了，在倍受波斯人蹂躏的废墟上建立了又一个君主制国家。这才是辉煌的历史。

基督教翻开了人类历史上独一无二的又一值得纪念的篇章。一个木匠的儿子在一个小小的山地国为一个受歧视和奴役的民族承担起改变人们思想的重任。他的改革遭到当地首领的反对，于是他遭到了迫害，被钉在十字架上，处以最低等罪犯承受的死刑。他还没来得及成立宗派，事业就中断了。但是，普通纳税人和渔民紧随其后，继续他的事业，一门宗教就这样开始了。如果事情不是如此，而是整个文明世界敞开怀抱，接纳这门宗教，那情形又将如何？不论我们把这件事看作是万能的主的直接干预，还是当作人类历史进程中本应该发生的事，这都是世界历史的一页新篇章。

---

① Xerxes（约公元前519—前465年），波斯帝国的国王，公元前485—前465年在位。

② Leonidas（公元前508—前480年），斯巴达国王，希腊抗击波斯入侵的英雄。约公元前490年即位。

关于人的思考 ▼

　　同样，罗马"一个经久不衰的城市"，连续三次成为世界霸主，在人类历史上留下辉煌的一页。第一次，它以纯洁质朴、一心一意、满腔热诚、坚忍不拔的品质征服了全人类；接着，它以美德和自由精神征服了世界，罗马帝国在长达几个世纪都巍然屹立，尽管罗马帝国当时荒淫无度、混乱不堪。最后，其霸主地位被北方野蛮人的突袭摧毁，但它又东山再起，尽管物质贫乏，却通过一系列思想和政策，使人心都归顺于它。从未有任何新生事物像天主教那样令人钦佩，它能用超越心智的崇拜力量征服人的灵魂，它们为死人忏悔、涤罪、做弥撒，声称能解决一切争议，使信徒们永世服从于它。

　　创新来源于人的灵魂深处。这里我们可追溯到艺术发祥地希腊。绘画、雕塑、建筑、诗歌，以它们最精美、最令人陶醉的形式在这里起源。难道伊里亚特不是新事物吗？难道它现在不是依然很新颖吗？不论它是否为一人所作，我相信，也正如主张社会地位平等者让大家相信的那样：有史以来世界向我们展现的东西没有可与之媲美的。

　　莎士比亚是又一个在创新上无与伦比的例子。他的名声就像大河：流得越深，支流就会散布得越宽，流得越宽，影响越大。

　　在现实中，一切诗歌艺术都有其独特性，都是新颖的，都是最渺小也是最伟大的。

　　只有愚笨的人才会错误地认为：人类的智慧枯竭了，一切都是旧事重演，我们不幸落入时间的轮回，无法摆脱，要么保持沉默，要么重蹈覆辙。

　　世界上仍有大片区域等待开拓，还有许多矿藏没有开发。我们对地球岩层一无所知，我们不知道哪里有地下水。我们走过千山万水，却不知道财富就在脚下。直到有一天，某个具有超凡智慧的天才来为我们指点迷津，他似乎能看透混沌的世界，就像我们能看透纯净的空气一样。他告诉我们哪里有宝藏，我们因此而发财。而我们迄今为止还不知道财富在哪里，还在等待圣人指点。人类的智慧和能力就像一本尚未翻开的杂志，直至奇才来到，打开封面，在我们面前呈现一直封存的珍宝。

人类的智慧好比大橱柜里所装之物，好奇的收藏家以坚持不懈的热忱把它们收集起来，并标号装册，里面记载了人类所发现的所有珍宝。天才向我们展示智慧的最佳例子就是唐·吉诃德和他忠实的随从，罗杰·德·科弗利先生，帕森·亚当森，沃尔特·尚迪和他弟弟托比。谁能阻止大自然生生不息的变化呢？但大自然早已把她创造的东西铭刻在人们的心里。这里所举的大多数事例都是近代的，但足以展示那些具有创业精神的冒险家们渴望与前辈杰出人物竞争的勇气，他们信心十足，充满斗志。

粗心的观察者们疏忽大意，没有注意到人类社会成千上万个不露真相的人物，而当这些人物的名字由大师之笔镌刻在匾额上时，人们才发现他们给予人类的快乐、深邃的思想并不亚于那些我们所钦佩的名人。只要用眼睛去观察，用笔去记录，真理随处可见。

我们也许非常赞成那句智者名言："世界上没有新事物"，在某种程度上也可以认为世界上无过时之物，这两句格言都有道理。构成宇宙的第一物质原子是没有诞生纪录的，应用最奇妙的年代学图表也不可能画出其诞生的时期。但是，它们的组合方式也许是可以弄明白的。就像《论机会》[①] 的作者讲述如何投骰子一样。现在地球上究竟有多少人呢？假设我们能够把所有曾生活在地球上的人都聚集在一起，也许会出现两个极其相似的人。莱布尼兹告诉我们在最宽敞的花园里，仔细观察那些树木，不会有两片完全相同的叶子。[19]

问题并不在于是否能发现新事物，而在于那些新的东西是否在特殊群体中显示出它的重要性，而不是在烟波浩淼的宏观整体中化为一滴无足轻重的水珠。

但如果艺术和人类发明创造的才智不会永远不枯竭的话，科学研究就更无边无际了。我们站在了解自然的门槛上，利用各种

---

① *The Doctrine of Chances*，1718 年出版第一版，作者是法裔英国籍的数学家亚伯拉罕·棣莫弗 （Abraham de Moivre 1667—1754）。

〔19〕 See above, Essay 2 【原注】。见前文第 2 章。

关于人的思考
▼
▼

自然力量为人们的生活服务，这看起来是不断进步的事，就像由于有万有引力，下落的物体获得动力，从而获得加速度而下落更长的距离一样。这个近期的新发现如果在远古时候就被预知，那么就会遭到前辈的嘲笑甚至辱骂；我们同样也会对后代将熟知但现在尚未发现之事持怀疑态度。事实上，每一个有远见的人都会承认人类对正在发展的科学认识的进步是最具洞察力的天才也阻挡不住的。它就像是一条生生不息的河流，世代流淌，和"永远"一词对人的意义一样深远。问题仍在于，一边是我们在文学和道德上的不断进步，一边是那些对人类本性持狭隘态度的人，他们不断地告诉我们：人类会发现自己一无所有。他们还说我们也许能不断提高对机械的认识，提高我们的创造力，但他们确信人类将永远不会超越诗歌和文学已达到的境界，虽然，诗歌和文学目前还很拙劣，而且不管将来科学技术达到多高的水平，人类将和以前一样虚伪、虚荣、贪婪。迄今为止，在大多数国家（并不是所有国家）都产生了明显的贫富分化，并纵容极少数愚蠢之人而欺压大众的现象。

尤其应该考虑到的是，当涉及到重复和创新问题时，主要倾向于科学发展方面，然而它却在诗歌和人类的纯想象和发明上蒙上了一层最令人失望的面纱。诗歌毕竟只是旧材料的新组合形式。诗人在所有国度也许会被称为一个创作者：但这似乎是一种虚无飘渺的荣光和言之无物的夸耀。他只是一个材料的组织者，能把这些材料最好地利用起来而已。裁缝把织布机上织出的布料剪成片，按照所需者的意图再把布片缝起来。因此，这种诗人没有给予大脑新的思想观念。但那些揭密自然之人永远都在进步；日复一日，他将思考的结果和如何行动写成文字，这些都是全新的，之前从未存在过的。他日积月累，新思维和新方法越来越多，这些都注定对人类的创造力和生活水平提高起推动作用。他没有像受到责难的诗人那样永远在一个圈里打转，而是不断前进，直奔目标。每当我们停下脚步，回顾所走过的路程，我们会发现我们总是在飞奔向前。

对此有很多说法为诗人和艺术家的荣誉辩护，这里所谓的对诗人和艺术家的伤害，实际上是一种诡辩。他拼拼凑凑，组合成自己的作品，实质上只是一个能工巧匠而已。他改变物质属性，点石成金，为我们呈现完全崭新的产品，完全看不出事物的本来面目。他的想象和心路历程，他的理解和道德震撼全都源于他自己。"如果有真善美，如果有赞誉"，他很可能说我们所有的掌声和感恩都是由于有了他的创作。

诗人和文人雅士还有一个值得一提的优势，对于那些目空一切，对追求想象和品味的文人嗤之以鼻的科学家来说，这个优势很可能非常致命。科学家总是口口声声谈论现实，谈论他们所取得的进步，还说他们脚踏实地，步步都有成就，下一代直接就受益。而诗人的追求仅仅能满足自己圈内人士的需要，只写些流行的东西，流行风格一变，就会被人们遗忘殆尽。究竟谁是谁非呢？事实可能完全相反。

自然科学家揭示真理时，语言平淡，没有什么摧枯拉朽的表现形式。新的发现和实验出现时，他的理论、他的术语、他的表述方式随之消亡。一代科学家的努力只是为另一代科学家的成功奠定基础。他们"锣鼓喧天，登台演出"。新的知识出现时，他们心满意足地退出，他们的努力使他们成了前辈。托勒密①之天动学说要让位于第谷·布拉赫②，而第谷·布拉赫的理论又要让位于哥白尼③。笛卡儿④的漩涡理论让位于牛顿的新发现；而牛顿的原理由于与占卜和神学有关，也渐渐失去往日的光彩，人们开始产生质疑。亚里士多德和柏拉图的科学思想已过时，马利布

---

① Claudius Ptolemy（90—168），生于埃及，父母都是希腊人。他提出了自己的宇宙结构学说，即"地心说"。主张地球处于宇宙中心，且静止不动，日、月、行星和恒星均环绕地球运行。

② Tycho Brahe（1546—1601），丹麦天文学家和占星学家，曾提出一种介于地心说和日心说之间的宇宙结构体系：地球静居中心，行星绕太阳运行，而太阳则带领行星绕地球运转。

③ Nicolaus Copernicus（1473—1543），波兰伟大的天文学家、太阳中心说的创始人、近代天文学的奠基人。

④ Rene Descartes（1596—1650），法国伟大的哲学家、物理学家、数学家、生理学家。

关于人的思考 ▼▼

兰切①的深度，洛克②的耐心调查已不再有昔日的辉煌，更具有洞察力、单刀直入、眼光锐利的我国理论家迈向了成功，德国玄学家似乎并不看重这些；也许不需要什么睿智就能预见康德③和费希特④实际上并不比走在他们前面的人好多少。

　　然而，诗人是不朽的。荷马诗体技艺之美妙不亚于阿基里斯的盔甲，他的诗流行至今对于我们犹如当年对于希腊人一样那么优美清新，我们仿佛仍然看见希俄斯的老人弹着班卓琴，吟诵着叙事诗，独自漂泊，四处吟游。诗人的语言和思想相互交织，难解难分。前一个诗人不会因后一个诗人的出现而衰败、消亡。胆大妄为的革新者试图使乔叟、斯宾赛和其他文风似乎过时的作家的作品现代化，但真正有品味的东西是不容亵渎的。上帝赐予他们灵感，激发他们创作的火焰，这一切都是神圣不可侵犯的，是他们不可分割的一部分；这就像你使一个人支离破碎时你还说试图保护他，而你剥离了诗人的语言诗人还存在吗？诗人伟岸的感情流露永远不会逝去，就连"他的头发都编上了序号"。

---

① Malebran che（1638—1715），法国天主教教士、神学家和笛卡儿主义的主要哲学家。

② John Locke（1632—1704），英国哲学家。

③ Immanuel（1724—1804），德国哲学家。

④ Johanm Gottlieb（1762—1814），德国哲学家。

第十一章

论自爱与仁慈

　　"是什么动机促使我们与别人交往？"这个问题最能启发我们思考人类的思维结构。对于这个问题显然有各种各样直白朴素的解释。这些解释来源广泛，有宗教创始人、人类社会改革家以及那些热心人类真正利益的人们。

　　新约创始人说："戒律的最后一条是爱。这也是戒律中最重要的一条。首先，你应该全心全意地爱上帝。其次，你应该像爱自己一样爱邻居。""我若将我的所有赈济穷人，又舍身叫人焚烧，却没有爱，仍然与我无益。""因为我们没有一个人是为自己而活，所以，也没有一个人是为自己而死。"

　　几个世纪以来，古希腊和古罗马人的情感，如同他们的制度一样保留着最初的纯洁，两者如出一辙。斯巴达人从不孤单，他们总是与他人相伴。他们把对国家和公众利益的爱视为至高无上的爱，他们认为自己是属于国家的，从未想象过是属于自己的。在留克特拉战役中，底比斯人击败斯巴达人。战后，那些战死者的母亲互相祝贺，并且去寺庙里感谢上帝，因为她们的孩子完成了自己的使命，而那些幸存者的亲人们却无法得到慰藉。

　　罗马人的显著特征是忘我的爱国主义。正是由于这种精神，布鲁图斯①密谋叛国时不惜牺牲两个儿子的性命；正是由于这种精神，法比在克里莫拉的要塞牺牲了；而台西为了人民而献出了自己的生命。一个真正的罗马人极端的忘我精神近乎现代人所称作的"残酷"。

　　在古共和时代，人们将个人利益和国家利益融为一体，他们把为国牺牲视为己任。他们在这种精神的教育下成长，这种精神成为他们成年后的行为规范。

　　在近代，我们学会了用不同的标准来塑造我们的个性。对于我们作为政治成员所处的社会，我们很少再认为它是一个整体，我们认为它被分裂成了一个个独立的团体，我们把自己的利益、直系亲属的利益以及与自己直接相关的事情的利益放在首位。

---

　　①　Marcus Junius Brutus Caepio（公元前 85—前 42），古罗马政治家、共和主义者，参与了谋杀凯撒。

143

现代人情感和态度的改变，以及随之产生的一系列相应的改变，使得一类新的哲学应运而生。我们已经学会相信，对于同伴我们不会有特别的、纯粹的关心，而我们所有的仁慈和爱都是将自己粗俗亦或文雅的自爱经过过滤留给自己。对这种观点抱有更粗俗看法的人认为，人类在任何情况下都被一种极为狭隘的利己主义所支配，而那些高度赞扬慈善、爱国、慷慨和自我牺牲的人一直在欺骗他人或欺骗自己，他们只是用一种似是而非、夸夸其谈的语言来掩盖"丑陋面目下那颗赤裸裸的心"。

一些人持另一种观点，他们看问题极为苛刻，总是鸡蛋里挑骨头。在他们看来，大多数人都是自爱的。他们坚信，"那些宣扬大公无私和挚爱仁慈的人并没有充分考虑人们思想、情感和意愿的本质。"他们说："想法是一回事，行动是另一回事。即便是以往对人类行为动机最清楚的解释，其实也没有解释清楚人们自愿行为的动机。人类的自愿行为其实只是由于人们对某事的喜好或厌恶，而喜好或厌恶是支配我们行为的意愿，这是自然界的普遍法则。我们行为的动机来自于我们自己的欲望或者反感；我们尝试着去做或者逃避一件事情，仅仅是因为我们认为这些事情是否令我们满意。

品德高尚的人和道德败坏的人是相似的，他们都受制于自己信守的原则。因此，如果我们认为自己的观点是最值得称颂的，如果要教育年轻人相信我们的观点，首先就应使人们认清自己的兴趣和满足所在，因为这一点对他人大有裨益。"

当我们继续讨论这些观点是否正确时，我们不能绝对地说，上述两种自爱说的拥护者不可能是基督徒，或者甚至不可能是有神论者，因为大多数人相信有神论。正如我们所知，基督教创始者所定下的戒律是关爱他人，尤其是如果我们认同自爱说的后一种观点，根据这种新哲学的假设，我们将不得不承认宇宙万物的创始者从未按照创始时的天意行事，而他的一切行为都是源于自爱。当然，如果不是这样的话，那么，我就要警告与我持相反观点的人，注意他们的理论将导致什么样的后果。我的目的是用最有力的证明来推翻他们的理论。我并非不愿意博得好感，但至少在我开始证明之前，我不希望读者对我的主张寄予厚望。

因此，我将斗胆补充——在自爱的假设中，没有所谓的美德。被称为品德高尚的行为必须具备两个条件。首先，该行为必须以为人类带来善良而非邪恶为目的；其次，该行为必须是以善良的意图为动机。那些最仁慈的行为，如果不是以对他人有益的目的为动机，就称不上是真正的美德。无论美德以何种显赫的方式存在，都只是以善良为动机的一种行为。那些居心不良、别有用心、有所选择的所谓善行都不能称之为美德。[20]

毫无疑问，一个人是可能为了 20 个人而牺牲自己的性命的。但是自爱说的拥护者无疑会说，做出牺牲的人是为了逃避不安，因为如果他不这样做，他就不能忍受内心的自责。在现实中，善举如果出于这种目的，那他的行为将由高尚变得低俗。但是，如果这种牺牲是属于真正值得称赞的品质，而且他根本没有考虑自己的利益和内心的欣慰，那么这种牺牲给世界所带来的福音是不可估量的。如果他错误地、偏执地选择了前者，把后者看得无足轻重，或者二者皆选之，那他就如同粪土。但是基于自爱说，如果他的行为以任何一点慈爱为出发点的话，那么我们所认为最美好的善行在他们看来也可能是这个世界上最别有用心的拙劣行为。但我反对，确切地说，我认为这种最美好的善行不应该受到不公正的评判，因为它产生了最深远的影响，即便是极个别人的行为也是如此，这种行为绝不是以个人的满足为目的。[21] 这就是我要着手反驳的观点的实质所在。

但是，人并不是如自爱说所说的那样可怜和怯懦。

不管怎么样，是我们探索这个问题真正价值的时候了，去验证是什么动机真正致使一个好人选择一种高尚的行为模式。

哲学家洛克在有关人类理智的文章中特别对自爱说作了陈述，他认为，是内心的不安促使我们下定决心，并且激励我们付诸行动。他说，"我们安于现状仅仅是因为我们满足于现状；促

---

〔20〕 *Political Justice*, Book II, Chap. IV【原注】。《政治公正》第 2 卷，第 4 章。

〔21〕 *Political Justice*, Book IV, Chap. X【原注】。《政治公正》第 4 卷，第 10 章。

关于人的思考

使我们改变的动机常常是一些让我们感到不安的因素：除了内心的不安，没有什么能促使我们改变现状或者采取新的行动。内心的不安是主要因素。"[22]

洛克以上的陈述是否意在宣称自爱是人类行为的唯一准则，这一点并不是我所关心的。不管怎样，它代表了我行将反驳的学说。

首先，我要说，如果我们的目的是为了发现使我们感到愉悦，同时也是我们的行为所基于的理念是什么，那么我下面的讨论将不可能回答这个问题。正如一位印度哲学家的例子[23]：当他被问及是什么使地球呆在自己的位置上时，他答道，地球站在大象背上，而大象站在乌龟背上。对于那些相信是焦虑不安激励人们把想法付诸行动的人来说，他们满足于这样的解释，而不会继续追问下去：是什么让我们感到不安？这样的人必定没有什么求知欲。

这样的解释毫无疑义，就像我们看见一个人行走或者一个人握住一把短剑或棍棒，我们问为什么会这样时，任何一个人都可以告诉我们，一个人能行走，因为他有双脚；一个人能紧握东西，因为他有双手。

我不能自如地把我现在的思想表达出来，除非我先前已经有了纸和笔。但是，如果说我写这篇《论自爱与仁慈》是因为我有了纸和笔，这听起来似乎很荒谬。

自爱说的拥护者已经人为而不公地偷换了自愿行为的抽象概念，用自爱说来解释人们行为的动机。的确，我们的行为离不开欲望或者不安的驱使，但是我们在行动时并没有想到那些欲望或者不安，我们一心一意想的是当时当地所发生的事情。人类有千变万化的行为、五彩缤纷的激情、斑斓绚丽的追求，我们不能只从表面上说我们都受制于同一动机；也不能说尽管我们追求的目

---

〔22〕 Book II, Chap. XXI, Sect. 29【原注】。第2卷，第21章，第29段。

〔23〕 Locke on Understanding, Book 11, Chap. XIII, Sect. 19【原注】。洛克《理解》第2卷，第13章，第19段。

的如何不同，但都属于同一个缘由。如果这样说那就太荒谬了。

第一个男人选择旅行，第二个男人选择做一番事业，第三个男人选择学习研究，第四个男人选择骄奢淫逸。为什么他们的选择大相径庭？

因为第一个人偏爱独特景色、喜欢新式建筑、钟情异域风情；第二个人沉迷于财富和权力；第三个人热衷于霍莫、莎士比亚、培根或者欧几里德的著作；而第四个人认为只有女人的娇柔妩媚、荣华富贵的生活可以令他心醉神迷。

以上种种，从每个人的选择上本质地体现了各人的偏好。第一种人被自然之美和宏伟建筑所震撼；第二种人被霍莫或其他文坛巨匠的超凡才华所吸引；第三种人看见别人幸福他就喜悦，看见别人痛苦他就落泪。这些差异的原因在于每一个人都有自身不同的思维方式，这些思维方式是他喜好的缘由，因此，人各有所爱。

世间最丰富多彩的莫过于人类的性格。人的大脑里肯定存在某种抽象的东西，使人的思想能如此多变。我们暂且称其为品位。有的人因看到财富而愉悦；有的人认为沉思冥想亚历山大或者凯撒的胜利可以获得快乐；还有的人则认为参观卢浮宫的画廊是精神盛宴。一开始的时候，没有一个人想把那些偏好占为己有，没有一个人最初就渴望揽尽天下钱财，或超越凯撒的丰功伟绩，或者合法占有那些使他无比快乐的名画和塑像。即使对美色的艳羡者，也没有从一开始就想到把那个魅力四射的女人变成自己的情人。然而，皮格马利翁①却不同，他想让所关注的东西成为他的慰藉和陪伴，因为他早就仰慕它了。

正因如此，仁慈的人是那些能够在思忖别人的满足、平安以及舒适之时感到特别幸福，对别人的痛苦赋予深切同情的人。他欣喜于人类的幸福，并以播撒幸福为快，虽然他也许不能分享他给人类所带来的爱。正因为这种品位，这种使他忘却一切的品味使得他后来因他的仁慈之举而与众不同。

---

① 希腊神话人物塞浦路斯国王，也是有名的雕塑家，热恋自己雕塑的少女像。

关于人的思考
▼

　　作为对人类行为的解释，那些新派哲学家提出，行为是思想的体现，而思想几乎不会自我呈现，而是存在于善于思索者的头脑里。粗鄙的人从不思考问题。积极的人热衷于应付生活中的各种场面，没有时间思考问题，也很少考虑他自己，但是他永远都会有时间为自己所追求的目标思考。

　　有的人个性专一，一生只钟爱唤醒他们偏好的那一种事物；另一些人却惯于变化，不能自始至终，他们"什么都做，却没有一件事可以持之以恒"。很多时候，一个人做出仁慈之举是因为看到别人幸福而快乐，这是有可能的。

　　针对这一点，现代哲学家的学说在很多方面是不符合逻辑、不合乎情理的。不幸的是，他们认为行为是思想的体现只是经验之谈。为什么思想慷慨的人总是以仁慈为先呢？对自己的行为他们可能会这样回答，慷慨之举总是会给人带来愉快的回忆。但是从表面上看，这一解释也是荒谬的。

　　我们并没有尝试着去了解回忆慷慨之举的快乐，除非我们自己作出了慷慨之举。我们并没有从书本上学过这些。当我们的目的只是为了寻找一种人类行为的缘由时，这里指所有有文化的人和没文化的人，粗鄙的人和贤明的人，那么至少以上解答是可以接受的。

　　可以肯定地说，以此作为我们仁慈之举的唯一解释并不符合逻辑推理。这不能解释所有仁慈之举的初衷。

　　对于拥护"自爱是我们所有的行为之源"这一观点的人来说，他们更加无法解释这样的情况：一个人奋不顾身，飞奔去救落水的小孩或者不顾一切冲进火场，营救楼上被火围困的人。这种临危不惧的人不胜枚举，他们把生命置之度外，难道只是出于自爱？

　　他们会说，这样的人预料到回忆高尚的行为将给他带来快乐，他预料到如果他有能力挽救一个人的生命，但却止步不前，这将会给他带来不能承受的切肤之痛。我们可以告诉他们，这种说法没有根据，当他脱掉衣服或直接跳入水中，或者冲上着火的楼梯时，他是没有时间思考的。但是他们还会说，如果他无动于衷，那么他将一辈子懊悔。目睹意外的发生，让他感到极度不安，正是为了摆脱这种不安，他才深入险境去救人，而对正在危险之中的受难者是谁他毫不关心。

不安是掠过思想深处的一种感知，通常人们无法察觉，只有在闲暇之中才有所悟。其实，刚才提到的人头脑中什么也没有想，只看到了近在眼前的那个在危难之中的人；他根本没有想到自己；他的行为只是受一种懵懂的、混乱的、匆忙的意识的支配，他只想到也许自己能做点什么，能阻止即将发生的灾难。要说回忆，他也就只能想起这些了。

无论是民族历史，还是个人历史，以及其中所描写的人类的行为都属于不同于自爱哲学呈现在我们面前的模式。自我牺牲是人类历史上永恒的话题，父母为孩子牺牲，孩子为父母牺牲。雅典人西蒙①在他的青春年华里为了使父亲的尸骨能够得到体面的安葬自愿入狱成为一名阶下囚。有许许多多、毋庸置疑的关于这类人的例子，他们把自己推向灾难或是自愿去死，为了换取那些他们认为比自己的生命更重要的人的生命。事实上，高尚的人把生命看成是一文不值的东西，他们全身心地致力于无法抗拒的目的。有这样一些人，当他们面对灾荒的恐惧时，一类人决定通过最低级、最耻辱的兽性残杀来相互毁灭，另一类人则认为有比生命本身更珍贵的东西，如果可能的话，他们将保住自己的性命。

什么能对人类所作出的这些决定作出最精准的诠释？难道说一个人将自己托付给死亡是因为他只爱自己，只注重他所能获得的快乐或他所想摆脱的不安吗？抑或是他已经达到了忘我的崇高境界，他的整个灵魂都流淌着对他所崇尚之人的爱？

上述第二种观点真实地描述了我们的本性，我们可以从各个不同的时期，不同的民族中找到众多的荒谬的故事和无数令人心碎的传说。这种思维模式在我们生活中普遍存在。有一个印度女人，她无法抗拒内心对死去爱人的挚爱，以致她情愿在爱人的坟边死去。这个例子渐渐变成了一个令人钦羡的传说，从而不知不

---

① Cimon（公元前510—前451），雅典政治家和军事家。

觉地在印度人中成为一种民族风俗。印度各个阶层的寡妇都自愿同她们丈夫的尸体一起被火化。佐皮洛斯割掉自己的耳朵和鼻子、库尔提斯跳入圭尔夫，这些故事有可能是虚构的，但是正是由于这些故事叙述者自身的意识，促使他们取材于浩瀚的人类心智的宝库之中，把这些故事记录下来。世界各地不同时期的许多帮派宗族正是倚赖人的这种本性，把许多人灌输和熏陶成舍生忘死、奋不顾身的勇猛之士，当他们所顶礼膜拜的偶像需要保护和捍卫时，他们会不惜牺牲一切，献出自己的生命。

下面的例子可以看出我们如何将对自己的感情和对别人的感情区分开来，也可以看出幸灾乐祸的旁观者和没有思想深度的人的自私表现。这个例子说明，我们可以摆脱别人，但摆脱不了我们自己。当我坐在一个苦难者的床边，听着他悲惨的故事，我心里隐隐约约地有一条界线，能让我区分这到底是他的苦痛还是我的痛苦。我非常同情他，理解他的烦恼和痛苦。但是离开他的住所后，我会去田野里任由清新的空气吹拂我的头发，掠过我的脸颊。虽然这并不是最好的缓解方式，但却是我会首选的方式。他痛苦的样子在我脑海中不能拂去，我不能忘记我所听到和看到的一切；我甚至责备自己不该不知不觉地寻找自我解脱。但是人是感性动物。我逐渐从这个令我哀伤的人身边越走越远，无论从时间上还是空间上。在那里，他仍然痛苦地躺在床上，但是他哀怨的声音和痛苦的眼神都已不在我的面前。人生的一个短暂经历使我们信服——我们总是能够很快地自我调节。"只有当我哀求的时候我才感到不快"[24]，因此，即使我们面对苦难者的时候，也期望很快找到摆脱痛苦的方法，我们很快会感到大家都不是完人。

但是，对于我们自身的痛苦和厄运就截然不同了。正是由于这一点，我们无法摆脱自己的痛苦。我们可能改变我们生长居住的环境，但我们却不能改变自己。我们可能乘坐四轮马车或者是乘船试图逃离我们的痛苦，但同时，悲伤和忧虑也伴随我们登上了船。我们离开后，烦扰我们的不安情绪也会紧随其后，牢牢抓

---

〔24〕　Douglas【原注】。道格拉斯。

住我们。[25]

　　当我们因忙于其他的事情而离开朋友，不再亲眼目睹朋友的苦难，不再为朋友的痛苦而苦闷，如果说这就是纯粹的自私自利的话，那么，我们也可以同样证明我们是最宽宏大量的、最慷慨无私的人。这就是我们内心痛苦的呻吟："天哪！我怎样才能自我解脱呢？唉，我多想好好睡上一个香甜安稳的觉！"一个绝望的人最恨的就是不能忘却自己。但是他明白，哪怕他能对自己有片刻遗忘，他就会立刻从所有令他心烦意乱的事情中解脱。他知道他必须把自己演绎到最后，力尽苦难，倍尝辛酸。他不会委托他人去做这其中的任何一件事情。我们绝不会舍弃自己的未来，正是这种对未来的明确认识让我们眼前的灾难变得更为可怕。如果不是心里有这种明确的区分，会有很多人同情他们的朋友多于同情自己。但是，他们清楚，即便朋友破产，他们是不会变成乞丐的；即便朋友得了致命的疾病，也是不会把他们带进坟墓的；即便朋友去世了，他们仍会健康地、头脑清醒地、精力充沛地活上很多年。

　　那些关于自爱说的言论最适合路易十四统治下的献媚者。而那些有关无私的言论则适合古斯巴达和古罗马最纯真时代的共和党人。

　　但是古人也并不总是无私的，现代人也并不总是狭隘、冷漠和以自我为中心的。古人支付赋税时出于责任相对较少，多是想到为了自我满足和心安理得；但现代人支付赋税也不能完全排除利他行为。

　　其实，我们应该正确地看待这个问题。最冷血的人并不像他所表现的那样自私。尽管他对别人的利益表示毫不在乎，但在某些时候可以发现他对自己的妻子、孩子或者朋友会表现出不同寻常的关爱；悲惨的故事会使他落泪，为了减轻别人的痛苦他也会对自己的快乐做出巨大牺牲。

　　但是这种人的信条是令人不敢恭维的。他总是认为"慈善要

---

　　[25]　Horace【原注】。贺拉斯。

关于人的思考

▼
▼

为家人做起"，

　　这是十分危险的，这样他最终会变成一个冷漠的人，会伤害那些心怀慈悲的人，而这些人是人类引以自豪的人。也许他对他所谓的亲骨肉有种合情合理的爱，而且他甚至会帮助一个遇到急事的陌生人。但是把做人的首要原则和道德观念视同儿戏是危险的。这样的人在任何情况下都不会对人类的进步有所作为，不会把人类的幸福视为自己的幸福。

　　自爱说总是认为法国人性格轻浮，荷兰人只会埋头苦干，做做生意。我们没有必要贬低人性中的英雄主义，也没有必要对慷慨大方，无私奉献的观点说三道四。我年轻时的一位老师常常对他的学生说，"不要害怕把你闪光的、富有激情的灵感付诸笔端，当你第二天再去读自己写的东西时，你会发现你的灵感以惊人的速度消失。"这对于文学写作来说是一句正确的箴言，即便是这样，我们在行为和道德准则上还是应该不偏不倚。

　　现代教育的进步极力主张研究事实真相——我们不应该再浪费时间让年轻人浮想联翩。但是我们应该感激想象，无论是在我们从思想禁锢的牢笼中解放出来的过程中，还是在建立坚固的政治自由的大厦过程中，正是想象为我们带来了无尽的欢愉，正是想象使我们摆脱人类本性中的粗野和不羁，正是想象伴随人类取得了所有重大进步。

　　我们的行为难道不正是依赖于我们的信念？我们的灵魂不正是受这些信念所主宰吗？

　　如果自爱说的信徒没有准则，视道德为儿戏，他们将永远骑在一匹无精打采的神马上，随意地挥鞭向前，口口声声地说"我要行慷慨之事，我要维护我的信念——虽然我始终清楚这只是一种欺骗，无论我怎样吹捧慷慨行为，我也不会朝前迈一步，除非为了自己的目的和自己的快乐"。显然，这完全是一个意识上的自我强迫，这种人最终将落入他内心深处的冷酷与无情。他深陷于自爱的污浊与龌龊，然而，他也许想要自拔，但他灵魂的翅膀永远无法振臂飞翔，正如他有可能被真正的慈善精神所感化一样，但他不会被真正感化。为了使自己保持一致性，他不得不变得更加冷酷，而那燃烧了他的青春、那令他忘记自己曾吞下苦果的浪漫将随着年龄而渐渐褪去颜色，他变得只关心自己，对周遭的人和事不关其痛痒，对别人的不幸和苦痛无动于衷。

另一方面，持无私仁爱观点的人认为，"为自己活，或者为自己死"都不是他们的信念。不论是亲情、友情、爱国主义或者是对同胞之情，他都视为珍宝。因此，勇于奉献的人盼望路易十四统治时期冷酷无情的风气被遗忘，热切渴望所有的人都向往幸福和进步。

我并不想利用伟人的权威以蔽护自己的观点。但是，在讨论人类社会的真正幸福这样重要的问题时，我们应该用正确的观点看问题。"自爱是我们所有行为的动机"，这一信条体系的创造者是拉罗什富科①。所有法国的哲学家都赞同这一观点，并以有这样的伟人为荣。现在连那些纯洁质朴的乡村人也都已经归入了他们所谓的圣明的旗下，一想到这儿我就很难过。但是，人类行为动机这一主题的讨论已经得到了沙夫茨伯里②、巴特勒③、赫奇森④和休谟⑤等公正、合理、有力的支持。最后，我得说我对自己很不满意，因为在许多话题的讨论中，我总是自然而然地站在法国人一边，但幸亏我的知识智慧使我免于陷入自爱说的狭隘中。

在本章开头，我引经据典力陈的观点是一种情操，这种情操使宗教的创始者有了生气，它刻画了古罗马和古希腊最辉煌时代的特征。只有当这种高尚情操体现在实际行动中时，人们才能看到它的本质。与之相反的观点只能说是来自腐败宫廷的糟粕。只有当17世纪后半叶创始的教义的残余被人们完全摈弃，人类的本性才会展示自身存在的价值。

---

① La Rochefoucauld（1613—1680），法国作家。

② Anthony Ashley Cooper Shaftesbury（1671—1713），英国政治家、哲学家和作家。

③ Joseph Butler（1692—1752），英国圣公会主教、神学家、护教家、哲学家。

④ Francis Hutcheson（1694—1746），爱尔兰哲学家也是苏格兰启蒙运动的奠基者之一。

⑤ David Hume（1711—1776），英国唯心主义哲学家、不可知论者、历史学家、经济学家。

第十二章

论人类行为的自由

对于人类行为具有必然性的形而上学观点和人类行为具有自由性的观点，长期以来人们对此争执不休，迄今也未找到圆满答案。

反对人类行为必然性的人认为，每件事都需要一个因，解释为什么它是这样而非那样，人的意志受制于动机，最终总是屈服于最强的那个动机。在作出选择时，我们总是有所偏好，或受制于较强的那个动机，或受制于次强的动机。[26]

为什么对于这样一个显而易见的问题还存在诸多质疑呢？

同样，我们因此反对其他许多观点，人类的思维结构令我们拒绝表象，坚持理智，即使理论上并非这样，至少现实中是如此。

对外部世界或者物质是否存在的争论也是如此。不管伯克利和其他人对他们的观点的真理性所提出的论断有多么让人信服，即使我们以前持怀疑态度，一旦我们走入现实生活，我们就能感觉到桌子、椅子和周围其他事物的真实存在，就能感觉到人类的存在和人类的永恒，他们的身体和思想的存在和永恒，我们和他们相濡以沫，朝夕相处。否则，我们将会对别人的喜悦和痛苦变得漠然，对任何人都会漠然处之，而且，也会如此对待自己。

然而，物质世界与人类行为自由性和必然性这两个问题有很大差异。连最顽固的伯克利学派也决不会否认物质世界的存在，但是他固持己见，坚持认为，虽说我们能感受物质世界的存在，但我们的感觉、我们的思维与这种存在毫不相干。

而人类行为的自由问题完全是另外一回事，如果说我们在作选择时抛开较强的动机，选择一件事仅仅是因为我们选择了它，这种说法没有任何意义，也很荒谬。任何一个善于分析问题的人都能看出这种说法是荒唐的。

同时，每个人，必然论者也好，持相反观点的人也好，其行为都是基于人类行为自由的假设，当他走进现实生活中，一刻也不能摆脱这种信念。

---

〔26〕 *Political Justice*, Book IV, Chap. VII【原注】。《政治公正》第4卷，第7章。

关于人的思考 ▼

现在我们来分别探讨物质世界和人类思想的规律。总的来说，我们都认可前因后果或是因果的规律，这是人类智慧和道德的唯一基础。因为我们知道某种行为模式必然会带来相应的后果，所以我们会这样做而不是那样做。正是由于我们知道用某种方式给土壤施肥，并用某种方式把种子播撒在施好肥的土壤里，就会长出庄稼，所以我们从事农业劳动。同样，我们知道，若能把经验教训明明白白地讲给年轻人听，他必然会有所收获。我们还知道说服劝告、强制命令、奖励惩罚的作用，因此我们实施教育活动。所有自然科学研究、化学研究，所有水陆旅行、所有政府体系和统治学问都基于如下原则：人类的行为都受制于我们的智慧和经验，都会遵循某种特定的规律，都会产生相应的结果。

然而，我们同时也承认在物质和思想上，存在一系列有规律的因果关系，但我们能肯定地说，它们有本质的不同。从自由落体、行星绕轨道运行的规律来看，一言以蔽之，就是在所有与自然世界相关的事物中，我们完全同意绝对规律的存在。因此，当我们一发现天文学和物理学的基本规律后，我们就完全相信这些规律的恒定性。过去是如此，现在是如此，将来也是如此。我们生活在其中，我们是其中一员的这个物质世界只要存在一天，其自然规律就会不断延续下去，就有可能循环反复，千年万年。我们承认事物的永恒，但也坚信，若完全了解事物的因，便可万无一失的预测出果。我们之所以这样说，是因为自从宇宙这个机器开始运行后，自然界万物繁衍，生生不息，一切都按照自己的规律运行。

但是我们相信，或更确切地说，我们认为思维的宇宙则不是这样的。任何人只要留心观察具有思维和感觉的人类时，便会相信，人和动物都是受动机所驱使的。我们屈服于情爱、仇恨、欲望、厌恶、痛苦和喜悦的控制，我们的行为受到这些情绪的支配。我们满脑子都是思想，我们的大脑是我们的主宰，它稳坐其宝座，像一位拥有绝对权威的王子，发号施令，决定一切。简言之，自然界是被动地按照一条永恒的因果链规律生息繁衍，而人的思想却拥有一种主宰一切的能力，他的一切决定都来自于一种内在的、合理的权威的支配。

　　因此，我们提出偶然性的概念，这与一切活生生的、有感知能力的人类行为相关联。其观点是，在物质世界中，万物都会沿着自己的轨道，按其规律运行，但是由于人类的意志和行为，使每个事件的结果都有两种可能性，或是这样或是那样，两种可能性的机率各为一半，只有等到人类的大脑决定事件发展方式，才能决定事件结果。

　　这样，就如开头所提到的，我们一方面提出了人类思维的影响力，另一方面，我们也提出了人类的感情是一种即便我们竭尽全力也无法摆脱的内在主宰。每一个人都有过这种经历，这种现象被称作"自由的错觉意识"[27]。

　　虽然哲学家凯姆斯在其遗嘱中大致认同了人类行为的必然性这一说法，但对于这种会陪伴我们一生的对自由不可抗拒的情感因素，本应该得到人们的重视，而人类却从未对其进行深层的思索。倘若我们能对我们的内心世界进行认真探索，我们就会找到解答。一方面，必然论者若忽略人类思想的情感因素，他们必然不能对形成人类性格的感情冲动有足够认识。另一方面，赞成自由意志的人若一味遵循自己的信念去追求事情的结果，就会过分强调人类的性格和行为的重要性，就会使说服劝告、强制命令、奖励惩罚这种体系失去作用，从而抽掉国家管理机制的精髓，泯灭所有正常人和疯子之间的区别。

　　我不管有多少人赞成这些观点，但我完全相信，我坚持我的理解：人类的思维方式是受一定规律支配的，同时也不可避免地受到物质世界规律的支配，我们的意志所做出的决定总是由最强

---

〔27〕 The first writer, by whom this proposition was distinctly enunciated, seems to have been Lord Kaimes, in his *Essays on the Principles of Morality and Natural Religion*, published in 1751. But this ingenious author was afterwards frightened with the boldness of his own conclusions, and in the subsequent editions of his work endeavoured ineffectually to explain away what he had said 【原注】。提出这一命题的第一位作者是凯姆斯勋爵，他在 1751 年出版的《道德原则和自然宗教论文集》中有确切阐述。但这位天才作家后来也为自己作出这个结论时的莽撞所惧，在此后的书中尽力为他曾提出的论点辩解，不过都是徒劳。

关于人的思考

▼

的动机所驱使。

　　这个规律的影响深植于人类的本性中，因此，不论持任何观点的人，一旦他们投入到繁忙的现实生活中时，就会认为他们自己和其他人都是自由的个体，这一点是值得我们注意的。

　　由此，就有了我们所称作的良知，就有了对我们和其他人行为的赞扬和谴责。

　　除了情感，我们的行为显得多么可怜无助、多么没有生气。即便我相信并告诉他人，人类行为的必然性以及因果间的联系，也都是徒劳的。所有勤奋、研究、精神学科会解释这种现象，在必然性这个问题上会比其他对立的学说更加可靠。即使我所做的一切都没有情感因素，我也会说，不论我做什么，无论我做的正确与否，我无法主宰我自己的行为。那么，我为何还要烦扰自己呢？要么是自我满足的平静感觉，要么是精神上的波澜起伏或是脉搏的快速跳动，心脏的扩张，眼里闪烁着自豪光芒，血液涌上脸颊，促使我做出各种行为。这使人变成了我们想象中的神，赋予他无穷的威力，超乎常人的勇气，坚不可摧的意志力。

　　同样，我们对同胞的爱或恨，亲密或疏远，主要是基于"自由的错觉意识"。"相对于一把钝刀，我们更认可锋利的那把，因为它更有用。我们用它来切割食物，而不是用它残害他人或动物，因为前者的应用更可取。但所有对事物的认可或偏好都是与其实用性或共同利益相关的。在实用意义上，刀和人发挥的功能一样，用起来同样自由。刀的款式是由其使用目的决定的，由物质上的动机决定。人的行为模式从属于引诱和劝导。但两者在必然性上是等同的。"[28] 这些便是人类行为必然性的学说所呈现给我们的观点。

　　但是一旦进入与我们同胞朝夕相处的社会，我们内心的情感是多么的不同！"戒律的最后一条是爱。"相同的人性、相同的喜怒哀乐和价值观将我们与他人紧紧联系在一起，我们心系他们，

---

　　〔28〕　*Political Justice*, Book IV, Chap. VIII. 【原注】。选自《政治公正》第4卷，第8章。

这就是道德世界里的光辉。没有它，世界本是"巨大的日蚀和月蚀"；或者至多像一位著名作家[29]在讨论另一问题时对我们的世界的描述，我们只是生活在"一个寂静的、色彩单一的世界里"。我们因为情感和激情而存在；如果不是这些情感让我们的存在变得多样化，那么我们的生活将会在忧郁中蹉跎掉，难以维持。是生活激发了我们的情感，去取悦我们所偏爱的人或物。我们应感恩于我们的教养，用最高贵的词语来说，是我们的人性。没有它我们就没有情感，也不会有诗意（情感这个词虽已被滥用，但若赋予合理解释则可包容所有人性中的光辉）。爱与恨——作为人类拥有的情感，与自满或与其相对的发自我们内心的对无生命物质的情感相比，完全是滋生于自由的错觉意识。

称赞和谴责，这两个术语在很大程度上表达了与爱和恨相似的情感，其差异之一在于称赞和谴责从最简单的意义上说应用于单一行为，而爱与恨的情感是指构成我们所称作的性格的总体行为或行为趋势。另一差异在于，爱和恨的情感是由道德品质和其他原因所致；但称赞和谴责，针对普通人这个意义上则仅仅基于道德品质。然而，当爱恨情感表现强烈或持久时，其中可能就暗含了较大成分的道德品质因素。异性之爱，若非是特别短暂，总是包含着一个信念，就是对方便是我们爱的客体。异性之爱与友爱是有区别的，在异性之爱中我们希望看到对方表现出柔情蜜意和关心喜爱。甚至，我们对所赞赏的人的容貌、身材、举止的优雅所表现出的欣赏，都混杂着我们对所认同的行为和观点的期待，甚至更高的期望。倘若脱离这些，这种欣赏意义便不大，或是持续时间不长。同样，在情感的联系下，或是受"他像我一样也是个人"这一想法的推动下，动机对我们只会稍有牵引，除非我们发现对他人有种特别的情感，才会产生道德上的偏爱和尊敬。

并且，就像对我们的同胞一样，在与自己相关时，我们所有

---

〔29〕 Thomas Paine【原注】。托马斯·潘恩（1737—1809）英裔美国思想家、作家。

的道德情操都包含于并来源于自由的错觉意识。在这个意义上包括了美德、职责、负罪和背弃这些特殊的力量。未考虑其所指的行为时，我们绝不会下此断言。因为这些行为可能发生也可能不发生，这样便可明确自己对他人究竟是赞同还是否认。只要我们观察这些品质以及这些品质在日常生活中的体现，当然，这些品质是我们的本性，那么，正如我们大家所理解的那样，一个品德高尚的人，他完全拥有人类行为的自由，我们会认为他所做的事情是正确的。

除了源于自由的错觉意识外，职责这个术语很难说清有什么意义。根据必然性学说的观点，它指个体的行为模式，即个体用自己的能力为众生利益作出的最大努力[30]。同时，若我们用这个定义限定职责的概念，那就正如我们描述一把刀或任何一件生产者手中的工具的最佳用途，就正如我们描述一个人的能力。

但是当我们使用职责这个术语时，毫无疑问，我们持有完全不同的观点。除非我们谈及一个人的意志而非行为，否则该词语的用法并不能得到认同。

那么，职责意味着人拥有行为的自由。某种意义上包括意志王国这个概念，即思想是个仲裁者，居于其宝座，像一个独断的王子，一切得按照他的意志行事。

职责是偿还债务，履行义务。但是一把刀既不用偿还债务，也不用履行义务，只能说是用于这种或那种用途。所谓债务只是人类拥有自由的代价，而刀是被人们用于这样或那样的用途，并得到人们的称赞。

这样，大量的术语瞬时在我们面前涌现，其应用和职责一样受限于同种方式：比如说义务、债务、契约、权利、声讨、罪恶、罪行、过失、功劳、惩罚等。然而，从使用的动机意义上来讲，奖惩甚至也是可以理解的，并被普遍视为源于人类意志的自由。

因此，必然性的观点得到广泛传播，其思维模式成为人们对

---

〔30〕 *Political Justice*, Book II, Chap. IV. 【原注】。《政治公正》第 2 卷，第 4 章。

人类思维幻觉的认可。他们一直宣称，我们应当把在自由假说下的表达方式转换为必然性说的表达方式，我们的观点再也不能与最严肃的哲学相违背，我们也应摒除掉记忆中的所有谬论和妄想。他们没有意识到，他们所推崇的说法是对人类现实生活中已形成的各种交际用语的极大毁灭。他们可能还会建议我们应该牢记，在一般的生活场景中，没有颜色这类事物存在，我们平时所叫的名称在外部世界中是不存在的，仅是我们对其感知的方式。

人类行为的自由这个概念给我们带来的表情达意的方式使孩童说出的第一句话，"我要"，"我不要"，甚至在还不会说话时就能用手势清晰地表达出这个意思来了。这一点解释了他强烈的、难以控制的行为以及他的反抗。年轻人的急躁，士兵的满腔热忱，哲人的冷静和坚毅，都说明了同样的道理。意志、信心"贯穿我们生命的始终"，左右我们的行为。正是它们激发了我们坚不可摧的意志力和英雄气慨，没有这些，我们将会是最没有生气、最没有灵魂的木头，成为史诗中的影子，而不是活生生的人。

自由意志是人类科学的一个组成部分，也许可以说是其中最重要的一个部分。我们可能会先忽略掉这些让我们熟悉外部世界的情感，同样我们也可能忽视掉对人的理智、想象力、品味的考虑，未能认真思索并阐明作为我们道德精神基础的原则。这一原则让我们充满道德热情，促使我们在世界舞台上大放异彩，不管这个舞台是大还是小，并让我们对自己和他人的行为在情感上给予最生动激昂的认可或是不以为然，而这些行为推进亦或阻碍着人类的幸福。

虽然必然论者的说法同不可毁灭的人类思想不一致，当经历现实生活的考验时，他的所有表现都将化作尘土，但这一学说对于人类的思索与启迪决不会毫无意义。在清醒地面对自己时，我们不可避免地赞同这个说法，只是难以想象一位理智的人和一位哲人在理论上对人类行为的必然性所产生的怀疑。并且，这类人的数量还在持续增长，对人的本性和宇宙规律的公正的观点也在迅速向全世界传播。我们的确不能脱离爱与恨、称赞与谴责，以及对品行、职责、义务、债务、契约、权利、声明、罪恶、负疚、功劳和惩处等情感意识。如若我们真能摆脱这些情感意识，后果将不堪设想，世界将会变得一片黑暗。毫无疑问，当我们的思想拓宽，我们会无所保留的坚信，人是一部机器，受外力的控制，且被视作一种媒介，仅通过干扰已存在的因可产生一定的果。我们会看到人们所说的"情不自禁"。结果是，当我们从哲学这座高塔上俯瞰人类行为时，我们首先感到的是同情，甚至对罪犯也会产生同情，虽然我们对他的犯罪行为深恶痛绝，深表遗憾。而罪犯的品行是从他哇哇落地到婴幼儿时期就开始面对的各种环境所形成的，所有这些环境因素都是他犯罪的根源。

有一条古老的格言告诫我们："智者般思考，市井般交谈"，实际上这条哲理也适用于世间万物。这样一来，最有学问的天文学家知道，在他的研究领域中地球并非静止不动，也不是构成宇宙的中心，但在口头交谈中他会用"太阳东升西落"这样的表达方式。这样，无论我们如何理智地思考物质世界的特性和情感的本质，当我们忙于日常生活时，我们从不会想到，火不带热量，彩虹没有颜色。

同样，细想自己和周围人的行为，我们绝对不会摆脱人类行为的自由错觉意识，不会忘记良知，不会忘记爱憎情感，不会忘记对奖惩的冲动，不会忘记美德、职责、义务、权利、声明、罪恶、功劳和惩处等情感意识。对此，本文已多次提到，不再赘述。正是因为这些情感意识，我们生活的世界才会如此辉煌美丽。它们存在于我们周围活生生的人身上，存在于那些永垂不朽的历史人物身上。它们是人与动物的最大区别，是自尊的真正基石，是真正的崇高伟大。

虽然人类行为必然性的说法不会形成我们和他人交际的规则，但是它也有自身的用途。它让我们保持内心情感的平衡，并告诉我们如何根据最明智的哲理作出公正客观的判断。我们要学会"切莫生气，切莫犯罪，切莫让太阳因我们的盛怒而落下。"①切莫把同胞当作偶像崇拜，切莫将同胞视作恶魔般惧怕、诅咒。

① 出自《圣经·以弗所书》4：26。

我们要将其看作演员，"他们在舞台上昂首阔步，趾高气扬，他们在舞台上烦躁不安，历经艰辛，最后他们离开舞台，销声匿迹。"① 我们"哭泣，但又像没有哭泣过一般，我们欢喜，但又像从未欢喜过一样。我们亲眼目睹这世界所有的一切如过眼云烟，最终将慢慢消褪"。最重要的是，我们要用同情他人，怜悯他人的眼光看待别人的缺点和犯下的罪恶，相信他们同我们一样都是这台大机器上的一个零件，受一些他们无法真正掌控的动机所控制。

---

① 出自莎士比亚《麦克白》第五幕，第五场。

第十三章

论信仰

人类区别于地球上其他一切生物最显著的特征之一在于人类的理性天赋。

动物之理性，是凭经验行事，它们依照对系列事件的认知，根据以往的感觉预期未来。"动物与人同行，是同一屋檐下的房客。"动物的判断在很多时候比我们更加准确，因为它们不会被假象所误导，不会被某些不明确的结果所诱惑，而是相信它们简单的直觉，听从那些朴素、率直、明确的指令。但这只是理性的第一阶段，严格说来甚至不能假以其名。

我们的起点和它们一样，但人类开始能清楚地说话的能力使得我们将理性和推理的原始要素转变为一种代码。我们能理解对方的话语，能区分异同。我们能构建命题，能使自己摆脱感官的直接印象，能总结普遍规律。而这些认知方式仅仅以一种模糊的方式存在于动物的思维活动中。

人类的这种认知能力使我们走进了科学领域，走向那些微妙精深之处。我们能对事物进行清楚细微的解释，这些赋予了人类独特的生存秩序，因而，我们将地球上的其他生物远远抛在后面。我们交流彼此的发现，将已获得的知识完好无损的世代相传。

但在某些方面，我们又为人类的这一优越性付出了太高的代价。我们将人类才智的所有愚蠢、奢侈和罪恶都归咎于这一特性有点儿太过荒唐，以至于一些人并不愿意承认其真实性，使自己成为智商更高的人的指责对象和笑柄。更糟糕的是，这些人所信奉的命题越是荒谬愚蠢，他们就越是固持己见；由此，最为残暴和具有争议的信仰成了激烈争辩、血腥战争和野蛮屠杀的原因和借口，成了一切最让人类名声扫地事件的原因和借口——通常人们越是轻佻易变，他们之间的争端就越是激烈。

在人类部落和民族的巨大组合体中，成千上万的人相信或者以为自己相信各种信仰、各种理论、各种他们并不完全理解的术语，以及他们从未考虑过的证据。他们相信这些，是因为他们的父辈也相信这些。我们常常听见人们这样说，"我是天生的基督徒"、"我是天生的天主教徒或新教徒"。

关于人的思考 ▼ ▼

牧师接替了保姆的工作，
孩童便从此将他烦扰。

但这类信仰问题并不仅是本文主题的一部分。我的目的是要将主题限定在对这些人的思考上。这些人或多或少在某种程度上，都在追求真理的道路上运用自己的推理能力，试图检验某个有趣而重要的命题，而且都很满足于自己已经得到了一个合理的结论。

如果有人要验证一个命题，而证据恰好就在面前，且这个证据又恰好验证了这个命题的真实性，这种情况是极为罕见的。谁能摆脱青年时期强加于身的一切枷锁，对真理说"前进，不论你引向何方，我都准备跟随"？要验证一个论据是否支撑一个命题，而且是恰到好处，例如：将可怜的良心等分成二十份、精确测量一根头发等，这些论证只有超凡公证、意志极其坚定的人才能做到。

圣经上说"人心比万物都狡诈。"我们的思维如此微妙，在经历了如此众多的训导和受到各种动因的影响后，没有人能够准确地说出自己最终所得出的结论是出于何种推动力的引导。每一个质朴的人，一旦投身某种职业，比如信奉宗教的人，都渴望在作出最后的决定之前，检验他将要信奉的宗教是否值得。一旦他相信了这个选择，他才会满腔热忱、一心一意地开始自己的信仰，才会忠于职守。然而，有多少动机将促使他作出这样的选择呢？他的朋友们期待他作出这样的决定；或许是他自己的意愿，而不是别人的意志使他作出选择；也许有多少双企盼的眼睛等待他作出选择。如果通过调查思考，他最终作出相反的选择，他将会受到多少人的责骂！有谁能在作出决定的过程中不受潜意识的偏见所影响呢？在截然不同的环境下，谁能够断言自己的结论不会发生本质的变化呢？

但一个积极思考的人是永远不会停止探索的。他会不断修正和重新考虑自己最初的决定。我们敬佩这样的人，他一生的追求就是敞开胸怀，基于新的证据，得出新的结论，或从不同的视角重新审视已有的证据，得出新的结论。如果实习牧师在他的初次调查中就产生了偏见，那么在他宣誓并接受神职以后，这样的偏见将会怎样伴随他呢？在无可辩驳的证据面前，他能平静地、固持己见地面对这样的事实吗：他先前的偏见完全是错误的，而他将会因此失去自己的职业，变得举目无亲，一无所有。

但这只是最特殊的例子之一。在每个极其重要的问题里面都有一种神密的影响力，敦促我探寻一个问题的正反两个方面。我怎样做才最有利于人类幸福和进步呢？我是做自由党人还是保守党人、是相信共和政体还是君主制、是信奉意志主宰一切还是相信顺其自然的观点呢？不论是哪一种选择，都有一种"源于内心的强烈诱惑"。也许由于懦弱我成为某种信仰的追随者，因为我最亲近的朋友或对我来说最有威信的人支持我追随这种信仰。相反，如果我的进取心和勇敢精神使我相信了另一种信仰，也许这将更加有助于我明白世事和洞察秋毫，让我获得勇敢冒险家的品质，成为一个敢于将自己托付给一段未知航程的人。

在宗教问题上，即使不存在只信奉某一种宗教的问题，我们依然被告知要相信只有一种信仰能指引我们走向拯救灵魂之路。信念成了首要条件。"如果我没来与他们交谈，他们就不会有罪。"[1] 那么当一些难以察觉的弱点，一些隐秘的偏见逃过细心的观察，而潜伏在身体里面，造成"更大的罪责"时，一个人又将以怎样的心态审视和权衡对与错呢？我清楚地记得我年少时是带着怎样的兴奋和莫名的恐慌阅读异教徒的书籍和非法教义藏书的，阅读时诚惶诚恐，唯恐自己受到蛊惑。我阅读这些书籍，只是想去"证实一切"，但我不知道自己的命运将怎样，我不知道随之而来的后果是什么。即使自己这种做法没有任何杂念，仅只是出于好奇心。

反对宗教迫害是当今大家达成的共识，我们对是否属于宗教迫害的判断不是基于我们的主观意志，而对于那些我们无法改变

---

① 出自《圣经·约翰福音》15：22。

关于人的思考 ▼

的事实，我们是不应该为此受到惩罚的。这其中不无真理，但又不完全正确。我们的情感在很大程度上一方面受到自身的支配，另一方面又受到威胁和恐惧的支配。我们早已准备好拒绝那些我们希望相信，但我们即将接受的东西；我们也早已准备好拒绝那些将给我们带来耻辱和灾难的东西。但是宗教迫害具有无形的力量：在命令面前我们没有选择或拒绝某种信仰的权利。

用奖励和惩罚的手段来干扰人类世世代代的个人宗教信仰和民族宗教信仰，这到底起什么作用？这是一个令人好奇的问题。它们往往是不奏效的。人的心里有一种感觉，敦促我们愤然拒绝这样的强制专横。我们变得更加坚定地信奉那些被明令抛弃的信仰。我们在坚决的抵制中注入了我们的尊严和骄傲。"殉道者的血是教会的种子。"然而，有时宗教迫害却极为奏效。正是凡尔赛教廷的政策使得法国胡格诺派①几乎荡然无存。这就涉及到宗教迫害的程度问题，如果施加宗教迫害的宗派势力强大，手段毒辣，那么人性的力量也许无法忍受，无法与之抗拒。

善于思索的人总是致力于不懈的探索中；人类天真无邪的本性促使我们绝不满足于已经作出的努力，而是要继续向前。但思想和身体同样有一定的惰性，只有在外部因素的驱动下才会运作起来。对于行将采纳的新主张，真理的新发现，我们必须将书籍、同伴间的口头交流，或者从人类和自然现象中直接得来的想法作为最后的参考。前两者是改变人们判断力的常见因素：它们在很大程度上仅仅是较抽象的想法，这些想法易受到直接来自外部世界的暗示所影响，这与其他相关的人本身无关，他们只是新观念引入的渠道。也就是说，前两者以教育人为目的，让我们能身临其境，学到已被普遍认可的知识，以及已写入人类知识这一伟大杂志上的智慧；而后者则使我们能为人类的知识与智慧增添新的内容，在人类本性所能容忍的范围内，一步步推动人类的进步。

---

① "the Huguenots of France"，16 世纪欧洲宗教改革运动中兴起于法国而长期惨遭迫害的新教教派。

　　书籍作为前人思想的原始记录，可以赋予我们很多东西。我们生命中许多最幸福的时刻，内心许多最为纯洁高尚的情感都归功于书籍。书籍旨在教育他人，我们从中学到了文明和儒雅；我们可以像奥特韦评价女人一样肯定文学，"没有你，我们依然粗鲁。"正是如此，先贤的聪明才智才得以世代相传，我们才得以在通往天堂的阶梯上步步高攀，直到天国。

　　但正如我们从书籍中的获益无法估量一样，口头交流有某种更加透彻、更加激荡灵魂的冲击力。我们无法像合上书本一样堵上我们的耳朵；我们无法逃避那些用诚挚的语言和生动的游说来说服我们的人的感染力。正因如此，我们被告知当西塞罗在凯撒面前为里加律斯辩护时，这个征服世界的人开始动摇了，他不断改变主意，直到最后，原已签署的惩罚爱国者的宗卷从他手中滑落。突如其来的、不可抗拒的信服主要是来源于鲜活的语言。我们或许可以做好准备，对抗书籍作者的论据，但作者的推理能力却可以在不知不觉中诱导我们。话语的力量主要存在于说话者的口头交流过程中。书籍是抽象的，它使我们觉得，似乎有一个真实的人在里面与我们交谈，而他所传达的是一个像我们一样，有着血肉之躯的人的完整而又凝练的情感；一个引起我们注意，令我们心悦诚服的人的思想。而一个活生生的人用他的声音、面容、体语，促使我们权衡他所说的话，他的话就像一阵电流穿透我们全身，会永远留在我们的记忆中，萦绕在我们的梦境里。正是由于思想本质里的这种特性，我们会常常发现民族智慧里面总是不断出现奥古斯都时代，掌握强权的人互起争斗，冲突中迸发出智慧之光。而若不是这些人被置身于共同的社会团体当中，恐怕没有人会具有这样的智慧。即便如此，具体来说，一个决心要做自己力所能及的工作的人，还是应该寻求同伴之间的交流，这样他的能力就可能得到增强，就可以避免心智的迟钝和懒惰。我们在缺乏外部刺激的情况下，是很容易变得迟钝和懒惰的。

　　有些人生活孤僻，与世隔绝，很少与同伴交流思想，他们独自思忖，反复验证，以为自己已经考虑得很周全了，最终，得出自认为满意的结论。他不断地反复检验其中的论点，发现其具有不容置疑的正确性，他在心里对自己说，"我已收获颇多，这在真理的探寻之路上是一次真正的进步。显而易见，我在很大程度上充实了自己以往的知识"。然而，有时候却会发生这样的情况，这个把自己关在屋里冥思苦想的人，在与外界隔绝数周或更长时间后，只要与其他人进行口头交流，如孤岛上的罗宾逊·克鲁索，就会发现另一个自己：与鲁滨逊一样的聪明好奇，不知疲倦。并会听任自己无可辩驳地亲手击碎自己原先的观点，自己先前精心得出的严密推论顷刻间便支离破碎。新的观点摆在面前，近在咫尺，中间只隔着蝉翼般的薄纸。他惊诧于自己竟从来没有发现它。然而它确实存在：如果不是出于偶然，它可能会隐藏数周或更长的时间，也许会隐藏二十年之久。而当他一旦发现它，就会马上察觉自己曾经的沾沾自喜竟是如此荒唐，即使是一个学童也会感到羞耻。

在众多与信仰这一主题相关的现象中，同样让人感到好奇的是绝大多数质朴思想中的厌恶情绪。我们对要突然放弃相信已久的观念感到厌恶，对近于威逼地推荐我们接纳某一观念也会感到厌恶。再没有比生厌更容易的事情了。人的思想有种特质，我们能否一次容纳多种观点是个长期争议的话题。但有一点可以肯定，人类的思想所能容纳的观点在任何时刻都是极为有限的。思想就像学童的画板，只能容纳所给予画面的某些特质；又像一幅活动的全景画，只将某个特定的风景和给定的空间呈现在我们面前，而思想在我们的感知能力范围内却是一幅完整的画面。许多东西因此几乎不可避免地被排除在外，若非如此，对事物的看法也会发生本质的变化，而我们也应该知道得出的结论会是截然不同的。

乍一看，不承认面前论据里那种看起来不可抗拒的力量，实在说不过去。当真理或者说貌似的真理摆在我面前的时候，正直的性情会要求我以真理所赋予的真诚来面对。如果我反其道而行之，就会被说成性情怯懦，反应迟钝，不情愿接受证据，不喜爱所有人都必定认可的荣誉。这其实是对旧有偏见和毫无理性支撑的观点的支持。

　　如果我决定中止这场辩论，实际上我会做得更为明智，更为符合我的身份。不管现在我所论述问题的观点看起来是多么完美，论据是多么的无懈可击：真理是如此的神圣，它是如此的重要，因此我不能被貌似真理的外表所欺骗，不能给予它真正意义上的最高评价，我应该反反复复的验证，直到我得出的结论足以让我定论，并且附上我的认可"这是真理"。我们知道古代德国的歌特人有一个传统，在每一项重要的事情上他们都要进行两次辩论，一次会议在轻松愉快的气氛中进行，另一次在早晨的会议上心平气和地进行。马其顿的菲利普国王轻率的判决了一起诉讼，被他定罪的一方立刻对宣判提出异议要求上诉。"你们要向谁上诉？"国王问，回答是："向拥有准确判断力的菲利普"。

　　大量的想法，成堆的证据，堆积的事实，在关键时刻我们却往往想不起来——这是人类思考问题时的特征——至少我发现我是如此。现在呈现在我脑海里的观点是如此的天衣无缝，光彩夺目，而其他的一切都被抛得远远的，尽管它们也许更重要，它们对我正在处理的问题也许有着同等的影响力，但却统统被我拒之门外，消灭殆尽，使它们无法影响我目前的观点。

　　这里有一个令人好奇的例子：蒲柏，一个有着卓越的逻辑思维能力和敏锐力判断力的人，他年轻时不经意地收集到了詹姆斯二世统治时期的两个不同宗派撰写的文集，他潜心阅读，读完最后一本时，他得出的结论是，他们时而是天主教徒，时而是新教徒[31]。

　　在人类的理解过程中，这种情形是众所周知的，这也是政治社会宪章中许多条款的基础。每一个人的观点是如何形成的，并如何成为他行为规范的那些理念。当然，这是他自己做主的事情。但是，当他被邀以集体的名义行事，对公众感兴趣的事件作出决定的时候，他必定感觉到自己必须慎之又慎。坐在法官席上的一名首席法官，在处理需要抽象推理逻辑的案件时，是不会像

────────────

〔31〕　Correspondence with Atterbury, Letter IV【原注】。与阿特伯里的通信，信件IV。

关于人的思考
▼

一个普通人一样，凭着自己的智慧闪光来行事的。他感到他有义务等待证据，等待他还未曾知道的事实，他有义务延迟审判。一个审议庭或立法机构非常清楚反复验证的必要性。正是基于这项原则，英国议会的两个议院在将一个条款写进法律以前要求一审、二审、三审以及其他一些复杂程序。此外，我还要强调的是，还有许多其他基本规则和基本原则，这些规则和原则对个人来说比对整个国家更为重要，我们将它们称之为议会法案。

对自己的信念坚定不移非常重要，不要摇摆不定，这样你会在同伴中失去威信。耶稣问："是什么使你步入荒野去看风中摇摆的芦苇？"我们应该时时直面我们的信念。我们应该随时聆听证据。但是，要小心我们人类的弱点，我们不应该轻易赞同第一次呈现在眼前的提议，不管它是多么貌似有理。对任何重大事件的提议我们应该牢记在心，不要忘记它们的重要性和影响力，然后，通过认真思考，反复斟酌，我们才能最终完全地、毫无保留地赞同这个提议。

沙夫茨伯里伯爵对信仰或信念的本质已经作出了很好的解释。[32] 个人的心中都充溢着许多观念和判断，它们相互矛盾，互不兼容。从这种意义上来看，人们的许多观点受他们的情绪起伏，身体状况和天气的影响。但是严格说来，当一个人处于最清醒的状态下，他才是他真正的自我，这时，他最不容易受到外界的影响，只有在这时，他的观点才是他真正的信念。我要强调的是，一个人常常不知道他真正的信念是什么。我们说不清楚我们相信什么，我们常常事后在没有任何根据的情况下改变我们先前的决定。但是有多少例子可以证明，我们确定自己能清楚记得所有曾经发生的事情和推理，记得所有的决定，记得我们为什么作出这样的决定，并且确定我们的决定是合理的、公证的。

本文所作论述决不是说如何作决定不重要。正是人类超凡的本性使我们有能力承认事实，权衡利弊，作出准确的判断。通过

〔32〕　Enquiry concerning *Virtue*, Book 1, Part 1, Section ii【原注】。见《关于美德》，第一卷，第一章，第二节。

认真思考，不管结论如何，我们最终可以心安理得，因为我们竭尽全力，作出了我们认为最完美的决定。我们从中学会的是，我们不应该过于自信，应该善于接受新观点。尽管我们完成了一件事，我们仍然无知愚昧、目光短浅、容易犯错误。也许我们曾认为最完美的结论最终完全是错误的，我们曾认为最明智的判断最终愚蠢至极。

第十四章

论青年和老年

孩子们应该（对老人）心存敬畏

——昆体良

　　在写以下短文的时候，我的疑虑超过了写前面的任何一部分。我的疑虑是：我在什么程度上反映了人类整体的本性，或者我仅仅是在某种意义上记录了我作为一个人的个体自身感受。无论如何，我在前言中陈述的写作原则不变，这一原则之下，我书中所有的部分都着力于阐述一些新的、有趣的真理，或者从新的角度上考察一些已知事实，我确信，这样的视角在以前任何一位作家公开的作品中从未有过。

　　教育，在处于导师地位的人看来，要采用各种手段使其达到应有的效果，斥责和惩罚是其中的有效手段。

　　古往今来，世上最睿智的人的哲学，来自于对自身的内省。通过审视我们自身，专注于我们内心深处的一点一滴，剖析我们的动机，一步步循着思想流动的轨迹，在外部动因影响我们情感和行为的时候，作出勤勉公允的评价。从苏格拉底学说盛行的时代开始，哲学家们就已经发现人类心智最基本的特质是由共同的特点决定的，因而对于个体的分析可以建立在对同一类属整体共性的把握上。如果这一原则不能成立，要再提出其他什么更好的方式很难。凝视内心深处，从容专注于把握胸中的丝丝缕缕，面对人类智慧的滚滚巨流，我能做的也仅限于此。

　　因此，以刚才的观点来看待教育，我反观自身，得出了这样的结论——如果我没有能力代表人类的全体，至少我还可以代表他们中相当多的人。

　　于是，在自己身上，从能够想到的最为长久的记忆中，我找到了教育感化浸润的纹理，印迹鲜明。不论教育教给了我什么，都与我自身本性和能力相合，因而我愿意去学习接受。这点也是我要探讨主题的立论基础。除了自由开放、坦诚直接的模式外，我无意去考察任何其他方式的教育。也就是说，在此，我不会去论述一个农民、工匠或者奴隶的教育。

关于人的思考 ▼

教育感化特有的氛围，激励我去学习任何知识来提高自身素质和教诲自己。此外，我本身也满怀雄心壮志，有某种强烈的欲望去学习、去掌握那些能给人尊严，能使我超越同辈人的资质。我渴望成为一个领导者，在众人艳羡之下自得意满。我并不想通过暴力和强迫来行使我的领导艺术，我想要用的是爱、荣誉和人性的关怀。

我认为，在我谈到自己的很多情况时，我没有别出心裁地提出任何闻所未闻的奇谈怪论，或者提出和众人意见相左的观点。

而我考虑的问题是，一个青年人具有了一定素质，也有了意向，我们应该以怎样的方式，以什么为动力来引导他开始学习文科七艺。

远的不提，我就从拉丁文的学习说起。当我开始学习拉丁文的时候，所有在我眼前呈现的都是如此简单，学习对我而言根本就不算是负担。我入门很快，甚至没有人给我解释拉丁文对我有什么用，或者为什么必须去背名词的格和动词的时态。我不清楚这是否是因为我的导师嫌麻烦或者认为我的能力不足以理解学习拉丁文的必要性和重要性。当然我自己不认为我理解力不足。但我顺从于教诲，对要求我要做的事从未产生过反感。开始的时候，我疑问重重，无人遐顾，我认定，父亲书房里所有英语书中，并没有包纳我需要了解的所有知识的书。但我不久就感受到把表述在一种未知语言中的思想转换成自己母语的乐趣，并很快就明白如果不学习那些（拉丁文的）经典著作，我永远也不可能达到那些出类拔萃的学者的高度，而成为他们中的一员，正是我的抱负。

那么，什么样的困难障碍会羁绊我学习中轻快平滑的步伐？我想到的有两点：

首先是反复无常和三心二意，这种情况或多或少困扰着所有人的心智，特别是在我们很年轻的时候。不论我们怎么听话，心里怎么乐意学习，总有些时候，其他事物强有力地吸引着我们，或者厌倦情绪蔓延，使我们心甘情愿把我们的注意力转向其他事而不是规定应该完成的任务。但这种障碍的作用有限，导师的权威，一个严肃的眼神，或者适度的耐心劝导就会很容易地去除这种初学者用心不专的情况。

另一个障碍就是自以为是。学者们总是过高估计自己的能力，虚荣心驱使下，他们总想尽可能在最短的时间内完成规定任务。他们总是迫不及待地放下手中该完成的任务，去做自己选择的事，或者做那些和他脾性相投的事。他们骄傲的对自己说："这就是要我花几个小时完成的事，而我不到一个小时就能做完了。"但这种自以为是的观念很容易克服。如果学生计算错误，实际的演算就能很快证明他自己的错误。为此，他会感到羞愧。只要让他从头学习他的课程，就已经算是对他的惩罚了。

由此可想，一个率真的青年，拥有足够能力完成规定的任务。在引导下，可以走上掌握知识和自我提高的金光大道。这就要求导师要有一定程度的耐心。但是，谁曾想到，如果遇到的导师是这个世界上要求最严格的，可能你不得不就耐心这样的基本素质提出专门要求。和缓的语气和鼓励能够激励困境中的学习者，有时也可以使用严厉的话语。而且，如果导师和学生像朋友一样相处融洽，严厉的话，责备的眼神，都可以是有力的手段。导师的指导应该是平和的，要通过让学生理解，提高学生的品味，帮助他体验正在学习的文章中的美妙之处。

我现在谈谈本文开始所提及的两种手段：斥责和惩罚。

和前文类似，我还是回到自己的经历，考察我自己心智发展的历程。

我要说的是，教育中，几乎没有必要采用斥责的手段。毫无疑问，学生错了，应该告诉他，告诉他什么应该略过，什么必须完成。此时应该毫无保留。如果面对是可能阻碍学生今后学习的错误、坏习惯和其他危险，那些说话拐弯抹角或者说话不够坦率的导师，应该受到最严厉的责备。

只用几句话，用最恰当的方式告诉迫切需要得到纠正的学生，说清楚他们的毛病和问题，学生就能得到最大的好处。多余的废话整个就是害人不浅的浮夸，是谈话的顽疾，与流传不息的优雅话语和其所承载的健康内容完全不能相提并论。

关于人的思考

▼

　　当说话人处于裁判者的地位，觉得自己能够随心所欲不受约束想说什么就说什么的时候，总是有说话罗嗦的危险。他迷醉于自己的声音，无数语句从他的舌尖流出，他自在地说个不停，用自己的话语营造了一个王国，在这里，心智沉溺于权力的无限行使，无休无止。此时学生卑微地站在他的导师面前，顺从地俯首于他的责备。导师的话超过了需要的限度，忘记了在洋洋得意中规范自身的行为。而导师自己认为没有过度的危险，正好应了那句老话（and recollects the old proverb）："话语伤不倒人"。①

　　对率直的青年而言，不恰当地多说一个音节，实质上都是有害的，因为他们的心智敏感而又微妙，很容易发生偏斜。他们轻信几乎每一件让他们相信的事，相信对于他们的善意责备是真实可靠的，轻易就服从于那些善意警告，认定其中满溢着所有友谊和真诚的表示。如果这种责备是不负责任的，让人感到恼火，他们就会感受到压迫，体会不公正指责带来的屈辱。他们还没有领悟到他们现在的处境就像奴隶，尽管能体验到处于这种地位的某种不安，他也不会冒险把这种想法表达出来。他把这种受专制压迫的体验深藏于心，这也是独立、反抗和原罪的第一课。

　　如果我们把各种不同的错误和犯错人混为一谈，我们可能就犯下了某种最严重的错误，为此，我们会内疚不已。人类社会中，大大小小相似的错误以五彩斑斓的场景呈现，如果我们严厉地去指责或者评价一个犯错的年轻人，而年轻人自己对此并不了解，也确实不是有意为之，我们就立刻从他们心中抹掉了上千个有益的正确的界线，混淆了他头脑中关于对和错的种种观念，使其陷入一团怪异可怕的混乱之中。文艺知识的授业人应保证不要把自己的角色和季审法院的法官混为一谈。尽管授业人面对的不是最罪孽深重穷凶极恶的罪犯，就他们的罪行作出判决，但很多时候出现在他面前的是犯了错误的青年人，品德和性格已经基本定型。这些年轻人受放纵和肆意挥霍的影响，经过日积月累，已

---

　　①　"Words break no bones."谚语，原句为："Hard words break no bones."恶语伤不倒人。

经形成了某种鲁莽的个性，教育反而使他们具有嘲讽公正的个性，他们还以能够承受措词严厉的批评和不畏惩罚的精神而沾沾自喜。

如果要对导师们喜欢使用的苦涩、怨毒和让人感到屈辱的斥责作出判断的话，那么对于斥责这一话题，实在没有必要再说什么。作为一个不得不采用的权宜之计，斥责也只能用在学生拒不服从或者反抗的时候。导师这时候也应该清醒地意识到："这确实是一个很深的耻辱。我应该做的是唤起青年人的理解和自然的感觉，而我所作的斥责只能算证明了自己无能。"

但我在本文中想提出的话题，总而言之，是导师们如此频繁使用的语言。他们在烦躁不安的心态下，往往会说："从此以后，等你能够做出成熟的判断，你会对我现在所表现的严厉感激万分的。"

错误。肯定的回答是：这一时刻永远都不会到来。

正如我前面的文章[32]中所作的那样，我想说的是：人和人之间天赋的差距并不是人们想象的那么大。把差距看得太大，从而将孩子和成人划分开来，认为小孩好像属于完全不同的种群，这样的做法犯了一个大错。

回溯青春的岁月，我很难找到一条泾渭分明的界线将鲁莽笨拙和成熟划分开来。我能想到的是，当时很多思想常常闪现睿智的火花；很多意见，都凸现了天才的创见；作出的判断不乏入微的洞见。感觉自己从头到尾就是一个和其他人没有差别的个体。

有时我又无缘无故自以为是，有时又毫无必要地疑虑满腹。人生的各种经历教诲我，让我对自己作出的决定有适度的信心，如果说要有的话，这就是全部的差异吧。换言之，那时我的工具和现在相同，但是掌握的材料库存却供应不足。像《罗米欧和朱丽叶》中的药剂师，我虽有本领，可是我的药品架上却储藏可怜。

稀疏地散放着几只空匣子

〔32〕　Essay II. 【原注】。见前文第二章。

关于人的思考

▼
▼

几段包扎的麻绳，还有几朵陈年的干玫瑰花
作为聊胜于无的点缀 。①

　　说起我年轻时的智力，我可能留有余地。"熟能生巧"确实
如此。但是让人惊讶的是，在敏捷温顺的年轻时代，可以赞颂的
东西实在太多了。初学者，生机勃勃，思维敏捷，（像打铁一样）
能够在恰当的地方用大铁锤给予应有的一击，用的力度精确恰到
好处。他们能够紧紧抓住恰当的线索，尽管可能经历一次又一次
失败，总体上总表现出智慧的光芒，对此，我们几乎无法解释。
最终事业会取得成功的人，在人生刚刚开始的时候，总会表现出
他取得成功的必然性。

　　由此，儿童和成人之间没有根本的差异。儿童成长中，他的
肌肉变得越来越结实，越来越强健有力，各部分经络更为完全紧
密地结合在一起。本质上，他和以前还是一个人。当一个真正的
哲人把一个刚出生的孩子抱在怀里，仔细观察，他的眼中看到的
是性情的种种表现和性格的萌芽。所有这些都在这里，尽管被包
裹着，混沌着，不受粗心大意的旁观者的影响。它们将伴随小孩
成长的一生，随着孩子的成长而长大，到小孩变老直到进入坟墓
为止，永远不会离弃。期望通过巧妙的法则和世俗的观念来分离
不可拆分的东西，是多么怪异荒诞的想法啊！小孩有时候神色凝
重苦思冥想，能够得出论据充分的推论，他吸取过去的果实，投
身于未来宽阔的海洋。步入青年时代后，相应地，他严肃的时候
更多了，逐渐形成自己的意见和判断，其中有些不随时光的流逝
而改变。每一新的事物在感观上生成犀利的映象，心智不受任何
羁绊，每一种兴趣和感受使我们觉醒，敏锐观察，我们感官的第
一次经历不能不处处留下痕迹。此时，我们开始堆积我们永无枯
竭的储藏。我们的头脑既不迟钝也不衰弱。刚刚离开慷慨的造物
主的手，我们将感观置于这个世界，还未落入感觉全无的俗套，
还没有受到傲慢无理，肆无忌惮和其他类似恶习的教唆。童年是

_____

　　① 莎士比亚《罗米欧和朱丽叶》第五幕，第一场，朱生豪译。

美好的，青春是纯真无暇的，只有和所有装点这一尘世美景敌对的教育原则，凭借暴力和专制的魔爪，才会摧残这一造物引以为傲的最美的花朵。

于是，几乎是不可避免的，当成年人想到他年轻时的往事，他还是会形成同样的相关的结论，正如当时他面对这些事的情形一样。对此，他不能不感到某种惊讶。西塞罗说："形成的观念很快流逝，但得出结论和规律的本性由此而强化。"让人难以接受的责备和暴力行为是弱智、烦躁不安的产物，永远不可能向冷静和公正的方向衍变。此外，如果这样的教育行为方式让一个平等中立的旁观者来评判的话，我们可以肯定，当这位慎重有知识的监护人想到他自己的青年时代，回忆当初自己也曾沦为这种无节制苛责的牺牲品，他会强烈谴责这样的行为方式。他对于这样的、自己本身也有过深切体验的情况的关注，将启迪自己相应的理念，并用心地保证自己行为公正。有念于此，所有的评述交流都可以结束，一切都回复到宇宙洪荒前的场景：他会坚定地进行权衡，这种权衡的结果是他将拒绝所有的可能向非此即彼的错误方向偏斜的倾向。当时他对某事所作出的判断，和他由此感受的屈辱，会一直留存于心。岁月流逝，浸蚀人生，不可抗拒。只有青年成熟期的情感，心胸开阔的成人观念，还一直萦绕左右。

第十五章

论爱和友谊

有人曾说过："只有在平等的人之间才有爱情。"不论是谁说的，这种观念人所共知，也常常挂在每个人嘴边。反过来，也同样成立，而且正是我们道义本性中值得赞美的大秘密。

我所理解的爱，不是平和静谧、欲说还休的情感，而是我们头脑中迸发的激情。我们可以毫不犹豫地接纳我们认可的其他人，不去计较他们和我们究竟是什么样的关系，这种关系是否平等或者是其他什么样的关系。但我在此想到的是，当有着这一强烈情感的人是如何与他人的欢乐和悲伤取得共鸣的，是怎样渴望满足，希求安宁，不愿看到他人受到伤害。换言之，就是有着最大牺牲精神的感情，使沉溺其中的人为了他人把自己的利益搁置一边。

把爱看作激情的一种，绝非想当然。我要说的是，没有激情，就没有由此而生的爱，没有随之而来的翩翩浮想。如果什么事都清清楚楚，可以掂量，受制于规则，就不可能有爱。这种情感控制下，我必须更多地专注于虚无而不是现实的存在，更多地凝神于不可见的虚空而不是眼前的实际场景。我的神思游离于过去和将来，缅怀逝去的岁月，憧憬未来。现实的影像在我的脑海中不可避免地湮没了。只有步入重重迷障，直到前方模糊，无可明辨，却又朦胧欲现，无形无色，驱你向前，用自己体验的快乐和能够想到的最佳方式去充实心灵的时候，你才真正感受到这种情感。

父母和孩子之间永远续存的关爱，是人类爱的情感的最充分体现。

不无偏颇地说，爱的情感在人类社会中更多的指另外一种关系，即两性之间的爱。但是，如果我们严格地分析这种关系，我们会发现异性之间的激情中最美又是最神圣的部分往往和后代相关。如果不是其中蕴涵繁衍新生命的神秘性，弥尔顿称之为"神秘的夫妇欢爱之礼"对于心智略高于野蛮人的人而言几乎没有魅力。没有这样的前提，一个男人和一个女人很难学会生活在一起，也鲜有可能会形成家庭；这种情况下的每一次交合只能是"随意、无趣、隔膜的"，它不能带来优雅、至美和增光添彩的感受，只能算是满足动物饥渴冲动下的欲求。想到这些，我可以毫不犹豫地说：父母和孩子之间永远续存的关爱，是人类爱的情感的最大体现。

这种情感最初的特点是对于保护人和被保护人的清醒认识。我们的激情不能在懒惰中存续，激情和行动必须协调一致，激情产生行动，行动给激情以澎湃的力量。对于无法企及的事，我们不可能有强烈的愿望。我想要有翅膀的愿望非常微弱，一个普通人也很难期望自己成为国王或者统治者。普通人中，只有疯子才可能爱上公主。但是如果是我能够得到，恰好在我力所能及的范围，是适合于我的，激情就会循迹而来。同样，只有自己感觉到对他人所具有的重要意义，我才可能强烈地去爱他，关注他的成功或失败。爱，就不能无所作为。感动他人，自己也被他人所感动，这就是我要求的普通的爱的本质，其他的按逻辑发展和定义限定的情感，与自己的切肤感受和实际情形无关。

还有什么比父母对孩子的爱能够解说得更为清楚分明的？父母和孩子之间交织的爱意让整个世界流光溢彩，由此而产生的一切都使生命变得意义非凡。其他任何表露彰显我们本性的倾向都源自于此，或者是这种情感的复制品，就像从树干上分生而出的枝桠，或者从一个模子里铸出来的一样，有着他们的形状、个性和灵魂。但是还是有人内行地、不遗余力地去夺走使我们生存世界熠熠生辉的这一切，在他们眼中，这样的情感毫无可取之处，他们看到的不是自私，就是偏见和迷信。

父母对于孩子的爱由两个简单的因素培育形成：第一，对象能够多多受益，第二，我由此产生的力量是伟大而无穷的。

当一个婴儿出现在我面前，我的眼前将呈现出一个多么广阔的情感和思想的天地啊！如果婴儿只是很偶然的进入人们的视线，很少有人能屈尊，费心去探索理解婴儿的世界。但是，如果我今天才开始认识一个婴儿，对他的认知可能直到我们两个中的一个人离开这个世界的时候都还不能结束。在看到这个小东西的时候，我怎么可能不想到他的将来，他要历经的人生的一个个阶段，他命中注定要阅历的各种场景，命运的兴衰变迁？看着这个婴儿，就像在我面前打开了一本命运之书。他，无助而又几乎是无动于衷的，蕴藏着将来的许许多多的悲伤和欢乐。总会有一天，他会拥有令人生畏的不可预知的力量，给他周围的一切带来痛苦和折磨，或者散播福祉、智慧、美德和快乐。我会考虑各种各样人类的最后归宿，在我的想象中，我至少还可以选择我最喜欢的方式，我从各种角度去揭示，去追循可能的命运，体察人生道路上的困扰、命运道路上的丛丛荆棘和艰辛，在我的冥思苦想中想象出他引以为傲的动人的、愉悦的荣耀。

但是，如果我眼前的这个婴儿支配了我的想象力，让我对他充满爱意，当他一年一年逐渐长大，我的兴趣和关注将会怎样地与日俱增！首先，我认同福音中所说的"尽管未见，但我相信。"但是，随着他能力的扩展，我会更加了解他。他的小眼睛开始闪烁智慧的光芒，他的舌头吐出一个可以让人明白的故事，他的声调、姿势和态度，所有这一切开始暗示我，他将成为什么样的人。就像一个花匠，收到来自远方的一株过于奇异的植物，首先他看到的只是植物的茎、叶子和有着和叶子同色的蓓蕾。当他一天天看着这植物，时时刻刻观察包裹这花朵的花冠，分开、露出一种颜色，然后是另外一种，直到花萼逐渐向下，越来越靠近花茎，花朵的形状开始出现，向着迷醉的赏花人，骄傲地绽放，光芒四射。——而孩子学会的每一课，作出的每一个评论，从事的每一种运动，作出的每一样选择，和他的玩伴相处的时候的举止，都体现他的权威和服从的方式和性格，都使他越来越成为一个独立的个体，并为我的智慧和预言开启一个更加广阔的天地，促使我思索他会成为什么样的人，他能够成为什么样的人。

但是，正如已经提到过的，我对他兴趣的起点和终点，在于我所拥有的影响、指引他性格和命运发展的巨大能力。起初这种能力是抽象的，但是，一旦这一能力已经形成影响力（如同将政治作为一门科学研究的作者在考察财产中所注意到的），汗水融入我收获的果实，我的兴趣与日俱增。除了我自己，没有人能够明了我的观点并且完全照此行事，如果我不能善始善终，我所考虑的培养方案会受到损害。

还是会有人说，所有这些人本性中最美的心态，人性光荣的皇冠，不过只是纯粹的自私自利。

那么，让我们从父母一方，转到子女对父母的敬爱。

这个主题所犯的大错源自于把它抽象出来孤立对待。审慎地说，当我的父亲偶然将我带入尘世，他并未预计到要带给我什么福祉，因而，我也不必心存感激。从这个理智的角度推论，孩子对父母应承担的责任仅仅是一种欺骗性的说法，一种老人用来骗取年轻人孝顺的伎俩。

我乐意承认，就联结父子之间的物质纽带而言，本身是没有任何价值的，如果有人和他父亲的关系仅限于此，那么他和他父亲之间也互不亏欠。这种自然无趣的关系正如耶稣话中所指的芥菜籽的颗粒，"本身是所有种籽中最微不足道的，但是，当它发芽成长起来变成参天大树，空中的鸟儿就会飞来在枝桠中落脚"。

对应向父亲尽的义务，感情冷漠的人可能知之甚少，但是如果他能够回想起过去，看到和现在不一样的情况，他会从一个完全不同的角度来看待这一问题。那不可胜数的困乏（绝大多数情况下）、艰辛、痛苦和焦虑，从每个小孩出生的第一个小时开始，不停地困扰着孩子的父亲。如果他能了解到在父亲的怀抱中，伴随成长过程的无尽关爱，柔和而又炽烈的感情，几乎是难以置信的付出和努力，他就会静下心来，不是去想他不欠父亲什么，而是惊讶于一个人怎么能够为另外一个同类做那么多的事。

也许一个陌生人也可以对孩子做同样多的事，但完完全全像父亲一样投入和付出几乎是不可能的。陌生人首先需要的是动机和考量，"这个自然伟大造化的小生命属于我，由我来关照他"。由于陌生人在开始的时候，并没有父子之间那种完全的联系，在今后的岁月中，这种联系也不可能建立。这个小小的流浪者就像在母鸡窝中孵化的小鸭子；当小东西开始感悟到自己与生俱来的本性，他可能每天都会有脱离他的监护人，投入到另外一个环境中的危险。

就算我们抛开前面这些考虑，孩子对于养父母的爱，缺乏实质性的联系。我可以这样说，缺乏经自然伟大之手塑造并形成的天然联系。如果只是父子和血缘关系的条件下不能产生义务，但是这样的关系确立了父子之间的紧密联系。自然中最值得注意、最难以解说的，就是在所有联系中最微不足道的一种，（就此而言，从字面上说，就是父子之间的关系），如此之多的巧合是怎样发生的？孩子的外貌特征、气质、情绪和性情都酷肖他的父母，而同时又自有其特别之处，他同样是一个全新的独立的人。有种观点由此认为孩子只是父亲的复制品，是父亲的翻版。关爱的一个不可忽视的原则是他们都带有一个共同的本性，人类同属一个物种，因此在某种程度上每一个国家和每一个家庭都有着共同的本性，这个因素，作用于已经讨论过的道义和精神的联结，无疑会使这种联结更为紧密、更趋完美。

　　但这点也不是我们在考虑父子关系时最恰当的观点。我还是回到我开始的立场：没有想象力的地方，就不可能有激情，也没有由此产生的爱。没有父母不了解他的儿女，也没有儿女不明了他的父母。我们知道慈爱的父母把自己的儿女看作是未开的花蕾，看作是一种将要展开的力的蕴藏，看作是一个将要踏上旅程的人，看作是有"有着广阔空间和疆域"的画布，在无止境的想象中伸展他预言的精魂，用睿智的铅笔在上面填满各种场景和命运。如果父母不了解他的儿女，同样肯定的是他的儿女也对父母一无所知。一旦这种关系以其最美的方式存续，父母就像上帝一样，对他的后代有着超自然的力量。父亲在孩子面前，犹如先知圣贤，孩子向父亲提出他所有的小问题，从父亲身上，他学到了自然的哲理、他的道德观、他的行为准则、他的宗教理念和信条。孩子对每一点都充满疑惑，而父亲是一部巨大的百科全书，包罗万象，不但有自然科学的知识，还有情感、洞察敏锐的睿智、来自实践的学问和正义公理的教诲，孩子无时无刻不在此中受教；每次都有所收益。尽管缺乏经验、感觉迟钝的父母努力用权威去控制孩子心智的发育，为孩子定下了严酷的强制他必须遵从的教条，孩子完全无可奈何地敞开心胸，以无限的顺从接受每一教导，完全依赖于自然赋予他的贤人的教化。习惯，多么美好！自然不可估量的利益，支撑着我稚嫩的力量不断吸取营养，走向成熟，而且没有放任我以蹒跚的步履徘徊于巨大的沙漠一样的社会！

但是孩子不仅仅因为冥思苦想的智慧而尊敬他的父母，在父母身上，他看到无尽的爱的源泉、归属感和心心相印的感应。这样的感觉使他从来不会发生错误，对他而言，是一个迷。他说，我是什么？为什么会受到如此对待？这样的感觉来自哪里？他既看不到这种感情的源泉，也无从琢磨它的范围。他面对的，是一个深不可测无边无岸的大海。

他相信爱的慷慨施予中的深意。他发现了父亲蕴集的智识和判断，使他信任，让他坚定。很多情况下，这种含蓄起初是模糊不清充满迷雾的，事实教会他让他承认它是真实的、可靠的。早在他的理解力建立起自己独立的体系，教会他识辨父亲决定以前，激情失控有时会刺激孩子，使他质疑父母的指令。

也许我应该先提出来，我们这里讨论的父子关系，不包括那些违背自然进程的，让人伤心全然没有价值的例子，我们要说的是父亲的性格总体上说是让人尊重的，这种关系的准则也发挥了真正的作用。这种情况下，孩子不仅在他父母身上发现智慧和善良表现的典范，还从各个角度对父母进行接触了解。人性中存在着一种善良的默契，就是不要去诋毁自己下一代持有的荣誉感，这也是在同一屋檐下生活着的各个年龄家庭成员之间不可或缺的和完全依赖的原则。而且，正是考虑到这点，在孩子眼中，男人们主要是被看成是父亲的朋友和同事，这种倾向是自然的规律，除了我们喜欢的人，除了那些对我们青睐有加的人，我们通常不会太多地联系他人。

因此，孩子以各种方式深深崇拜自己的父母，把父母当成是智慧之书，人生的哲学家和向导。他熟知父亲谈起过的真正的朋友，一个常来常往的伙伴和某种公正和荣誉，他在父亲身上，也有此感受。这些就是慈爱真正关注的焦点——智慧和仁慈，当这种仁慈投射到他所爱的人身上的时候，心中会更加珍视这样的感情。首先，因为在所有几乎不可避免的情况下，我们最高兴的是人家对我们做了好事；其次，正因为这种情况很少发生，我们能更深刻地领悟到人家对我们的好，不论是结果还是过程。

　　所有宗教中起作用的原则都是建立在父子之间这种熟悉和敏感的关系之上的：要明白人心中是否能够想清楚这个主题，我们只需要读读上帝所写的关于他和他创造物之间爱的许多雄辩而又闪光的言辞，和创造物与之相回应的对上帝的敬爱。我现在不是要从一个深邃的层次上来探讨宗教或者从宗教不同的教派和体系中寻求什么是真理，只是以宗教为例，考察不同年龄的人头脑中是如何对待爱这个主题的。

　　我们视线所及，是浩瀚的宇宙，是宇宙中让人敬畏的和谐和结构的精妙，它们以无比巨大和细微的形式呈现，从宗教的角度看，它们是纯粹的爱的发散，是它伟大的作者以强力的冲动和澎湃的激情实现心中的想法的表现形式和产生欢乐的源泉。上天眷顾我们，小麻雀也死得其所，"如果我们的一根头发掉在世界上最偏远的沙漠地上，造物主（世界感受的中枢，我们的造物主）都会感受到振动。"这就是永无止境绵延不断的爱。由此想到基督教学说中特别之处，"一个人为了他的朋友牺牲自己的生命，没有比此更伟大的爱：上帝如此眷爱这个世界，他让他唯一亲生的儿子来到这个世界含愤忍辱、屈辱的死去，为的是我们能够在世上活下去。"①

　　如果从另外一方面来看待造物对造物主的爱，我们会发现我们所假设的最率真的孩子对于最值得尊重的父母的爱，只是这种关系产生出来的激情中非常细微的一部分。上帝那里，是在最神圣的书中所表现的那样，是能够控制爱的所有事物，是能想到的所有智慧，所有能够实施的权力，是能够付诸行动的仁慈，完美并且让人尊敬。我们迷失于沉思中，对于他巨大无边和深邃的完美充满无比敬畏。"善和完美的天赋来自于天父，和他在一起，一切都是恒定，没有变化转折的阴影。"②所有情感中最让人满意让人感到慰籍的是人们完全信任这种神圣的仁慈，任何不幸或灾

① 出自《圣经·约翰福音》15：13。
② 出自《圣经·雅阁书》1：17。

难都不能动摇对他的依赖，在每一次不幸降临的时候，支撑着他维系这一情感，在经历的每一件事中都看到上帝的身影，感叹到"让我受苦是件好事"，相信对虔诚和正直的人"所有的经历都是来自上天的祝福"①，内心深处认定"我们轻微的苦难，仅仅持续很短的时间，是为超越平常达到永恒光荣而承受的苦难，以负重的方式表达诚挚的奉献"。②

从这些伟大的原型推论，我们还会发现，父母和儿女，造物主和造物之间的爱，如此完美的爱的联结，存在同样的不可分割不均衡的付出。古人们有过许多关于友谊的最真实和最激动人心的观念，最有名的例子包括阿基里斯和普特洛克勒斯③，奥列斯特和皮拉得斯④，埃涅阿斯和阿卡忒斯⑤，赛勒斯⑥和阿拉斯卑斯，亚历山大和赫费斯提翁⑦，西庇阿⑧和莱伊利乌斯⑨。他们之间凝结而成的友谊，都是真正的英雄、有崇高抱负的人之间的友谊。这些高尚的个体身上，体现着历史学家或诗人认为能够达到或者实现的完美的典范，他们一个个谦逊质朴，是信心和力量的依靠。这种关系的伟大秘密在马其顿的征服者的话中得到了体现："克拉特鲁斯⑩爱戴国王，但是赫费斯提翁爱亚历山大。"友谊对高尚者而言是静谧的休憩之地，是心灵能够随心所欲的处所。伟人，不论他的完美体现在哪一方面，总有他的伟大之处，他面对整个世界，接受世界对他成就表达的敬意。此后不久，他

---

① 出自《圣经·诗篇》119：71。

② 出自《圣经·歌林多后书》。

③ Achilles and Patroclus，希腊神话人物。

④ Orestes and Pylades，希腊神话人物。

⑤ Aeneas and Achates，特洛伊战争中的勇士。

⑥ Cyrus the Great（约公元前590—前529），称为居鲁士大帝，波斯皇帝（公元前550—529年）。Araspes 米堤亚人，居鲁士大帝的好友。

⑦ Hephaestion（公元前356—前324），马其顿贵族 Amyntor 之子，因他是亚历山大大帝的亲密朋友而盛名于史。

⑧ Scipio Africanus（约公元前237—前183），古罗马统帅。

⑨ Gaius Laelius（约公元前235—前160），罗马执政官与将领，是 Scipio Africanus 的好友。

⑩ Craterus，马其顿国王亚历山大大帝最优秀的将领之一，曾随大帝远征亚洲。

就把这样的赘物抛掷一边，像普通人一样面对众人。他想忘却伟大的"骄傲和浮华的场面"，成为他自己。他期望以后不会再有阿谀奉承，也听不到不真诚、伪善的话。在他认为适合隐退的社会里，没有对他附带的要求和目的，头脑中也完全没有一丝一毫的邪念。他所寻求的，是真正的朋友，一个真心爱他、属于他的人。不是因为机遇出现在他身边的人，仅仅因为他本身有着不可剥夺的魅力而爱他的人。这样的朋友，既没有功利的目的也不可能成为敌手。

上面所述的就是古人友谊典范的一些特点。谦逊质朴的荷马，远古时代中爱和情感的大师，已经为我们描绘了有关普特洛克勒斯最完整的画卷。他性格中区别于人的特征就是他有温和关爱的精神，是人性和柔情最根本的汇聚。当普特洛克勒斯经历了希腊的灾难回来，去取阿基里斯送来的一份报告，他立刻就"沉浸于眼泪的滚滚洪流中，就像从悬崖的陡峭边缘上倾泄而下的溪流。"由此朱庇特在普特洛克勒斯死在战场后说过这样的话：

虽然你（在想象中自言自语对着赫克托①说）杀死了阿基里斯的朋友普特洛克勒斯，他的和蔼亲切既未减色，他的英勇行为更让人难忘。

因此，斯巴达王激励希腊的首领们去抢回他的遗体。

每个人的有生之年都会回想起他恬美平和的性情，他对所有人绵延不断的友善和关爱。当阿基里斯在葬礼上谈到狩猎的时候，他说："在其他任何狩猎的时候，我的马应该开始追循猎物的踪迹，但现在他们做不到了。他们已经失去了无可比拟的伙伴普特洛克勒斯，他们已经习惯了让他用水清洗四肢，为他们飞扬的鬃毛抹上油脂，现在，他们伤心欲绝。"布里塞伊斯②也在哀悼者中出现了，她承认："当她的丈夫在战场上被杀死，她的家乡城市一片废墟，这个慷慨的人普特洛克勒斯让她不要流泪，告诉她，她应该成为她的征服者的妻子，而他则会在英雄的祖国弗提

---

① Hector，荷马史诗《伊利亚特》中的一勇士名。

② Briseis，荷马史诗《伊利亚特》中的美女，由 Agamemnon 从 Achilles 手中夺走。

关于人的思考

亚为她准备婚宴。"

　　这种产生于不平等人之间的友谊，彼此的互相依存为他们之间这种关系增添更加高涨的热情。每一方都离不开另外一方。出色的一方认为他倾注关爱的一方是自己的一部分。

　　　　头脑并不比心灵离本性更近
　　　　手也不比嘴作用更大①

　　他不能把自己和朋友分开来，除非是受到可怕的伤害，付出了代价。当他不再关注外面的世界，退回到一个人独处的状态，完全是一个人的时候，最需要的是诚挚的朋友。朋友是他的宽慰，是他欢乐的源泉，是他存寄他所有焦虑和悲伤的保险箱。如果我们说的这个人，不是一个公众人物，而是一个科学家，那么，这种随意无拘无束肯定是他所期望的。有时他想忘记他做研究的严肃性，不再让他的头脑绷得紧紧的，不再冥思苦想，也不再感到需要以任何方式保持警惕，或者也不会完全放任自己情感的迸发和心灵的嬉戏。已经幽闭思索了很长时间后，他希望，如果可以的话，能够听到关于这个世界，这个繁忙的，洋溢着热情的世界的消息，而自己又不必去经历那些繁文缛节。如果他想谈一谈他所专注的话题，他可以凭自己喜好谈的可深可浅，也可以按自己心愿抛开这个话题或重新回到这个话题。不用多说，谦逊质朴的朋友此时能够发挥作用，消除他的劳顿，感受到自己作为朋友的价值，想到自己被选为他的伴侣而体验到的快乐，对于他如此敬爱的人充满信心，是多么充实的一份满足啊。正是本着这样一种精神，两百年以前的富尔克·格雷维尔②，要求在他的坟墓上刻下这样的话："在此长眠的是菲利普·锡德尼爵士③的朋友。"来自一方的柔和的情感，另一方厚重的景仰和尊重，构成了一个完整的友谊联盟，而其他情况下永远不

---

① 莎士比亚《哈姆雷特》第一幕，第三场。
② Fulke Greville（1554—1628），英国诗人、散文家、剧作家、传记作者。
③ Sir Philip Sidney（1554—1586），英国作家。

会发生。"没有止境，永远没有。"强者挺身而出保护弱者，反过来，不太强大的一方不惜赴汤蹈火，上千次地去赴死也不愿意任何伤害落在对他如此慷慨关爱的人身上。

同时，尽管这种关系的不平等对于友谊的完整性是必要的，但是这种不平等的差距也不能太大。

较弱的一方必须能够领悟并且欣赏朋友的感受和卓越，双方交流无所阻隔，相互理解，较弱的一方完全投入到这种感情的交流中。他必须有无限的信心，不能去担忧较强一方会吝啬于表现他的力量，因为这种可能性微乎其微。"完美的爱抛弃了恐惧。"

传道者甚至把这句格言用于造物对造物主的爱。"主对摩西说，面对面，就像一个人对着他的朋友说话。"在我所探讨的友谊的联结中，有着这样的鲜明特征和普通的表现，有着完全平等的素质，由内在的东西提升到一定的高度，其中的很多不能解说也不能明确的，是完全不同的人的本性的反映。双方对这种友谊的联结都有一种完美的依赖，对于这样的不平等，都持有一种相同的观念：这种不平等永远不会毫无价值地为较强的一方利用，也不会让较弱一方变得不真诚、伪善和卑躬屈膝。然而，现实中总会有所保留，平等的人之间的友谊总会有害怕的阴影，而强弱实力不均的人真正快乐地聚在一起时，这样的阴影却无处可寻。一方付出他的全部身心，另一方热忱接纳，这种关系是言语无法表述清楚的。

再者说，如果我们从友谊开始进一步到所有的语言反复强调的称之为"爱"的情感，我们还是发现不平等和我们紧紧相伴。无论我们怎么去粉饰或者弱化，没有比两性之间的更为不平等的现象了。我们首先来看看弥尔顿的诗中是怎么说的：

> 他的思索延绵精致如同天鹅绒，
> 她的温柔有着动人的甜美和优雅，
> 他为上帝而生，
> 她则为了他心中的上帝。①

① 出自弥尔顿的《失乐园》。

关于人的思考

▼
▼

　　这是弥尔顿为我们勾画出的天堂情形。在所有的国家，不同的年龄段，两性之间存在着相似的不平等。如果将美丽的女性身上的温柔和诱人的优雅，替代以鲁莽、阳刚的和好战的品质，可能几乎没有人会认为女性身上还有什么其他的任何优点和动人之处，能够让人去珍视她们，呵护她们，增加爱的激情。

　　现实中很明显的是，男人和女人，都出自自然之手，互相之间是如此平等，以至于不在最匹配的两性之间也能产生完全的永不改变的爱。在粗俗的日常社会，异性之间永久的联结太有可能堕落成为一幕战争，每一方都永远的陷入对于优势地位的争夺中，互不让步。几天前，有个朋友和我亲密交谈过，他有敏锐的观察力，他说，结婚第一年双方一般总是比后来一起生活的日子有更多的冲突和恶意，最终这样的冲突和血性对于婚姻生活是必要的，正如在历史舞台上势均力敌的交战国之间，他们最后还是会达成妥协，签订和平条约，或者至少形成某种争斗的规律，使他们不至于在无谓的敌对中耗费他们的精力。

　　远古的国家有解决这一问题的非常简单的方式。某些东方的部落认定女人是没有灵魂的，把她们关起来是最恰当的方式，就像关在笼子里歌唱的鸟，因此希腊和罗马人大多数情况下将他们的女性排除在他们的主流社会之外，而这样的社会是由勇武好斗的性别构成的。他们的婚姻只是一种方便，现实中的丈夫和妻子也就是主人和奴隶的关系。这种观点一度作为法律固定下来，这样做之后两性之间大多数时候就肯定不会有任何伤脑筋的对抗和争斗权力的危险。

　　当代社会人们在男女主题下表现的情感和具体的做法对于古代的超越最为明显。这种超越，和我们时代和其他几个最为宝贵的收获一样，最早出现于黑暗时代（欧洲中世纪的早期）。骑士制度主要产生于 11 世纪，它的原则是建立在关于性别的理论上，这一理论认为每一性别都有其相对的重要性并赋予他们完全的行为能力，这样的能力各有其优雅和高尚。作为他们职业的主要特征，骑士们（那个时代的每个绅士都会顺理成章的成为骑士）都会接受"爱上帝和女士"的宗旨。反过来，女士们则成为审查骑士是否够格的裁判。从这些原则中衍生出了关于人性的上千的教训。女士们认为帮助她们的战士拿起和放下武器是她们的光荣，为这些战士去做仆役工作，在他们生病的时候照顾他们，为他们包扎伤口。她们把自己的美色奉献给骑士，并把他们送上战场，她们为战士祈祷祝福，希冀战场因之而神圣。另一方面，骑士们认为对于美丽异性的任何轻视或怠慢都是他们骑士团身上不能抹去的污点，他们带着部分类似宗教般敬意和尊重的感觉去想象他们勇敢而优雅的女施主，并可能尊此为他们骑士生涯的第一要务。他们要去矫正错误，为柔弱的异性受到的伤害复仇。

这种相对简单的勾画，表明了文明社会对于两性的相对地位的新的划分和安排。就像物质世界那些绝妙的法则，或者不时由超级天才们找到的伟大发现一样，如此明白和简单，而我们往往不曾想到：最平常的理解方式蕴涵着这样的结论，它们在一个强大的全面包容的整体中，会立即引入新的生命，激发出新的性情。

粗略而言，异性之间的激情，仅仅是一种瞬间的冲动。并且有一种危险，当激情的狂热发作结束后，这个情感会衰减为反复无常情绪，或者至少变成一种冷漠和几乎是野蛮的遗忘。但是骑士制度的开始立即给这种关系带来新的面貌。两性之一对另外一方产生了一种深刻永久的兴趣。在社会状态尚未稳定的情况下（那个时代的特征），无助的一方易于受到多种多样的攻击，美丽的一方永远需要保护者或者斗士。另一方面骑士遵循教导要从女士们受到的伤害中获取他们的名誉和光荣。两种性别互相需要，他们之间关系的联结是建立在相互尊重的基础上的。

其结果是他们所有的交往都抹上了想象的色调。一个男人不再仅仅是一个男人，女人也不再仅仅是女人。他们学会了相互顺从相互尊重。女人把她的保护人看作是杰出的让人仰慕的英雄，而男人把美人的微笑和嘉许当成是他辛劳和涉险的回报。这些思维方式为社会的所有交往引入了一种无可名状的优雅。它是生活的诗。由此产生了让人愉悦的关于浪漫的叙述和小说，人的存在

关于人的思考 ▼

不再是赤裸粗俗事件的延续，尽管很多年来人类都已经习惯如此。从此，人们沐浴在灿烂辉煌的色调中，为彩虹的五彩斑斓所笼罩。平等无所循迹，爱，全能的永恒的爱降临，取代了它的位置。

在这样的状态下，多年来为人们所熟知的异性之间粗俗的冲动转化成了某种完全不同的性质。它变成了一种热情的崇拜。美丽的女性把她们的保护者，她们的父辈，她们的丈夫和男人们整个延续不断的骑士行为，看成是超越人类的。（在女人眼中）他们举止优雅，行为勇敢，有着勃勃的进取精神，对柔弱女性的心灵来说，实在难以抗拒。另一方面，对于他们宣誓要捍卫的女性，骑士们的尊重顺从丝毫也不逊色。他们侠骨柔情，羞涩腼腆地接近女性，谦恭地听从女性的吩咐，想到的是美丽异性接受他们的爱就是对他们的追求和付出最高贵的回报。

现代，这些思维方式中浪漫夸张的特点逐渐消失，但它们中间最有价值的部分还存续下来。后来时代的爱情从未失去其柔情和善解人意的一面，这些也被认为是爱情最可贵的特征。爱恋的每一方都想要去赞美另外一方，并且认为对方是值得倾慕的，这种欲求与单纯的激情交织一起，密不可分。一方对另一方尊重的感觉在情感交流中增进双方的了解，让双方彼此坦诚，产生了最让人高兴的效果，缺少这种尊重，异性之间的依附就不能持续。就像神秘的圣人描绘的快乐场景：整个奇迹和爱慕和最炙热的爱和谐一体，所有的卑劣和自私的表现都销声匿迹。

在前文的描绘和概略中，我们可以清楚地看到，如同文章开始的时候所说，如果爱恋的双方是相互平等的，或者感觉是相互平等的，那么他们之间的爱情不能够以最纯洁的方式，以真实的炙热的情感存在。在所有情况下爱必须要有相互的尊重和服从，符合圣徒的教导，"同样的，你们所有的人要一个个相互依从。"

必须为想象力留下驰骋的空间；我们必须能够想到并且理解我们不曾亲身经历的上千种事物，（爱恋的双方）每一方都应该感到它需要另一方，没有对方，自己就不是完全的整体；每一方必须同样清楚获取和施予的力量；对于遥远的将来要有预期，在一起的每一天，享受彼此的付出，体味对方的好，让两人永远联结在一起，更加专注于带给对方幸福和好运，将上千的利益和好处带给彼此，如果没有这样的爱，他们永远不可能分享。

第十六章

论坦率和拘谨

　　动物分为独处和群居两类，独处的动物只是偶尔和它的配偶发生联系，可能专为照顾它的后代；群居的动物和其他同类生活在一起。人类属于后者。

　　如果特定的物种大多数时候生活在群体中，他们必须能够在某种程度上明白相互之间的目的，并在行动上达成部分一致。

　　其他动物在交流的能力上受到极大的限制，而造物主赋予我们的言语能力使我们可以进行思想和意图的无限交流，我们相互间不仅能够进行有关我们喜欢和选择的实质性交流：我们也可以劝诫和说服，用道理和论点来劝服我们的同伴，说明我们作出的选择也是值得他们采纳的。我们也能表达我们的思想，表达我们思想中的光和影，明和暗，悲痛和忧虑。语言是在丰富的内涵、表达的清晰度和交际能力上能够不断发展的一种工具。

　　没有比这样一种道德原则更为公正的了，那就是：教导我们敬惜我们拥有的每一个感官，将它作为一种既有利于我们也服务于他人的天赋能力，因此我们必须以最有利于发挥其优势的方式使用这样的能力。

　　"我们有了言语能力，通过语言我们可以表达我们的思想"，[33] 换句话说，表达我们的感想、意见和观点。当我们真诚和坦率的相互交流我们的感受和领悟的时候，我们因此就能最大程度上充分发挥我们的本性。语言最好的表现对于人来说本质上就是一种透明的媒介，通过这一媒介，头脑的活动可以变得清晰，可以让人明白。

　　我想起读过的关于苏格拉底的一段逸事，某个朋友劝告他说，他窗户的建造方式让每一个由此经过的人能够发现房子内进行的一切。"为什么不呢？"这位智者说"我没有做任何想要避开其他人眼睛的事。就算我知道整个世界都在关注我所做的每一件事，我也不会因此而去改变我行为中最微小的细节。"

　　但是，坦率完全没有必要表现到如此程度。有人计算过，人的大脑能够在一秒钟内体验到 320 种感觉。我们很清楚地知道，

────────────

〔33〕　Moliere.【原注】。莫里哀（1622—1673），法国著名剧作家。

任何情况下，就算是"当我说话的时候，我也同时体验到各种各样的情感和感受，这些感受并不干扰我说话，换句话说，这些感受没有从本质上打断我思维的连续性。我的眼睛不断注意到上千个呈现在眼前的事物，我的大脑漫无目的感觉到我身体的不同的部分，这样的做法不会对我的话语形成最小的障碍，或者会在任何程度上让我因外在事物的繁复而分心。"[34]因此，语言的能力是有限的，无法表达出感受到的所有情感，我最终只能出于需要作出选择进行交流。

也并非全部如此。我们不会交流我们感受到的一切，用语言表达想到的所有一切，因为这一切之间可能会毫无关联。对我们的同类，我们有着某种尊重和体谅，现实中对我们自己也是如此。我们不会毫无区分地交流我们内在的一切。我们也没有那么多的时间，而且"世界不可能容纳所有能够写出来的书"。我们不是为了说话而说话，否则人类和他同类的交流就会是一段段永恒的废话。言语是用来达到一些有用的目的；我们也不会去谈论那些没有意义或不能带来乐趣的事情。

坦率有其局限，超越了这一局限，坦率就既不能认作是优点，也不是美德。我们不会告诉别人所有的事，但是我们也不会刻意去隐瞒任何有用的或者会变得有用的话。关于语言能力，我们首要的责任是，让我们的邻人了解知道对他们有益的话。但这仅仅是表现比较消极的真诚。如果我们有着坦率的性格，我们必须小心在意我们所说的话能够在听话者身上形成这样的观念：我们是坦率的、自然和无畏的。我们要进一步去说些让他高兴的话，使他能够保持愉悦的心态。很明显，我们并不虚假，也没有顾虑重重。不论如何，为言语定下规则是很难的事：不论从嘴里冒出来什么话，都要与和你一起交流的人的脾性相和。反过来，你的说话对象必须是仁慈的，富有同情心和亲切的。他的心中满盈的是良好的愿望，他急于要减缓每一处小的伤痛，从他永久的或者偶遇的交流对象中获取享受和满足。"（话语）来自丰富的心

---

〔34〕 See above, Essay 7【原注】。参见前文第七章。

灵，从嘴里娓娓道出。"

我们在使用语言能力的时候有两点要注意。

首先，我们应该告诉邻人，告诉他对他有用的一切，我们必须不带坏心，没有其他的目的。"人不能离群索居。"我们所有人都是人类这个伟大群体的一员。我们身上流着同样的血，流过每一部分肢体，每一块肌肉。我们脉搏的跳动为彼此打着节拍，我们有着同样普通的感觉中枢，从头到尾，为生命中出现的每一个事件，震颤着。当任何事物从本质上危及我们同伴的利益的时候，为了他人的快乐我们应该忘记我们自身感受，并且，如果这一利益是全人类共有的，每个人都将是获益者，只要他为此牺牲自己，就会得到多数人的关爱和照顾。

从上可知，我们必须毫无保留。我们应该考虑说什么样的话才能给他人带来福祉。

我们不要老是顾及自己，因狭隘、自我中心的观念而谨小慎微。如果不是自然直接地表达想要说的话，而是去考虑怎么样通过曲折迂回的方式来表达我们自身的快乐，体现自身的优势，那么交流的本质就变得良莠不齐。

我们要向邻人说出所有对他有用、该让他知道的一切，除了立刻能说上话的，我们还有许多"其他邻人"。对于这些不在身边的"邻人"，我们有着相应的责任。必须为那些被诽谤的人辩护，为那些被陌生人诋毁的人辩护。我们必须自发地站出来称颂所了解的每一个人的优点和每种形式的功绩。如果一个人将他语言的能力不恰当地用于诋毁他人，用于自相矛盾的、虚假的、恶意的谣言上，用在实现隐藏在阴影里模糊不清的险恶用心上，那么，这个人所表现的是一种什么样的品性啊？（与此相对）如果所有的人因此无所畏惧地宣扬他们所知道或了解的所有良好品性，我们生存的世界将会变得多么美好啊！公正，只有公正，就算是仅仅停留于言语能力的使用上，也会在很短的时间里结束所有的谣言和诽谤，重新恢复善良和功勋的荣耀。如此以来，每个人就会回到他们真正的、正确的位置，各得其所。但是无论是谁要做到这一点，都必须禀着正直公正心态去做，不能炫耀，不能

关于人的思考 ▼

时时回头对自己的所作所为沾沾自喜，然后说，哦，我该得到多大的褒奖啊！好像他更加重视的是他自己——公正的执行人，而不是公正内在的本质和需要。

但是我们不仅要让我们的邻人从此中获得利益，我们还要更加重视真理的神圣。我要把所有我知道的告诉我的邻人，考虑到他的社会地位，不仅告诉他对他有利的事，还要告诉他的错误，其他人所持有的可能带给他利益或者伤害的想法，建议他怎样做才能最好地促成好的结果，避免出现其他坏的情况，使其不受影响。我还必须要考虑在我能力范围内采取什么样的方式，去影响他的意见，去拓展他的视野，坚定并鼓舞他的决心，改善他的脾性。我们都是一个伟大群体中的一员，因此，我们不能完全放弃我们的责任，直到我们能象古斯巴达人那样，让对群体的爱成为支配我们的激情，我们不再属于自己，而是把自己当成是整个群体的一部分。在道德、政治和其他重要的领域，有些观念的普及和推广对于我们是社会中的一员来说最有利，从这个角度上看，社会也变成了我们，有了恰当的温和的节制，我们就能遵从使徒执著而又热心的原则"宣扬真理，刻不容缓，无论何时何地"。我们采用一切方式在我们身后留下良好的意愿，我们因此而活得有价值、有意义。

社会日常交际中有一种特别流行的规则，值得在此提请注意让它得到应得的谴责。这一规则在朋友之间或者在称自己为朋友的人之间非常普遍，他们说"对你生活中出现的某个危机，不要问我会有什么建议，我不会说什么的，如果今后情况发展很糟糕，（我又说了我的建议）你会怪罪我的，或者说正是因为听了我的建议你才陷入了灾难。"这是一个很卑鄙的借口，表现了一个人可怜的自私心态。

诚然，我们应该保持警惕，我们可能会让我们的朋友陷入困境。应该注意不要让我们的傲慢自负支配了我们的朋友，压制他更为冷静的判断，为朋友设定一种我自己都不敢采用的轻率（处理问题）方式。我们提出建议的时候要谦逊，心甘情愿为他提供素材供其决策，而不是直接给出一个绝对的结论。但是有时提出反对意见也是必要的。我们必须阻止我们的朋友，不仅如此，就算他仅仅是我们的一个普通同伴，如果看到他在悬崖边缘上徘徊，或者危险已经迫在眉睫，除非完全瞎了，一个公正的旁观者不会视而不见的。

但是任何情况下，我们要始终为我们的兄弟提供最好的判断。"有求你的，就给他。有向你借贷的，不可推辞。"①

当涉及财物的时候，这点可能不总是可行或者正确的，但在涉及提供建议、传递消息和规范行为准则的时候，恩尼乌斯②的话中有很好的说明：要容忍我们的邻人在我们的灯上点燃他的蜡烛。如此去做，就能够为他提供帮助，而我们不会因此失去什么。我们应该确确实实尊重个人判断的权力，在任何情况下不允许用我们自己的愿望去替代别人的正当行为。但是我们在任何情况下不能因自身懦弱，而不再向他提供任何帮助，停止为他提供更为全面的知识或者我们认为更为合理的判断。

运用语言能力时另外一个需要考虑的因素是：我们应当合理运用能力使之能够最好地带给邻人以欢乐。人在野蛮和文明的状态下表现完全不同。有人断言，野蛮人全然不知道什么叫心情不好，什么是不合心意，这样的说法也许是真的。他可以凝神于潺潺溪流，在阳光明媚的岸边躺下伸展四肢，从日出到日落，心满意足。他很难从迟钝的状态中惊醒，除非（出于）自然本能的需求，（他才会去努力工作）。如果无须努力工作就供给无缺，他很快就会回复到以前的懒散，并且，如果需要去勤奋努力地工作去满足需求，（需求满足后）他还是更热衷于休息，劳碌带来的疲劳使他更喜欢休息。

但是，如果头脑从最初的昏睡中一旦被唤醒，当我们已经越过区分人与兽的界线，开始渴望进步，与此同时，当喧嚣的激情把我们引向纷繁不同的方向，开始产生作用，情况就变得格外不同。要将一个人从他最初的昏睡中唤醒是很难的：（一旦唤醒）

① 出自《圣经·马太福音》5：42。
② Quintus Ennius（公元前 239—前 169），古罗马诗人、剧作家。

关于人的思考

▼
▼

要他再回复到以前迷迷瞪瞪的状态也几乎是不可能的。心灵的欲求一旦完全觉醒，我们就会发现人类在无止境地追求新的精神食粮。我们读书，我们写作，我们谈天论道，我们穿越河流，攀登高山，沉溺于各种各样的追求中，就是为了追求和辛苦劳顿本身带给我们的纯粹的快乐。时间对于野蛮人和文明人都一样，可以由钟摆来度量，延续的长度也是一样，除此之外，时间概念对于他们的巨大差异是难以言表的。

因此，和我们行使语言能力的责任一样，又出现了另外一个我们要承担的责任。根据我们面对的情况，这个责任可能更为迫切，或者也不那么迫切。

如果我和许多人一起参加一个集会，比如一个有 10 个或者 12 个人的欢乐宴会，我是其中的一员，如果我喜欢，可以完全保持沉默，大多数时候，没有人会指责我。但是，我应该表现出来的是我也参与到了他们的情感和快乐中，如果我没有这样做，我就会成为不受欢迎的客人，但一般没有人会要求我用明白的语言来证明这一点。

但是，当我的聚会只有不多的朋友时，或者虽然有很多人但多数时间我是和一个朋友单独在一起，我参与的责任就发生了改变，要求我更大程度上参加到活动中去。有些时候，人的一些次要的道德规范比某些主要规范起更大的作用，只有在非常特别的情况下才会要求我们要有最高层次的责任。但是我们的邻人有了不方便之处，我们去帮助他们，或者为他们已有的快乐感受增彩助兴，这样的机会多不胜数。一个在社会上受到欢迎、得到认同的成员，只有在他认为有重要的事情需要交流的时候才说话，他会下功夫研究怎么样去用恰当的叙述，生动的话语，突发的灵感去取悦朋友。任何看上去是废话的语言，但是本着使人愉悦和仁慈的本性出发，常常能赢得朋友完全的好感，让朋友高兴，这比最有智慧的谈天论道，或者雄辩的显示能力和天才的语言更受人欢迎。

忧郁而又乏味的人很快就把他认为对同伴该说的话说完了。但是同样的事也可能在思想活跃的朋友之间发生，尽管发生的时间会推迟。思维活跃的朋友，他们语言能力的运用建立在交流各种情感体验，法则规律和独创的思维脉络上。当两个知己开始这样的交往，每一个人都会感到他在另外一个人身上找到了宝藏。他们之间的交流没有止境；他们变得幸福，话也多起来，变成了长久不断的溪流。他们能够想起谈论的话题是如此之多，都争着抢着向对方倾诉。

这种状况可以日复一日，也可能持续好几个月，甚至年复一年。但是，正如老话所说："这是一条长长的笔直的路，没有转弯。"人们有太多的激动人心的话题，他们需要通过交谈来交流他们的意见和看法，这些话题不时被提起，又被放下，无休无止。有些话题，其中一方认为自己完全是内行，而另一方对此相对生疏，同时，在谈到其他话题的时候，优势又会转到另外一方，因此，双方心灵完全向对方敞开，自由交流，没有限制，从中得到的收获是无法估量的。但是，相互之间的欣赏最终还是有到头的时候，就像细读最天才超凡和最多才多艺作家的作品。他们如此明了对方思维的方式，以致能够推测出对方要说的话。动人的声音，炯炯有神的眼睛，愉快的面容推迟了大家彼此厌倦的最后时刻的到来，那时候，我们会说，我们已经听够了，说够了，这个时刻终究到来了。当交流的泉源带给我们最雅致快乐的泉水，最终被我们吸干后，我们自己也变得懒散，不愿说话，也不愿去唤醒朋友陷入休眠的感官。

记得在我还是小孩的时候，曾经醉迷于圣经中的一段话。这段话是这样写的，"但我对你说，人们说的每一个无用的词，都会在最后审判日得到验证，说明。"①因为我非常想要遵循圣书中的教诲，我几乎下了这样一个决心：如果没有充分的理由说出我觉得要说的话，我绝对不开口。

但现实中类似的指导作出的解释几乎都模糊不清。从圣经中这段话的上下文中我们明白，"无用的词"指的是邪恶的词，将毫无理由的冲动灌入脑海中的那些词，按有人的话说就是"荒唐的意志，乖僻的习性，和不近人情的思想"，听他说这句话的人，

---

① 出自《圣经·马太福音》12：36。

关于人的思考
▼
▼

就会认为他性格轻浮，不能承担人生中比较重大责任。

但"无用的词"，在无伤大雅的娱乐中，并非邪恶的。"做事要适度。"娱乐不能超越一定限度，不能妨碍正事，不能影响重要的约定和积极向上的职业追求。但娱乐也有可以尽兴的时候，人生是如此多样，人的头脑有着如此多的色调和能力，有不同的性情和脾气，睿智的人会"根据不同的场合来调节他脸上的表情。"嬉戏玩乐，并不是一种太过极端的表现，它只是人完美天性中另一个体现。嬉戏玩乐作为一种调剂，将我们从更为严肃的职责中解脱出来，更有利于我们休整之后再次从事严肃的工作。嬉戏玩乐出现在责任重重的生活里，把我们从乏倦困怠的痛苦中解放出来，使我们能够完成一个接着一个的任务。从某种角度上说，人们还常常很需要懒散无聊的间歇。据说国王为发明新的娱乐活动的人颁发奖励，从这个意义上讲，国王对我们通常的本性的认识和评价并不是肤浅、流于表面的。

回到我们本文的主题：管住我们的嘴，长时间进行慎重和高度警醒的监督，这样的行为很大程度上和我们最值得骄傲的品行之一，坦率，有非常明显的冲突。"如果这点做到了，我们应该快乐并且高兴。"①一本正经的表情，端庄谨慎，僵硬拘谨的面相，最不利于展现人类本性。如果想让我们形成对某人最充满敬意的评价，如果他要得到我们的最高赞誉，那么，他的性格必然是无所畏惧，积极向上的，他的行动果断充满自信，言行一致表里如一。在我们面前的，应该是这样一个有着自信，无惧无畏，乐观开朗的人。我们的行动应该是自由自在，无拘无束，如同动物展示出的比技巧最好的舞者更胜一筹的无限优雅。我们的声音要饱满、圆润、充满生机、富有感情，有这样的品质，听到这样的声音，每个人的胸口会起伏跳动，每一双眼睛会亮起来。此时，就是人们走到一起，互相理解，互相信任的时候。这就是唯一能够使我们的道德素质提高，唤醒我们的感观，传播科学真理，形成人权和政治自由最纯洁的观念和原则的人生形态。

---

① 出自《圣经·路加福音》15：32。

第十七章

论投票选举

　　前文的话题是一个非常明显的过渡，引出了我们对另外一个主题的审视，这个主题现在引起了很多人的关注，他们渴望（参与）公共事物发展的进程，并且期望把人类的自由建立在最为安全稳定的基础上——这就是关于通过投票进行选举的话题。

　　各国政府最为有利的构建方式是：通过代表行使管理职权。意思就是，每一个国家或者地区（大的人类聚集地），有最高立法的议会，由人民选择的代表构成，代表选出他们的郡、城、镇或者部门。那么，应该以什么样的方式选出这些代表？

　　倾向于通过投票选举方式的观点明显占了上风。

　　在几乎所有的文明国家，或多或少存在着地位和财产的不平等，我们在本文中重点关注的是财产的不平等。

　　财产必定和权力相连。人们太热衷于向那些衣着华丽，住房宽敞的人致以无比的敬意，他们拥有比大多数人优越得多的物质生活条件。

　　文明国家财富的一个主要来源是土地的所有权。那些得到大量土地财产分配权的人，把其中绝大部分以农田的形式出租，租给地位较低的人，让他们去耕种。

　　这种情况下，地主和佃户之间就建立了一种互惠的关系：如果地主对待佃户采取的是尊重对方并宽大为怀，那么佃户不能不由衷地想要去满足地主的要求，只要这样做不违背自己的良心，是正当的要求，或者符合他所属社会阶层根本利益的要求。

　　如果一个拥有大量土地的人不以农田的方式出租土地，而是自己管理土地，他就必须雇佣大量的农夫和雇工，对于他们，他必须行使类似的权力，正如前面我们提到的地主对于佃户的权力一样。

　　同样的原则适用于社会上任何有相当多的财富可以支出的个人。制造商对于他的工人有着同样的权力，如同土地所有人对于他的佃户或者雇工拥有的权力。有一定财富的人，就算他无意追求利润或者财富的增加，也会有充裕的仆从，也能够对他的随从和手工匠人施以同类的权利，这样的权利和地主对于他的佃户和雇工，制造商对于他的工人的权利一样。

关于人的思考

▼

如果限定在一定范围内，我们也许不该去反对社会中的这类权力。无论哪种有钱人，一般大多都接受过层次比较高的教育，与社会机器底层的驱动轮（忙忙碌碌的大众）和琐碎的社会俗务保持着一定距离。这样，对于全体的利益他们就会有一个比较宏观和开放的观念。让社会上不同地位的人走到一起，相互交流，也算是一种不错的方式，这样做，可以减少相互之间的偏见，大家能够从对方身上汲取一些优点。社会地位的划分如此明了清楚，各得其所，因而社会上并未形成相互敌意的社会团体。在一个自由的国家里，我们都是公民，我们理所应当都是朋友。

但这类权力可能会被过度使用。某种程度上讲，只要是通过人和人交流产生的火花，将权力用于启迪人的理解力，或者用于人和人之间情感的交流，它就是好的，不应反对。无知者对于有智识的人某种程度上的谦恭遵从和敬意，在我们看来，是政治社会构建存在的根基；我们可以想象，这样的遵从如同坦率、尽责的俗人尊重诚实无私的牧师给予的意见。

但超过了限度，任何事都是有害的。如果他的地位和财富都不及邻人，就算他和邻人有不同意见，他也不能横加训斥，不能有报复和伤害对方的威胁或暗示。我们认同道德的影响力，但是这种影响力不是建立在任何形式的强权之上。

不幸的是，普通人容易犯错、软弱的本性导致他们滥用赋予的权力。有钱人不会受道义的影响而停止滥用权力。如果我的固执任性让他期望落空，他自己很快就会采取行动，为自己的特权辩护，并对我的抗拒进行惩罚。每一次期望值没有得到满足的失意，都会让他有前车之鉴的感受，他将按自己的理解，认定如果不惩罚我，那么他眼中全部的优势地位，和他地位联系在一起的宝贵的特权，就会遭到破坏。

总的来讲，财富的所有人用两种方式来控制他下面的人——惩罚和奖励。举例说明，一个土地的所有者，或者富裕收入的支配人，会惩罚违背他意愿的人，同样，他也会奖励顺从他意愿的人。这样做，不论以什么样的形式出现，都可以通称为贿赂。

因此，矫正这种真实的、可能发生的、危害的办法是投票选举，投票选举的办法，能够使每个人都能在完全保密，任何人都不可能发现投票人立场的情况下，对提出的任何候选人投出赞成或反对票。不仅如此，这一发明，能够让选举人秘密安全地行使其权利，法律明确赋予他选举和保持沉默的权利时，如果他将结果说出来就不合时宜了。如果他说出来，他就会产生犯罪感，好象损害了和他一起参加选举的人的利益，他的行为相当于无形中指责那些人不公开自己选择的怯懦和不近人情。

我们听说投票选举制度和自由国家的存在密不可分，出现于财富财产分配不平等的国家。在英国，我写作本章的时候，选送议员到国会的权力已经进行了分配，选举权力的使用是如此的不平等，如此明目张胆，很多情况下选举人的数量毫无意义，选举注定是让那些贵族和有钱人任命他们认为适合的任何代表的机会，这样的结果是下议院代表的构成正好迎合了上议院候选人的要求，而不是全国人民的代表。进一步说，你尽可以按你喜欢的方式矫正这种不平等，按你的意愿改革这种代表产生的方式，但是，只要参加选举的投票人投票是公开的，这样的改革就是徒劳无益，危害的根本并未消除，还会持续下去。秘密投票是唯一能够阻断社会上有钱人支配或左右其他社会成员的方式，能够给我们以自由的实质，而不是用幻想来欺骗我们。

另一方面，我请读者考虑，这样的投票选举，其实质不是自由而是受人奴役的象征。这样的投票选举算是什么？就好像将自由的景象呈现在每个人眼前，然后强迫每个人心里承认：这就是她（自由）驻跸的殿堂？自由应该是公开的态度，稳健而确信的表情，心灵的感想不受阻隔地如常地从舌尖表达出来，自由的人和邻人交流，不是在角落和隐蔽的地方，而是在集市和公共场所。由此，自由神圣的火花从一个人传到另外一个人，直到所有的人心中都点燃共同的火焰。自由的根本是交流和公开，自由是他们呼吸的空气，没有自由，他们就灭亡。

与此相反，如果让我来描绘专制，我会说，专制意味着这样一种环境和土壤，在这里，不同阶层和不同地方的每个人都怀疑自己的邻人，每个人都被"隔墙有耳"的恐惧的念头所折磨，只能对着森林中的树木和默默的溪流，悄悄诉说他的不满、他的希望和他的恐惧。如果居住在这样环境里的人在一起商议什么事，肯定会以大门紧闭的方式密谋。原本是致力于大众的福利和欢乐的神圣事业，形式上却像是在干罪恶的勾当，恐怕密谋的人是很难在心里接受的。

前天，我向我认识的一个睿智的人，鲁莽地提出了一个问题，我问他对一些公共事务的看法，他立刻带着惊讶的表情回答"对不起，我从来不对宗教或者政治方面的事物向任何人公开我的观点。"在这个国家作出这样的回答对于它的政府来说意味着什么？

这究竟是自由国家还是专制国家的特点？

人生命运中首要的最神圣的职责之一，是应该为他称之为祖国的国家，一个理性人聚集的群体，承担相应的职责。当我们行使职责，可能会影响多数人福利的时候，就是我们职责中最庄重最令人振奋的时刻，因此，一个爱国者对自己祖国感恩并为之付出，就是他道义感发挥作用的最高贵的舞台。难道我们应该教人们在报答祖国的时候默默付出吗？肯定每个人心中都应该有所归属，有自己的选择，能够谦逊但是确切地表达自己的政治操守。当他在公共选举时走近竞选台，他神圣的祭坛，在这里，面对大家，他献身于他最值得崇拜的神祇，在所有的力量中，它统治的领域就是我们尘世的国度。

但是投票选举构成的原则是教会大家怎样在隐蔽的情况下采取最好的行动。当我从选择立法代表的投票中返回，如果我的行为还未曾堕落，我应该感到些许骄傲，因为我以未受影响的、未腐化的、尽责的精神、真诚的方式行使了我的职责。但是，投票选举的做法怂恿我仔细掩饰我所做的一切。如果有人问及此事，我恰当的回答就应该是："你无权问我，我不会说的。"但是，正如每个人都想不起那个时候最合适的回答是什么，大多数人会感到窘迫，当被直接问及，他们知道不能坦白回答的时候，很多人会结结巴巴，感到烦恼，也许会巧妙地说假话，在眼光敏锐的人看来，他们的方式，尽管非常小心，还是会揭示真相本身。

投票选举制不仅教会我们应该采取的最好行动是最坚定地否认，而且还把不信任和怀疑带入我们最熟悉的所有关系中。我想要瞒过的人，就是我的地主。在他热心探询的时候，我想让他闪到一边去。但是我要怎样才能最为有效地不让他知道真相呢？我能告诉我的妻子或孩子吗？最好不要。小心谨慎的一个普遍的法则就是，将可能对我构成严重伤害的真相，深埋于心，这才是最安全的。如果我一旦泄露出去，不知道会流传到什么地方。"话语在一个又一个白天说出，真相在一个又一个晚上被揭示。"①

难道这就是自由骄傲的姿态？难道这就是我们所渴望追求的自由？无论如何，社会上总会有一些坦率的人，他们永远不知道怎样去遮掩压制内心中最真实的情感。但至少投票选举制度提供了这样一种机会，让我们难以寻究他的所作所为，他的行为也由此变得神秘莫测。他应该"凭着感觉去给马上掌"，在他做所有事情时保持沉默和怀疑的态度。

生存于社会中的人，他的道德第一原则是，始终像在同伴眼前那样行事。真正品行端正的人会按规矩做事，不管有没有眼睛盯着他。事实上，有的人举止行为只是为了讨好别人，永远都在考虑别人会对他的行为作出什么样的评价，他应该得到什么样的小奖励。可以肯定的是，善良的人将会看到

> 做事品行端正，
> 就算太阳和月亮还隐沉于大海。②

但是，在我们这些普通、不完美的人身上，这些事产生影响并相互作用。有着高尚目的的人会恰当地抑制自己对权力的热爱，他的正确作法会得到同伴的嘉许和肯定；当他受到诱惑要犯错误时，想到同伴可能的责难，他会悬崖勒马。美德就像一个人

① 出自《圣经·诗篇》19：2。
② 出自弥尔顿诗集《两兄弟》。

在文学上的声誉。如果我的作品写得好，自己很难确定是不是真的写得好，除非我能得到资深评判的肯定，才能验证自己对自己作品作出的判断。

这种行为方式，就像在舞台上，他人和神祉是我行为的判官，是人真正的归宿，我们不能违背与生俱来的基本原则，也没有理由杞人忧天。

难道这就是我们要在自由殿堂受教的一种形式？一种神秘隐蔽的行为方式？所有自由主义制度伟大的目的，在于让一个人无所畏惧，象白昼一样坦率，生机勃勃，在热情的冲动下行事，不受限制，在这一制度的激励下，我们蔑视中庸之道，把我们的心捧在手中，我们坦率真诚，可以承受所有人的质疑，让所有的人来评价我们的行为和思想。自由制度的缔造者考虑的最多的是，人们可以安享他们个人的自由，如何在他们想做事情时，能不受限制，如何才能无拘无束地享受、支配他们辛勤劳动的果实。所有这一切的道德规范是，一个人必须信誉良好，心智正直，有自己独立的决断，无畏无惧，充满美好的感觉，能够公开表达他们的情感。如果一个人在他最重要的事情上伪善，含含糊糊，躲躲藏藏，不敢说出心里想要说的话，自由对他又有什么用呢？我们可以说，这样的人不配享受命运带来的福祉，就算在自由的怀抱中也永远不会有所成就。

但是，这是一个简单的答案，似乎可以回答所有的问题。它不能细述谎言、伪善和蒙蔽的危害，因为，只有经历过这一切，正如我们前进必经的道路，国家才能得到自由。

对于我们人类来说，这肯定是一个可怕的判断，但这个判断真实吗？

首先，对地主或者富裕的邻人，我们隐藏我们的政治主张，如此，他们就无法滥用他们的权力，最卑贱的人都可以本着诚实和公正的原则安全地做他想做的事情。

不，这不是击败仇视我们心灵的敌人的方式。我们不能从开始就承认我们自己是懦弱的。平静镇定、心有主见的判断是我们应该采取的方式。这种方式不会辱没任何人，也不是暴力、鲁莽和寻衅滋事的行为。如果我想去说服地位高于我的人，让他知道怎样分析判断我的行为，我必须首先清楚表明我的操守。

这就像是在战争中，采取谋略，给敌人以突然的一击，尽管道德规范是不允许的。"没有人会去询问他的敌人，他赢得胜利靠的是欺骗还是英勇的进取？"但在平民生活中，不能以这样的方式为赢得自由的行为辩护。

关键是让社会的高层承认：地位低于他们的人有正当的不受侵害的权利。不，我不同意用欺骗的方式达成这样的目的。除了用直白、诚实和打动心灵的语言，没有其他方式能够让人在道德问题上觉悟。真理无所不能，如果我们放弃真理外在的遮饰，不再执着于其高高在上、睥睨人间的优势地位，凸显真理堂皇、庄严的本质，那么，真理会在每个人的心中找到回应的共鸣。不论谁听到它的声音，立刻就会认识到它的力量。不论他怎么堕落，道德怎么败坏，恶劣习惯是如何过分，他的行为如何专制固执，如果真理柔和地、清楚地、真切地阐发出来，他的脸会变色，他的话会改变，变得支离破碎，他感觉无力也无法将真理的声音拒之门外，也不可能对真理无动于衷。真理以这样的方式，让犯错的人，在豪宅里享尽荣华的人，一点也不质朴、坦诚的人有了改正错误的机会。

但是，如果有人注意到相反的见解，比他习惯的想法更接近于真理，而这个人保守而又拘谨，尽管有良好愿望，却不愿和他富裕的邻人进行沟通交流，而是把富裕的邻人看作敌人，不承认邻人也和他一样有着相同的本性，那么情况就不能得到全面的改善。在这样的行为准则之下，社会的两个阶层会更为疏远，分隔的时间更为持久。就像两个分隔开来处于敌对状态的国家，尽管他们生活在同一片土地上，双方不会正视对方。难道这就是我们想要看到的真正自由的，博爱的，能够带给全体福祉的，满溢高尚情感的场景？

我痛恨邪恶使她缄默，

关于人的思考
▼
▼

而美德失语于她的骄傲。①

有意为他的国家和理想作出贡献的人，勇敢、独立地奋斗，也明白此中的风险，如果意识到自己行为高贵并没有给他增添勇气，也未能坚定他单纯朴素的信心（正是这样的坚定才能让他内心对真理深信不疑），那么，对真理的神圣性，他必须有与众不同的观点。投票选举制度给我们上了苦涩的一课，这一课告诉我们："你做得很好，然后你要保持沉默，不要悄悄地告诉身边的微风，不要向你最亲近的人透露，就好像犯下了残暴罪行后需要采取的方式一样。"

当联盟与法国之间的战争开始后不久，英国议会引进了某些法令，宣布任何以口头或者书面形式表达的蔑视政府的观念和倾向都是刑事犯罪；反对专制的大众以轻蔑的口吻称这些法令为封口法。我和 1795 年的同代人很难想象，当我们在威廉·皮特②胜利的统治下抗议这些法令的时候，那些自称是自由的朋友和急进的改革者们在取得胜利的时候，会提出他们的封口法令。他们建议人民愉快地按照良心的选择去投票，却不许人民公开因听了他们的话而采取的诚实、正直的行为。

但是所有这些推论都是建立在一个错误的、无凭无据的、贬低人性的观点之上。社会基本制度的改良，矫正社会上出现的大量的不平等，朝着社会全体成员进步的方向发展。当一百个英国居民中有九十九个都朝着智慧与美德兼具的方向发展的时候，那第一百个人站在那里不动，就因为他有钱，这样的假设是很可笑的。爱国主义是一种自由和社会化的冲动，它的影响力无可抗拒，它有着强大的感染力，通过接触传播，融入我们呼吸的空气中，感染着我们。

人们在行动中受他人舆论控制的程度是非常惊人的。当贵族

① 出自弥尔顿诗集《两兄弟》。
② William Pitt, the Younger（1759—1806），英国历史上最年轻的首相（任期 1784—1801，1803—1806），毕业于剑桥大学，就职时年仅 24 岁。

中的每个人都对他们统治地位感到满意，认为他们的贵族地位是
公平和理所当然的；当粗俗的大众感到已经接受了与生俱来的被
动服从；当我们从处于一种刚刚从奴隶地位和蒙昧状态中解放出
来时，（假想的解放！）所有的人都觉得这样的状况不错。但是一
次难忘的生存状态的改善，在某种程度上是对所有人心灵的考
验。最堕落腐败的人由此而徒生悔意：许多并没有在邪恶的道路
上走太远的人，会放弃压迫他人的观念。

我们已经看到，当某天，一个很有钱的人，将他的一大群佃
户赶出了房子和他们租种的土地，就因为这些佃户拒绝按他暗中
指令投票选举一个议会代表，而他却认为这是正确公正的。"难
道我不能用自己的力量做我想做的事吗？"如此事件让整个岛国
感到震惊！这也许在他出生的时候是合理的道德和神圣的权力。
没有人会产生异议，如果有人提出异议的话，就会被周围的人称
为疯子，空想家。这个有钱人，对于自己的特权是如此自信，仿
佛过去二十年都在睡觉，醒来的时候完全不知道在此期间欧洲的
几乎每一个角落都发生了变化。如果这样的事例再多一些，如此
令人瞩目而又影响巨大的臆断将不复存在，只能留存于历史记录
中，作为一种我们有着充分证据证明曾经存在过的历史事实，而
我们的常识会对之加以批评，让我们相信这种情况确实存在过。

社会的各种礼仪也不会像很多人想的那样一成不变。就像我
将在后面的篇章论及的饮酒过度的情况一样。[35] 在蛮荒时代，最
高层次的人以有权豪饮而骄傲自豪，并以此为乐。从这里和其他
类似恶习中，我们隐约可以想象到我们前辈生活的大致方式。但
是饮酒的时尚已经过时，你很难看到一群外表体面的人，围坐着
一张桌子，就为了相互敬酒、喝酒。以前，他们以此为荣，现
在，如果有人不幸还有这个好酒的弱点，他会掩饰这个弱点，不
让他的同伴知道，就像痛恨疾病一样。议会的腐败，地主们用绝
对的权力玩弄他们佃户的良心也是如此。试图将千夫所指的行为
付诸实践的人，会引起众人的瞩目，他的同伴一般也会敬而远

---

〔35〕 See above, Essay 9 【原注】。参见前文第九章。

关于人的思考 ▼▼

之。全世界的目光都在他身上聚焦，就像杀人的凶手想象自己一直被万能的眼睛所追索，他会因此听从社会大众的声音，然后才可能安然于心。

在这个时代，一个制度的标志性表现是，我们，人民中的大多数，还将那些更为富裕的社会成员当作敌人，但是我们不要因此而贬低这个值得纪念的进步时代。让我们向他们，那些富裕的人们，伸出我们友谊的右手，他们也将会受到我们影响走上正途。部分原因是他们自然而然地对自己和他们父辈如此长时间表现的不光彩的行为，感到的羞愧和耻辱；部分原因是遍布大地到处传播的真正的快乐和舒展的心灵，使他们也感受到了同等的心情。几乎没有人会拒绝分享他的大部分同胞的欢乐，并且，如果他们看到我们充满信心慷慨地对待他们，不再回忆过去的冤屈，那么，慈善的精神和无限美好的愿望就会在此时成为人们心灵的感受，这种场面很难出现，除非他们有了完全的转变，实现了全部的统一与和谐。[36]

---

〔36〕 The subject of this Essay is resumed in the close of the following【原注】。本文的主题将在下文的结尾处再次提及。

第十八章

论缺乏自信

　　下面的内容在本质上是一个自我忏悔，就像圣·奥古斯丁或者卢梭的忏悔录一样。可能最初看到的文字内在价值很小，几乎不配放在这个系列的短文中。但是，正如我不止一次说过，我们所有的人都是按同一个模子以一种伟大的方式创造出来的，对于个人的分析常常可以代表对于整个类属的分析。当我在形容我自己的时候，我的描述可能也代表了和我同类的大多数人。

　　确实，人若坦诚就应该承担内容非常广泛的责任。我们所有人都应该告诉邻人，应该让他们知道的可能有利于他们的任何事，我们真诚、热心地宣扬看不见的优点和价值，我们必须用我们力所能及的每种方式促成他人的进步，促成有益的真理在世上传播。

　　从这些规则的普遍适用性中，很多读者可能会推断我本人就是一个勇敢无畏，不遗余力传播真理的人，坚定地对每个人说出真话，欣然按使徒的训示"在任何时候都直言不讳，不分季节。"① 符合这样的描述的人通常被认为是不受欢迎的，常常很烦人；他会在认识他的圈子里产生相当大的轰动，通过各种各样的相关因素，我们可以最终判断，他究竟是轻率、鲁莽地干扰了邻人的想法，还是无私英勇倡议了新思路，这个新思路将会使他的同代人和后代获益匪浅。

　　我无意按那些对我充满好奇的人的想法，宽容我自己，因为他们认为我比实际上要好。我在此记录下自己的详细情况，让他们能够对我形成的一个公正评判。

　　我心中最早的激情之一是对真理和真知灼见的热爱。"为什么要这么做？"独自沉思的时候，我常常这样问自己，"就因为我出生在一个特定的纬度（地方），某个世纪，在某一种体制盛行的国家，我的父母有着某种的信仰，就想当然地认为所有这些都是正确的吗？——这都是偶然的！"时间和机遇使之发生。"如果事物的发展规律是这样的，我内在思维的准则完全可能产生于和现在环境完全相反的条件下。如果我能控制的话，我不会成为偶

----

① 出自《圣经·提摩太后书》4：2。

然的产物；我不会像一个羽毛球一样，受施加于我身上的每一下打击的支配。"我蔑视命运给我作出的如此安排，我不能忍受自己被愚弄，以幻象为向导，把每一个偶然的观点，每天的流星当作永恒真理的想法。我就是前面文字[37]中所提到的那个人，对真理说："继续：无论你领我到哪儿，我都准备跟随。"

读大学的时候，我读了各种各样的书，了解到重要问题的各方观点。这样的爱好决定了我现有的生活方式，得出任何结论前，我机警并且慎重。我知道，倾心于每一件诱人的新鲜事物的做法，比坚守少年时代深植于心的偏见的行为更该受到谴责和鄙弃。因此尽管我作判断的时候行动缓慢，一旦作出，从不"轻易改变"。我也不轻易放弃不期而至的意见，在接受它把它纳入我的一套思维体系前，总是要反复考虑。

与此相应，当我开始接触到真理，或者我认定的真理的时候，我就像我所读到过的墨兰顿①一样，他先是皈依了路德的教旨，急切地参与所有的集会，他认为这样做能够让参加聚会的同伴分享不可估量的财富，不必说他遇到的常常是羞辱和失望。

年轻，热切地献身于我的使命，我由此得到了许多苦涩的教训。但我性格中的特异之处加深了它们在我心中的映象。我无法忽略每一个暗示，不论这样的暗示来自何方，我不能不对它进行一番思索，总是试图明确它的本身具有的准确价值。但是，经常发生的情况是：除了我在提出反对意见的时候所经历的明显不公正外，我什么也看不见，特别是面对让人尊敬、声誉卓著的某个人的主张的时候。在详细考察一个人的性格时，大多数时候要考虑的不是常规的、抽象的或道德的准则：我自身具备的条件和基本素质，让我尊重这个性格有争议的人，和这些条件、基本素质的一致性使我得出了我完全尊重他的论断。

我在和其他人交流的时候，在努力要传授我认定的真理的时

---

〔37〕 See above, Essay XIII【原注】。参见前文十三章。

① Philipp Melanchthon（1497—1560），德意志宗教改革家、人文主义者，他是马丁·路德的重要同志、亲密战友。

232

候，我勇敢地开始。但常常发现，对我来说无可辩驳的证据，对其他人来说，不值一提，而且经常发生的是，正如直率坦诚是我的准则，当我决心接受一个到处传播的真理，不论它来自何方，总有人给我提建议，这些建议从本质上动摇了我决心接受这个真理的信心。如果我有神力的启示，如果我有无所不能的神灵的庇护，没有犯错的危险，我的情况可能会不同。但我没有得到神灵的启示，却常常遇到意想不到的阻挠，常常面对别人的反对，或者向我指出我推理中的缺点和不足，而在没有指出来以前，我对这些缺点和不足一无所知。对于所有的矛盾对立，我的心胸不是不能容物，更为重要的是，我也从不认为反对意见都是没有价值的。因此，我很谨慎小心。作为一个人，我不想自己在别人眼中和自己的心中，是一个鲁莽、不顾及别人、埋头向前冲的人，全然不知最明显的困难，热衷于最站不住脚的建议，并且"放弃希望却又心存希望"。作为真理的一名使徒，我清楚地认识到我必须要有敏锐和睿智的判断力，这样的声誉对我的使命是非常必要的。我因此常常少说话，多倾听，在听到有人攻击我所尊重的准则和人物的时候，不是每次都要站出来为之辩护。

　　我性格发展的新时期开始了，在我写作本文的时候正值我的新书《政治正义论》出版。我兴奋不已，心智提升到了新的境界，我致力于思索，想要涵盖社会中人的所有最重要的东西，在我勤谨努力构建的思想体系中，对某些想法，我不因其陈旧而放任自流、置之不理，也不因其惊世骇俗而畏缩不前、不加考量，由此我的性格中形成了新的倾向。这样的性格使我就算在日常生活中也变得更为警惕，变得比以往更为大胆健谈。回复到我们开始时提到的原则，就是随时准备告诉邻人应该让他知道的并且对他有益的事，真诚地、热心地宣扬看不见的优点和价值，用我力所能及的每种方式促进他人的进步，促成有益的真理在世界上传播。我希望我生活的每一个小时都致力于一个最好的目标，专心致志于每一天，检查自己是否遵守了这一准则。我在这条道路上坚持不懈，不屈不挠地走了有五六年，并且，在那种执着消退的时候，它还给我后来的行为带来有益的影响。

关于人的思考 ▼▼

　　但是，在实践中，我的所作所为总有点异于我的性格。从本质上讲，我喜欢沉思，并不活跃，更倾向于在内心深处反复思考论证我看到的和听到的东西，而不是把心中的想法大声讲出来。我喜欢不被人注意地坐在一边，思索呈现在眼前的场景。最初，我主要地是和那些或多或少喜欢我作品的人交往。后来，出人意料的我像一颗星星在我的同辈中升起，我得到了某种程度的普遍尊重。或者，就算不尊重也不顺从，我的意见和观点在他们心中还是有分量的。那些卖力反对我的人，也意识到，如果他们蔑视我，不是所有的人都会和他们站在一起的。

　　但这点在很大程度上是新奇带来的结果。我的肺（指发音器官），如同我已经说过，并非铁打，我的行为方式也不傲慢专横；我和其他人轮流上场，什么也无法阻止他人发表不同的观点和相反的判断。我现身于这一（论辩）的竞技场，和其他人平等的站在一起。此外，如果不靠我中气十足的声音、小小的修辞和调节的手段，就靠理由本身是否有说服力进行辩论，我的对手在这些方面和我相比，毫不逊色。我并不拥有独特的优势，我有的只是一种内在的沉着和镇定，我不说话的时候，因着这份沉着和镇定，我看上去并不像绑在对手战车轮子后面的俘虏。

　　所有这一切来自我做传教士的才能。我不再像游侠骑士那样，随时准备在任何场合拿起武器去搏击、去战斗，为每一个受到不公正对待的理想辩驳，为被冤屈的每个人去抗争。我偶尔回到这个竞技场，充满疑虑。我需要一些刺激来唤醒：像只狮子，或者随便什么能够形容我的好斗的动物，虽在沉睡，但随时可能被唤醒。

　　要忠实陈述，有必要提及另外一点。总有些人，我们知道，随时做好了辩论、论战的准备，和我的情况毫无相似之处。我常常愚钝麻木，想不出好点子，也从未准备好想法、论点或例证，以便在需要时，随时用上。我在某种程度上就像我们在书中读到过的人物，好像受到神圣判决的当头一击。那个时刻我变成了牲畜中的一员，变成树林里的一头猪。我的能力也因此而不稳定，就算我强烈渴求真理。我不能总是担当一个合格无畏的真理的传道士，我经常在几分钟以后，或者在回到我的房间后，回溯绵绵思绪，在这些思想里，我的优点得到了彰显，我得到了荣誉，如果在我需要它们的时候，我能够得心应手地应用。

这就是我的陈述。我没有以任何方式为自己辩白。

我更加尊重那些随时准备告诉他的邻人，任何应该让邻人知道并且对邻人们有益事情的人，尊重那些真诚、毫不妥协地宣扬看不见的优点和价值的人，尊重那些在他力所能及范围内以各种方式为他人进步作出贡献的人，尊重那些促成有益的真理在世界上传播的人。

这就是每个人应当成为的人，是共和体制设计的最好方案有意让我们所有人都变成的人。

但是，尽管我们这里描述的人在某种程度上放弃了他在社会上的真实地位，也谈不上在所有的事情上都做得很好，我们也绝不过分贬低他。缺乏自信，尽管会使我们丧失还真理以公道的资格，不论涉及的是普遍规则还是单独的人，这无疑是一个缺点，但是缺乏自信绝对不能和压制真理的错误混为一谈，或者等同于由诡计和算计产生的对事实的歪曲。

缺乏自信的人，有些情况下很少，有些情况下经常并且以骇人的方式，放弃了对真理的追求，这种方式就构成了谬误形成的缘由，间接地成为了谎话的传播者。但他一直是真诚的，从不说谎，或者也不会刻意诡辩，他从改变立场，站到敌人一方，哪怕只是很短的时间，或者通过偶然表现的专制或欺诈来玷污自己诚实的举止。他可能会被指责为某种程度上虚伪，或者将真相掩藏于阴影，但是他决不会弄虚作假，或者装腔作势。对待每一件事，或者他表达过观点的事情，他的态度都是质朴的、不变的，但是，由于羞涩或者优柔寡断，他将自己对神坛的部分奉献隐藏起来，认为那是人们应该顶礼膜拜的。

这点立即又将我带回到前文所探讨的话题，投票选举是否恰当的话题。

这个方案最本质的是沉默。这种沉默不像是由缺乏自信的性格所引起的间歇性的沉默，谦逊和犹豫不决的人常常出现这样的

关于人的思考 ▼▼

情况：在真理之光面前，暂时的坚韧可能消除这种不自信带来的沉默。它是连续不间断的，不仅仅出现在行为里，当一个人身上还不具有冒险者坚定信念的时候，它成了一种惯例，感觉是交付的一种重担。

坏处还不止如此。在我和同伴们交流的过程中，高兴我就说话，愿意我就保持沉默，任何一种方式都毫无特别之处可言。如果我说话，可能有人在听；如果我保持沉默，很可能有人就得出结论：因为我没有什么重要的话要说。但是在投票的问题上，情况就远远不同。众所周知，投票人有自己的秘密。当我在平常生活交流中可能对某事发表评论而我却保持沉默的时候，不仅如此，当人们认为我应该说话的时候我保持沉默，至少我对这种假装糊涂抱有歉意。但是参加投票选举的人被迫去犯下更为严重的罪行——伪装自己。我们知道，如我所说，投票人有自己的秘密，他被迫求助于各种伎俩计谋来躲避其他人的追问，或者对于沉默的有心人的睿智观察感到困窘。愿意的话他可以用上千种方式扭曲自己，以避免泄露自己扼守的秘密。投票的制度产生了含糊不清、模棱两可和数不胜数的谎言。

第十九章

论自豪感

　　本文的主题和第十一、十二章联系紧密，可能是这一系列短文中最重要的一篇。

　　前文中已经谈过，人类自发的行为中总是伴随着虚妄的自由感，而且，我们的品性、精力和我们对道义上对错的良心判断，主要依赖于我们性格上的这一特点。

　　我现在论述的题目是关于自诩和自豪的感受，普通人经过可贵的努力和付出后，往往产生这样的感受。

　　有本被称为毕达哥拉斯的《金诗》的书上，写着这样一句发人深省的话："尊重你自己。"

　　人类必须要承担的责任有两种，自我否定和自我肯定。我们必须改正错误，矫治容易沾染的恶习，我们还要志向远大，追求卓越，致力于能够带来荣誉和有益于他人的事。

　　在承担自我否定的责任时，我们可能会因禁忌、恐惧和威胁，害怕伤害如同过去已经发生的情况和产生的后果一样自然而然的降临到我们身上，害怕我们所在国家的法律会惩罚我们，或者让我们品尝到他人非难和敌意的苦果。在承担否定责任时，我们必定感到难受，感到极不爽快。所有这些恐惧和难受都是为了限制我们，免得我们挣脱束缚、逃出樊笼，这也是人的本性，在没有外界约束，自我控制的情况下，诱导我们作出的自我否定的选择。但我们所期望的向上的进取心和伟大的进步并非如此。所有这些自我否定正如使徒所说，"是老师带我走向自由的法则。"他随后教导我们"不要再带上（自我否定）束缚的枷锁。"

　　另一方面，如果我们要加入到积极的自我提高的竞赛中去，如果我们已经习惯于善良、慷慨的情感，和这种情感所激发的种种行为，我们必须为自己创造形成这样情感和行为的环境，致力于自我管理、自我约束、培育它们成熟。换言之，我们必须要培养并且熟悉自尊和自豪这样的情感。

　　用老师教导下的男学生的进步为例，可以最真切地说明这个论断的真理性。他们中的很多人都是机敏、勤奋的，渴望完成他们的任务和作业，以达到他们老师和父母的要求，在老师和父母指引的道路上光荣前进。同时，他们中的很多人也处处小心谨

关于人的思考

▼
▼

慎，告诫自己一定要按要求去做，才能避免责难和惩罚，此外无它。

现在我要谈的是前面一种情况，除非有自尊的心态，否则他们无法达到他们所想的目的。

两者之间的差别在于，在自豪感驱动下，只要和学业相关，他们就会感受到强烈的求知欲，就像自己只是学习的机器，而自尊是先知所说"自由的法则"下产生的情感。

只有充分认识到自身的能力，我们才能最好地运用它并完成我们的职责。

这只是最起码要做的事。我们还必须要有良好的幽默感。我们要说，如果正好有机会再试一次的话，我一定让您满意。正是这种对于结果的预期，激发我们的努力，使我们不断向前。坚持不懈很有用，但它只能在强烈的欲望驱动下才能继续发挥其影响力。坚持不懈与软弱无力和模棱两可的心态是水火不容的。它意味着对于光荣的热爱，这种光荣可能是人家置于我们头上的，或者可能只是在静谧的思索中，自己才能感受的光荣，勤勉的学者是自尊自爱的人，渴求找到自己身上值得称赞、值得爱慕的地方。他坚定地面对自己的责任，每一步都要做到自己认可、自己满意。他会不停地问自己，这是不是我打算要达到的效果？

并且，在稚嫩的学生身上所发生的，同样也在成年人身上存在。成年人必须在一定程度上对自己有一个好的评价，他必须感受到某种内在的和谐和安宁，这种和谐使他性格中活泼和快乐的因子流转循环，没有这种内在的安宁，他永远也不能开始并成就大事。

要成就伟业，首先要有前面所提到的坚韧的意志。做大事的人，按照俗话所说，在下定决心，在投入无边无垠的大海前，必须要"反复考虑"，或者说下海前，他已经站在岸边焦灼地眺望了很久。以哥伦布为例，哥伦布从大地的形状，推论肯定有一条航线直接向西通向印度，与当时人们航行的复杂路线不同，这条航线沿地中海航行，穿过苏伊士峡谷，然后沿红海进入印度洋。哥伦布在头脑里权衡了这样一次航行会遇到的所有情况，考察了自己的能力和资源，考虑了可能导致失败的种种困难和障碍，最终决定把自己的想法付诸实践。如果哥伦布对自己没有一个很好的评价，他就不可能提出那样的计划，更不可能完成他的设想。

我们再以荷马写作《伊里亚特》为例说明。如果荷马没有认定自己能力最为出众，他肯定不会尝试去写作《伊里亚特》。这是多么宏大的伟业啊！他用 24 册书，一万六千行诗句描绘出两个伟大国家之间长期的战乱和纷争，一方是所有的希腊人都武装起来进攻，另一方是所有小亚细亚西部的人民抵抗：战争在两个巨大的联盟之间进行，有着众多的领袖，所有的君王都是一方之主，基本上相互独立。再试想一下书中不同领导人物的种种性格，和他们之间的竞争和对抗。还有纷争中的众神，当时的各路天神以及在凡间最受尊敬的神灵。还要在这 24 册书中建构出一个个不停变换的场景，让读者或者听众始终保持高度的注意力，既不腻味也不厌倦。为此，为了写出心中的伟大诗篇，荷马考虑到了情节的统一性，他先讲述阿基里斯和总司令之间偶然的争执、对于阿基里斯的怨恨和阿基里斯随后的背信弃义，直到最后，所有误解及其后果通过普特洛克勒斯的死亡，郝克托丧生，得以完全消解。

进一步说，哥伦布的探险和荷马的写作有一个根本的区别。哥伦布的旅程一旦开始，就没有回头的可能。航行在大西洋的海面上，迈出的脚步就不能退回。在他向西班牙君主提出他的计划，计划被接受开始征召船只，集合船员的时候，他就不可能退缩，必须向前，否则，他将把自己置于不可抹去的耻辱之中。

诗歌的创作不同。作者可以在任何他认可的时候停止写作。因此，每一天的写作都要有新鲜的刺激。他必须要回溯过去，预测将来，写作中作出的种种选择都有让他感到满意的理由。伟大的海洋发现者可能不时也会产生疑虑和感到泄气，可能也像蒲柏说的那样"希望任何人能够阻止他"。[①] 但他还是勇往直前，因为不再有选择的自由。但是，伟大诗篇的作者陷入的困境和航海家

---

①　出自莎士比亚悲剧《麦克白》第一幕第七场。

不同，基本上每天都要回到他创作的作品中，"用他的勇气去锚固脆弱的节点。"他和航海家同样坚韧同样开朗，在最初下定决心写作时，有着完全一样的英雄气概，事业和付出带给他多么巨大的自豪和自信啊！

我从人类众多成就中选取了两个最有价值的例子：发现新大陆和创作《伊里亚特》。所有这些自发的行为，或者说一系列的行为，在起初下定决心时充满活力，在执行的过程中光荣耀眼，每一行为在不同的程度上以自豪感为支柱，支撑着努力向前的信念，没有自豪感的驱动，这些努力都将化为泡影。

自豪感是实现人生光辉目标的必要条件。我们可能会履行很多的职责，其中最为棘手的（将自豪感灌输到学生的头脑中去），恰恰是导师义不容辞的责任，不论是学生"在学校老师的监督下"要求他们必须遵守特别的纪律，还是后来脱离学校的约束，完全自由控制自己所作所为的时候。

导师首要的职责是鼓励。鼓励不是说导师的脸上要永远带着笑，也不是说他说话的语调任何时候都是热情的、讨人欢心的。世界这个大舞台是一个构成复杂，有着许多的好处，也有很多痛苦，当年轻人登上这个舞台，对他们最好的可能是让他们去经历人生戏剧的不同场景。年轻的冒险家不要指望导师为他铲平遇到的每一处障碍，这样的话他从中学到的只有软弱和怯懦。相反，他必须知道，人生就是充满艰辛的生存状态，我们遇到的敌人不总是以凶恶的面目出现，他们尖尖的牙齿是包裹在如羊毛般柔软的伪装中，有时候看上去是无害的。没有坚定的决心、诚实的付出和不懈的斗争，不可能取得任何卓越或伟大的成就。要让他感受来自天上的风，去承受自然的狂风暴雨，不时体验夏天的酷热和冬天的严寒，身体力行，不畏艰辛。

但是导师，不论其他方面做得怎样，永远不能让学生自我轻视，或者让学生觉得自己一无是处。自轻自贱从来就不是美德，也不能激起斗志。学生在任何时候都应该有一个乐观积极的判断，认定自己能够尝试，做好并完成那些有意义有价值的事情。导师永远不要轻视自己的学生，而是应该教会他：只有决心和毅力才能让他达到名师对他的期望。他前进的每一步都应该得到鼓励，特别是到了某些关键地方和一个重要的自我调整阶段。通过这样的方式，我们学会被称之为造诣的舞蹈、音乐、辩论和其他才艺；如果这些提高人心智的最基本的才艺，不能以愉快亲切的方式传授给学生，不能吸引学生，学生从中不能得到快乐，也享受不到真正的欢愉，那么，（这样的学习）肯定是极其怪异的。

与此同时，我们要承认每个人，特别是在他的青年时期，如果身心没有受到凶险疾病的戕害，内在都有一种良好而坚定的自豪感，很难去除。"尽管他跌到了七次，但是他还是站起来了。"当我们遇到各种挫折，一次次遭受训斥和责骂的时候，我们仍然对自己评价很高，充满自豪，并随时准备为实现目标进入新的一轮竞争，非此即彼。

人类性格中的这个特点，正好对应英语中一个很好的短语"磨砺意志"。导师可不时为学生安排严峻的任务，年轻的冒险家可能会说，"我们能完成它吗？"我们应该善意地安排这一切。我们应该让善良的尝试者知道他自身所具有的能力，也许他自己还没有发觉或者运用过这样的能力，在尝试的过程中，用鼓舞人心的话语激励他的斗志，最重要的是，导师在此过程中要注意不要让他承受超过他能力的负担。要知道，人的力量大小可以由两方面来确定：首先，抽象的能力，要求他做的事不要超过他内在能够付诸实践的能力；其次，我们要考虑他过去的成绩，他已经完成的事情，不能期望过高，认为他立刻就能够克服千重障碍。

因为有精神崩溃的情况存在。我记得以前有个同学，在经历了未曾预料到的严峻后，在后来的授课中再也没有出现，此后马马虎虎，什么都不在意，常常衣冠不整，穿着随意。那时，我还年幼，只能看到表面现象。我不知道想起以前的雄心壮志他是否会感到耻辱，但是我确信他后来再也没有了远大抱负。

多么忧郁啊，人，"为了呼吸的权力，在城市里忍受困苦全力以赴

一个郁悒满腹，哀怨连绵的灵魂

关于人的思考

▼
▼

承受着无尽的重压。①"

无力进取，烦躁不安，没有勇气去承担责任，也丧失了获得成功和荣誉的希望！这个景象对于人生的黎明时刻，人的青年时代，尤为惊心。因为，此时自然在他眼前呈现美丽和富饶的前景，所有的一切都是那么令人振奋，充盈着活力和进取的意志！

磨砺人的意志，类似于阻断一条溪流，中止一台复杂、构思精巧的机器的运转。我们不知道什么时候会发生，也许最终发生的时间是我们认为最不可能发生的时候。明智的导师因此不能坐在办公室里，推算各种可能后果，而是应该像一个人走在悬崖边上，悬崖边缘的岩石，不时破碎、裂开坠入大海，面对危机，这个人应该努力控制局势，和危险保持安全距离。

但是这样的想法脱离了我们本文的真正的主题。青年人的导师，正如我已经说过，应该使用他们所有的技能，激发年轻人身上的勇气，让学生保持乐观心态并且充满自豪感。正如学生还"在学生老师的监督下"必须遵守纪律一样，当他脱离学校的束缚后，他应该自主控制自己的所作所为，他有必要继续按同样的计划行事，培养自己的气质，最好的调整自身状态，教会他尊重自己，牢记自身的价值，以取得适合自己性格的，对他人也是非常有用的光辉成就。想在社会舞台上演好自己角色的人来说，要小心提防忧郁和老是把结果预想得很糟的悲观气质，他应该经常想想让人高兴的事情，高唱激励先辈赢得上千次胜利的战歌，他应该想象等待他的胜利的桂冠，告诉自己，要尽力做好自己的事情，努力使自己成为少数胜利者中的一员。对于精英们来说，和成群的普通人相比，他们是真正的人，凡夫俗子的"世界"，对他们而言，不值一提。

还有一点要在此提出：没有自豪感的驱动就没有强烈的进取精神，也就没有由此产生的一系列自发行为，当然也不能给置身

---

① 出自《得救的威尼斯》（Venice Preserv'd），作者托马斯·奥特威（Thomas Otway，1652—1685），英国剧作家。

其中的人带来荣誉。

但是，除此之外，只有自豪感的人才有真正实在的欢乐。"善良的人"正如所罗门所说，"对自己很满意。"这种本能的行为是人头脑构成的一部分。一个人环顾四周，然后说："看！难道每一件事不是很美好吗?"这时他才能感到一种真正的快乐。这就是灵魂的闪光，真实的欢乐，给我们周遭带来幸福的感受，让我们感到全身心的愉悦。如果不能享受生活，生活究竟是什么? 生活就该让人享受，否则就难以名副其实。如果我到学校去，看着周围众多年轻的脸庞，除非从他们脸上看到内在的安宁和满足，否则，这样的场景对我没有真正的吸引力。而且，如果要求年轻人具有这样不寻常的气质，这一气质的重要性不能被低估，长大成人，努力奋斗的时候，我们要顾及俗世的烦忧，或者在渐渐变老的日子里，我们需要自豪感给我们以支持，支撑我们孱弱的身体，蹒跚前行。

在结束这个题目的论述前，我必须仔细区分下面两个论断，一是自豪感是人类取得所有光荣成就不可缺少的条件，二是在第十一章中与之相矛盾的论断，"自爱是我们所有行动的源泉"。自豪感确实是光荣的进取过程中不可或缺的情感；但是它远不是激发我们行为的动机。动机存在于真实的本性，存在于需要我们从中选择取舍的美好事物的全部特征之中，我们寻求他人的快乐，因为他人的快乐就是我们的欲求。自豪感可以比作身体力量对抗中（决斗）的陪伴，有着老式的英国风范。陪伴帮助选手（参加决斗的人）恢复体力，提供饮料食物，鼓励选手坚持下去，但是如果把陪伴当作比赛的对象就很不正常。不，决斗的各方因某个原因而竞争，他们之间有误解或者不能通过争论而从精神和体力上公开解决存在的矛盾，陪伴就是在此后决斗中必要的助手，他的介入意味着矛盾各方已经有了行为的动机，已经扔出了手套，表达了强烈的意愿：同意并愿意进行决斗。

第二十章

论颅相学

最近有个很多人关注的话题，谈论这个话题已经成为一个很特别的时尚。下面的文字，不过是我的一些散漫的未经加工的想法。当然，这个题目，最好是让那些对此多多少少有些相关科学知识的作家来阐发。但是，如果那些能力更强、更恰当的人忽略了这点，我愿意打破常规提供我的意见，抛砖引玉，让那些比我更为合适的人，来研究这个课题。正是由于我的某些不足，我才可能具备一种优势，因为，很多人都知道，如果一个人沉浸于他所调查研究的主题过深，那么他就不可能对此有全方位的总体把握。（不识庐山真面目，只因身在此山中）。我不是解剖学家，我只是从常人的想法出发，站在一个比较普遍的立场，来探讨这个话题。

人的头脑中，往往有很多稀奇古怪的想法，常常也从中衍生出一些奇特的理论，但这些理论很快就烟消云散了。一个客观的研究者，偶尔去分析这些理论，将不时落在科学表面的浮尘吹去，也许这并不是坏事。如果加尔①和施普茨海姆②讲授的颅相学是真理的话，通过证明他们现有的理论建构还欠缺更为有力的证据，我想，我也算为这样的真理作出了我的贡献。如果颅相学是谬误的话，那么这样的谬误应该尽早被人忘却。让那些勤勉好学求知旺盛的人将他们的注意力转到更为有意义的课题上，而不是盲从于华而不实和欺骗性的表象。人的头颅，人直立的肉体中最为高贵的部分，玄机无穷，对于每一个蠢蠢欲动的非专业的涉猎者而言，实在不是一个恰当的研究课题。显而易见，那些所谓发现颅相学的教授们，如果轻率毫无根据地得出论断，此时他们（的理论）最可能被彻底推翻，他们就有犯大错的危险，会在人们心中激起永远无法实现的虚妄的幻想，使含苞欲放的花蕾枯萎。

首先我要承认，正如我所理解，确实存在着与人头脑相关的

① F. J. Gall（1758—1828），著名的解剖学家，颅相学的创立者。
② J. C. Spurzheim（1776—1832），是 Gall 的学生，脑功能定位学说的早期代表人物。

科学，如同柏拉图所说是隐藏在一块大理石中的雕像。雕像是大理石中的一部分，只有在雕刻家将他的技艺应用于这块大理石，雕凿去除心中拟定形象周围多余的部分后，技艺最为精湛的雕刻家才能将这样的雕像呈现于人们的眼前，才能将它从各种束缚中解脱出来。一个没有经过长时间研究和预先模画的人，如果匆忙进行雕刻，那么在揭开遮盖雕像幕布的那一刻，将会发现他的努力是何等唐突，而他雕刻的作品带给他的只能是耻辱。

一位思维敏锐的作家[38]，就算完全置身于俗套虚礼和琐碎的事务中，也表现出异乎寻常的天赋，他写过这样一段话，能够解释说明我的这个观点中最重要的真理。

"请告诉我，那个人的名字是什么——我写的时候太匆忙了，没有时间去回想或者查证——是谁首先有了这样的发现：'我们的性情和我们的天气一样变化无常？'不论是谁，这个发现是正确的。但由此作出的推论是'正是因为这样的变化无常才让我们有了如此多样的奇怪和乖僻的性格'——哦，这个推论不是他作的，而是另外一个人在一个半世纪以后发现的。再者，我们的喜剧有着丰富的原始素材，这正是我们的戏剧好于法国或者这个大陆任何其他地方演出的喜剧，而且最为真实自然的原因，这样的发现直到威廉国王统治中期才被认识到，当伟大的德莱顿，在写作一个长篇序言时（如果我没有记错的话），有幸提到这点。在他的第四并且是最后一点中，他提到我们天气的这种奇特的无规律性，导致我们性格如此奇怪的变幻无常，当天气良好，能走出户外时，我们以某种穿着来补偿性格的无常，从中找到一点乐子。这个发现可是我自己的，就发现于 1759 年 3 月 26 日这个雨天，时间是上午的 9 点到 10 点之间。

"因此——因此上，在我们眼前，我们的学识正在成熟，我的同事和同伴们正在收获知识，随着知识缓慢增加的步伐，我们的物理学、哲学、生理学、论辩术、航海学、数学、猜谜术、工艺学、传记学、浪漫（学）、化学和产科学以及五十个其他学科

---

〔38〕 Sterne, *Tristram Shandy*, Vol. 1. 【原注】。《项狄传》第一卷第一章。

的知识（和前面列举的学科一样，它们的名称多数也以‘学’字结尾）在过去两百多年的时间里，知识逐渐上行达到完美的顶点。如果我们从过去七年取得的成绩中得出一个推论，我们不可能离题太远。"①

没有比这段滑稽可笑的陈述更为真实的了，真正的科学大多数情况下进展缓慢，那些很快就达到完美境界的发现很大程度上逃脱不了伪科学之嫌。就像蜉蝣，繁衍突兀，消亡迅疾。

拉维特②是著名的《人相学随笔》的作者，年龄比加尔大 17 岁。他试图归纳一套方法说明人的性格可以体现在面相上。人相学，作为可能是天才的推论，在古时已为众人所知。要验证任何发现或发明是否能够真正地称得上科学，只有让那个教授将这样的发现应用于一个一无所知的人身上进行验证。让一个身份明确的伟大战士、政治家、诗人、哲学家或者慈善家站在我们面前，然后让容易上当的或者好高骛远、不切实际的人查看他面部的轮廓线条，然后再指出哪些特点标记能够清楚明白地向我们证明他就该成为那样的人，没有比这更为简单的差事。这正是吉普赛人和算命人的伎俩。但是谁又会指着街上走过的一个完全陌生的人说，从那个人的面相上看，我认为他就是世界上的某个伟人。牛顿或者培根或者莎士比亚，很可能就这样毫不引人注目地走过去了。相似的例子每天都层出不穷。这就明确表明，不论这门学科今后如何发展，现在很难说我们已经入门。更为确切的说法是确实有这样一门面相学的科学存在。用前面已经引用过的例证来说，这门科学到今天还隐藏在一大块大理石中，没有完全解脱出来。人类的激情，感受和思维的方式确实在我们脸上留下了痕迹。但是到目前为止，我们对这个问题的理解还很肤浅，还不能算已经从老奶奶办的家庭小学毕业，还没有资格提出更多质疑。

拉维特关于人相学的作品更像是散文诗，充满了断续模糊的感叹，与具备科学要素的论文相比，相似之处很少。但是他取得

---

①　劳伦斯·斯特恩《顶狄传》第一卷。
②　Johann Kaspar Lavater（1741—1801），瑞士诗人、相面学者。

的成功很特别，也许正是这样的成功让加尔把他的注意力从在人脸上寻求性格的标记转到研究人的头颅上去了，从人头颅的特征去联系一个人的智力和道德的素养。

本世纪初前四年，加尔开始就人头颅的结构和外表发表演讲。他告诉我们，他在九岁的时候就注意到这个课题，也就是1767 年，在公开他的体系之前，他花费了三十年时间独自思考钻研这套方法。研究了三十年的这套方法最显著的特征是将人的头颅分为不同的部分，就像把地图上描绘的国家分为不同的地区，然后赋予每一部分一个不同的功能。我早期看到的图表显示，人的头颅分为二十七个部分。

关于头骨学，正如我对面相学的评价，我要说，肯定存在一门相关的人类可能掌握的科学，但很难说我们已经取得了任何进展。如果人脸上的某些线条能够揭示一个人的性格，相信头颅的某些构造与个人能力和发展倾向相关就很自然了。

到目前为止，我们也许应该持谨慎态度进一步阐述这个话题。但人头颅的构造与人的能力和发展倾向相关的说法，和现实中人的行为还有很大差异，尽管我们可以把现实中的人头颅分为二十七个部分。

可以肯定，头颅的外表是和头骨下面大脑的结构紧密相关的。最深邃的思想者已经有过关于人的最为类似的说法，莫过于说某种大脑的结构比另外一种更适合于智力发展的需要。大脑的某种结构可能会比另外一种结构更为适合计算、诗情、勇气、懦弱、推理、自卑、粗犷、柔情、自控和缺乏自控，等等。就像有些人天赋就有音乐才能或者有些人天生就没有。[39]

但是，如果要我们相信计算是由大脑的某一部分承担，而大脑的另外一部分负责诗歌的话，就不合理了。

我们对于事物的自然本质知之甚少，同样也不知道人类思考规律存在的基础，不论这个基础是什么。但是，为了避免冒险武断地讨论这个问题，我们发现称之为大脑的结构与思想的基本规

---

〔39〕 See above, Essay II. 【原注】。参加前文第二章。

律有着许多类似的地方，我们不能不认为前者通过某种方式为后者服务，是后者的手段和工具。

关于思维的基本规则有一点现在是可以肯定的，那就是思维规律的个性化。有人说过，人的大脑一次只能容纳一个思维活动，从注意力的本质上看，确实如此，从各种观念的相互联系上看，和谐统一是人头脑的主要特征之一。正是这样的特点构成了个性，对此，也许相关解释并不令人满意，但是我们都能感觉到，它存在于我们所有的自发行为和所有的德行中。

人体内大脑和神经的分布排列类似于思维和大脑之间的和谐关系。所有的神经都连到大脑，而在大脑中，有一个神经联结的中心点，在这里，各种感受汇聚，也是人们认为行动的意愿开始的地方。这个中心点，用我们前辈的话说，称为"灵魂居留的处所"。

因此，在保持应有的谨慎和谦逊的基础上，我们可以将这个中心点看成是主宰我们头脑心智的君主，这里，感观向它提供我们各种感觉感受的报告，然后这个君主发号施令。整个系统是通过神经传递的手段来发挥作用，沿着神经精妙的结构，我们的感觉和印象得以传播。我们大脑的行政中心正好处于传递感受和控制意愿的功能之间。这个机构的职能包括沉思、回忆、推理和判断。我们并不知道大脑是如何执行这些职能的，但是我们有理由相信大脑的构成物或者大脑某些部分的构成物和这些职能息息相关。

但是我们不能忽略已经提到过的，和谐统一是头脑的行为活动中不可或缺的条件。我们的思维活动只能在大脑中非常有限的区域内协调磋商，形成他们的一个个指令。这是他们静休之所，也是他们强有力的阵地，我们还无法确定大脑中相对于中心点比较偏远部分的功能和特殊功用，对于将我们身体和思维基本规则联系在一起的伟大纽带，我们现有的知识完全是模糊不清的。

尽管联结纽带的观点还不完美，但已完全足够证明头骨学是杂乱无章、不堪一击的。这一学说将头脑的不同功能、表现和倾向性归因于头骨或者大脑的外表特征，这是一种欺骗，应该和看手相、占卜和占星之术属于同类。其他类似的预测未来和未知的伎俩，产生于人类浮躁和焦虑的心态，建立在主观臆断的原则上，在黑暗中胡乱摸索，与真正科学的进步毫无相似之处。托马斯·布郎爵士曾经说过看手相的一个原理是：指甲顶部的小斑点确实表示过去发生的事情，中间的小斑点表示现在正在发生的事情，下面的小斑点表示将要发生的事情；白色的斑点预示我们的好运，蓝色的斑点代表厄运；那些在大拇指指甲上的斑点对于今后的荣耀有着特别的意义；而食指上的斑点和财富相关；其他地方的也同样和财富相连。

科学必须令人信服，必须志存高远，必须包括对原因和结果的推理，不仅要向我们表明事物是如此，还要告诉我们为什么会如此而不是其他。我们狭隘的知识常常让我们得出这样一些非科学的结论，它们不过是凭经验而来，从根本上只是低级的简单描述。比如非科学的学说依据的往往是一个例子或者一些例证，因此，反面的例证会源源不断地出现，削弱它的权威，或者完全推翻它。在头骨学的例子中，我们可以更为明确看到这样的情况，所有可以推论出来的原因（正如此处来自于头脑的特征）使我们相信，实际的表现和头骨学的假设没有联系。

头骨学，或者颅相学，完全与看手相或者其他仅仅建立在假设或者猜想之上的那些伪科学的行事的方式一致。首先给公众描述的情况是，正如我所说过的，将头骨划分为不同的部分，就像描绘在地图上的国家划分为不同的地区。地理是真正的科学，相应地，像其他科学一样，它的发展是缓慢的、渐进的。早期，旅行者们所知不多，不超过地中海的海岸和岛屿。后来，他们通过直布罗陀海峡，进入到大西洋。最终，人类栖居的世界分为三个部分，欧洲、亚洲和非洲。在过了很多世纪后，又发现了美洲。前不久，我们又在南海发现了一个大岛——澳大利亚（New Holland）。古代的地理学家在地图的空白处放上一头大象或者其他海洋怪兽，表示对于这些地方一无所知。而加尔博士并非如此。在人头颅的球体上，除了很少部分外，他的学说涵盖了几乎每一部分，而他，单手一挥，就占领了整个世界。

　　研究这门"科学"的教授们发布的多数判断，都是关于人的头骨。而对于人的习俗和发展历史，人们已经知之甚多。尽管有对于人类习俗和历史认识的优势，这些教授们出现的错误和自相矛盾的地方仍相当多。我发现，博士在 1805 年 7 月访问劳改院和托尔高医院的时候，犯了下面这样的错误。

　　"每个人都想知道加尔博士对一个叫 T 的盗窃犯会说些什么。这个罪犯非常狡猾，好几次都逃脱了，比其他人多戴了一副锁链。让人吃惊的是，加尔博士在他身上，发现的狡猾的特征远远少于其他很多囚犯。但是经过证实，他和劳改所中其他犯人的谈话和前例，使他想到了逃跑计划，正是由于他的愚蠢才导致他重新被抓捕回来。

　　"我们更为惊异地了解到，一个叫 M 的囚犯有模仿动物声音的惊人能力，而加尔博士在他身上并没有发现模仿的特长，经过询问，我们认识到他的这种天赋不是与生俱来的，而是通过学习获得的。这个囚犯告诉我们，当他还是一名普鲁士士兵驻扎在柏林的时候，他曾经在孤儿医院用模仿暴露野外的婴儿的声音来欺骗等待的女士，而当军官们在射猎鸭子的时候，有时候他模仿野鸭的叫声。

　　"另一个例子中，加尔博士说某人的头颅显示出反复无常和幽闭的模式，没有丝毫迹象表明此人有勇敢的特质。但是这个无赖在他的罪犯同伴中有着很大的权威。当他头颅的结构明确表明他缺乏坚定的品质，这样的情况又怎能和他的实际表现一致呢？加尔博士回答说：他不是靠勇敢坚定的性格取得他的优势地位的，他靠的是狡诈"。

　　众所周知的罪犯瑟特尔，因其犯下的一桩最为冷血、闻所未闻的残酷的凶杀案而被处决，在他身上，颅相学者们发现仁慈特征的表现不同寻常地突出。

　　在施普茨海姆对于人头颅的描绘中，我发现在人眼睛上面的小小范围内划分出了六个表现不同性格的区域，难道这样细微的划分很大程度上不是武断或浅薄的吗？

　　遗憾的是，没有哲人或者熟知人类心智发展历史的专家参加

关于人的思考 ▼

到这样的探讨中。如果在那些本质属性和表现的倾向性之间有一个恰当的划分的话，许多错误和荒诞的无稽之谈就可以从这些理论家的陈述中去除，这些本质属性和倾向性可能是一个人与生俱来的也可能源自于社会制度习俗，随着社会约定俗成的建构方式而产生发展。我在前面短文[40]中试图解释两者之间的差异，想要证明尽管人类在出生时不能表现任何一种明确的倾向性，不能表现出对于文明社会中某种兴趣爱好和职业的倾向，但是，他可能有一定的内在或外部条件使他在某一人生追求中超越他人。颅相学者们忽略了所有这些。对于在社会中表现出的，构成人的个性的、现实的各种习惯、脾性、美德和恶习，他们不假思索地立刻归因于我们出生时带到这个世界上来的头颅结构。

加尔的很多说法肯定是对于我们普遍本性的污蔑。尽管一个严谨一丝不苟的哲学家可能会承认，他对"地球和其中的所有一切"是如何建构的知之甚少，但其中如此众多的美景和仁慈的倾向，让他很难相信一些人生来就有一种命中注定的倾向要去抢劫，其他一些人天生会去杀人。没有比加尔著作中对于人的记忆器官更为荒谬可笑的划分了，他将人的记忆功能区分为事物、地方、名称、语言和数字，而这些记忆的功能、器官应该是在名称或者语言或者数字产生很早以前就已经具备了。加尔的追随者们在一些例证中纠正了这个错误，但在他们创造新的说法避免老师所犯的最荒谬的错误的同时，必然地失去了表述的清晰直白。

有一种差异，也许不值一提，就是在拉维特面相学和加尔的颅相学之间两者相比的话，前者肯定要好于后者。我们经常观察到的面部的线条和表情特征，多数情况下是心智的表现。首先这种观察的方式更适合于人骄傲和庄严的本性，和道德感也更为匹配，在宇宙的体系中这样的验证最值得赞美。人头脑中最常见的活动会在脸上留下痕迹，这在面相学中得到了最好的证明，这点应该是正确的。因此，地位崇高的哲学家、诗人、心怀仁慈和博爱的人在旁观者和陌生人眼中确实如此。而那些心怀不轨、奸诈

─────────────

〔40〕 See above, Essay II. 【原注】。参见前文第二章。

的、粗俗的人，只要注意到他们所表现出来的特征，其他人就会对他们提高警惕，小心不要成为他们恶劣行径的牺牲品。

而头骨学或者颅相学的发展，不论名称是什么，和面相学完全相反。只要教授们认为已经对公众解释清楚了，或者他们认为自己明白了，那么这种学说赋予我们从出生就带来的能力，完全或者几乎不受任何训练或者意志的影响，不论是由那些受此桎梏的人来执行这样的训练，还是对他们进行这样的训练。我听说一个没有辨别色彩能力的人，即使用这个世界上所有的培养训练都无法弥补他的缺陷，让他看到色彩，或者像其他人那样看到色彩。另外一个缺乏仁慈能力的人，他的情况也是同样的绝望。我不敢再去想象那些更为不幸的人的境况，（按照学说的观点）自然赋予他们的是偷窃和杀戮的能力！这样的情况就像是占星术。（他们星座上的毛病比他们自己身上的还要多。）

让人更为恼火的是，我们的星座，就算有了所谓的预知未来的能力，在某些事情上还摇摆不定。但是头骨学立刻就进入到宇宙的王国，在它的版图上，我敢说，没有空缺的地方，没有未开发的区域，没有延伸宽广的不毛之地。

这样的学说整个就是宿命论，和我们自身无关，我们也无法控制，我们只能接受宿命幽灵般的统治，被动地成为善或恶的载体。相信这样学说的人是不幸的，除了满足自己了解悲伤的"真相"愿望，用自己从这一"科学"中学到的技艺并运用这些技艺痛苦地去了解去认识自己非同寻常的悲惨处境，他将找不到慰籍。人类伟大的胜利在于教育的力量，通过教育增进他的智力，强化他的感知能力，调节并锤炼他的道德品质。但在头骨学看来，这些都一无是处，大多数时候我们只能成为残酷和盲目命运的绝望的牺牲品。

同时这一学说对我们也是好事，因为它可能是有史以来最没有人性和最为可耻的学说，给我们提供了一个典型的反面教材。它几乎所有的例证都是建立在主观臆断的假设和信心十足的论断之上的，与需要耐心努力和艰苦探索，按合理体系发展的真正的科学精神背道而驰。

关于人的思考 ▼

现实中我们对人的真正性格知道得很少。每个人对他的同类而言都是一个迷，每个人的性格都不一致。很难认定历史上的伟人的活动和做事方法背后的动机。我们研究他们所作的事，他们说过的话，但是没有结果。我们永远无法得出一个全面的有说服力的结论。现实中没有人可以肯定地说他了解自己，因为"人的内心最具欺骗性"。①

但是头骨学专家们武断地忽视了所有的困难，这样的困难会让睿智的人不轻易作出他的判断，会使哲学家们永远犹豫下去是否要表明他们将要作出的结论。头骨学者们只看到了带给人荣耀或者使人蒙受耻辱的行为的外部特征。他们专横地一次性地作出结论：这个人是一个杀人凶手，是一个英雄，是一个懦夫，是金钱的奴隶或者慈善事业的实践者。然后测量一下他头颅的外表，开始找寻表现这些性格脾性的构造，还必须找到所有性格相似的人都有的构造，或者那些行为上有着相同的外部形式，看上去和他类似的构造。

在发现能够拆解人类头脑迷宫的线索以前，我们很难有希望弄清外表特征所表现出来的性格，也很难确定哪种形式和外表总是与哪类性格紧密关联。

但切不可妄断，认为这种杂乱无章、支离破碎的"科学"会成为无聊和自大人士的特殊爱好，或者认为每个男人（和每个女人），不论怎样缺乏真正的教育，不论怎样不适合探索我们本性中深邃或者崇高的秘密，都可以用他们的眼睛和手探索颅相学的奥秘。如果真是这样的话，整个人类和人类永恒的多样性的持久，将立刻成为每个妄求者的审判对象。

　　　　傻瓜热衷的地方，天使不敢驻足。②

让那些轻率和自以为是的人最高兴的事情莫过于照着前人的

_____

① 出自《圣经·耶利米书》17：9。
② 出自亚历山大·蒲柏的《论批评》。

结论进行判断，还貌似权威地宣称："不值得弯腰去为他们解鞋带"。我还记得，在乔治·戈登爵士暴乱①后，十一名被告向同一个陪审团认罪服法，因同样的罪名失去了他们的生命。这件事，和那些粗鄙的颅相学者们笼统毫无差别的论断相比，根本算不了什么。

---

① 1780 年新教徒在乔治·戈登煽动下反对 1778 年通过的罗马天主教放宽法（即放宽对天主教的限制）的暴乱。

第二十一章

论天文学

第一节

要是我斗胆对天文科学提出一丁点儿怀疑，我也丝毫不认为这是一种亵渎。各门学科都应平等接受人们的质疑。如果一个人从来不会怀疑，那么从怀疑这个词最重要和最严格的意义上讲，他也就根本不会相信任何事情。

我质疑权威的精神源自于一本名为《格思里的地理文法》的书。1772 年，我住在一位乡村小学校长家中，在书房中读到了这本书，书中的许多篇章和段落深深地吸引了我。在此，我要把该书中与本章论题相关的段落做个摘要，以保证之后的论述更加公正。我不知道现在手上这一格思里版本，与当年我得到的那个语种的版本比较，在语言上有了多大的改动，不过我确信，主要内容还是保持不变的。[41]

"举着崭新的望远镜，目光飞快地掠过天际，进入赫歇尔[①]眼中的宇宙越来越大。从不同角度能够看到的四万四千颗星星，似乎暗示着宇宙深处还隐藏着的七百五十万七千五百万颗星星。可是与布满星星的整个苍穹相比，比起太空无限的疆域这所有的一切又算得了什么？

"恒星与地球，以及恒星与恒星之间的巨大的距离，从任何角度考虑，都足以唤起我们对上帝创造的思考，加深我们对大自然的景仰。现代许多新发现表明，每颗恒星都有可能是一个太阳，像地球和其他行星环绕太阳一样，他们也有环绕自身运行的行星和彗星。一束光线，速度极快，通常被认为是瞬间即逝。可是光从这些恒星传播到地球所花费的时间比我们去趟西印度还要漫长。仅次于光的还有声音，被认为是人类所熟悉的运动最快的

---

〔41〕 The article *Astronomy*, in this book, appears to have been written by the well known James Ferguson【原注】。本书中天文学这篇文章大概是由著名的 James Ferguson 写的。

① Frederick William Herschel（1738－1822），英国天文学家、古典作曲家、音乐家。

物体，可是声音从恒星传到人类要花费五万多年的时间。一枚以一小时 480 英里的速度飞行的炮弹，从恒星到达地球需要的时间则不止 70 万年。

"根据对自身所处太阳系的了解，我们可以推出一个合理结论：其他星系也在和地球位置相当，条件类似的地方，孕育、繁衍着和我们一样的智慧和生命。尽管这一结论本身作用有限，可是它却为人类想象造物主的伟大创造提供了一个无与伦比的新思维。成千上万的恒星，无穷无尽，围绕在我们四周，彼此相距十万八千里，相隔着无数个时代，无数个世界。所有的星球都在以高速而又平静，规律又和谐的方式运转，永远不变地维持着既定的轨迹。这些星球居住着无数的智慧生命，他们生而就为了追求无止境的完美与幸福。"

头脑冷静的人听到这些话，立刻就会想到，我在此要人们相信的是一个涉及范围极其广泛的话题。那么，如果遇事要作出正确冷静的判断，首要的原则是，证据本身所具有的力度和无懈可击性与观点的重要性和让人难以置信的程度成正比。

这不像是宗教，上层权威要求我们相信一些神秘事物，相信一些超出我们理性或是与理性背道而驰的事物，谁也不会自称受上天的启迪发现了天文学的真理。这些发现，只有通过人类的思考，通过勤奋钻研事实和真相，才能为人所共知。

对天文学一窍不通的人往往相信大名鼎鼎的人，像伽利略、开普勒、哈雷和牛顿。尽管这些人完全配得上人们给予他们的荣誉和爱戴，可是他们并不能与马太、马可、路加和约翰等人完全相提并论。后一批人笔下记录的"字字都出自上帝之口"。

所以谦虚的人在提出怀疑时，并不假装认为自己与这些杰出的人物处于平等的地位，他会先提出少许疑点，然后再去研究上面段落提到的要求他相信的一切事情。他这么做是可以理解的。

因此，我在这里阐述的天文学产生的基础，首先是感觉的依据，其次是数学家的计算，第三是出于道德上的考虑。这三者分别被命名为实用天文学、科学天文学和理论天文学。谈到实用天文学，我们在此不能不提到感觉的不可靠性，我们的感觉常常出

关于人的思考

现错误，几乎每天都能观察到。

不过也有人怀疑这个说法是否公允。我们不会为自己的感觉所骗，却会被感觉得出的推论所骗。我们对于所谓外部世界的各种感觉，主要是长度、宽度、体积、硬度、软度、冷、热、色彩、气味、声音和味道。人们得出的与感觉相关的一致推论是：总是有某种身外之物和我们的映象对应，换句话说，我们将感觉的起因等同于感觉本身。但是严格来讲，这只是一个推论，而且，即使感觉的起因与感觉有不同之处，也不能完全确定感觉欺骗了我们。我们清楚地知道大脑中上演的一幕幕场景，却不能完全肯定地说除此之外我们知道的更多。

在某些情况下现代哲学教会我们去驳斥将感觉的起因等同于感觉本身的论断。洛克尤其强调人们应注重推理，认识到像冷与热，甜与苦，难闻与好闻的气味等等，都是被感知的存在，无法存在于无生命的物质中。假如冷与热，味觉与嗅觉根本不是感觉，那么我们同样可以将痛感等同于鞭子抽打在身上，将快感等同于接触让我们发痒的人或东西的过程中出现的轻微变化。

持上述观点的哲学家发表的言论引起了我们的重视，他们声称，声音、色彩等感觉的起因没有准确的对应物，与实际感受到的感觉也不相符。声音产生于空气振动，色彩产生于光线反射，不同的观察者观察处于某一位置的同一物体，虽然物体本身没有变化，但会得出不同的感觉。比如会看到不同的颜色，不同的色彩浓淡，有时是蓝色，有时是褐色，有时是黑色，不一而足。牛顿和洛克都持这样的观点。

由此我们得出结论，如果没有具备感知能力的人类来接收这些感觉，那么就不会有热、冷、味道、声音和色彩。洛克认识到，某些情况下，在认识到人们对于事物的感觉与感觉的起因存在差异之后，将物质界中的物质按性质划分主次，那么由事物主要性质产生的感觉能够代表事物的真实本质，由次要性质产生的感觉则与感觉的起因没有准确的相似性。

如果本着严格分析的精神，继续探究事物的主要性质，我们可能不会认同洛克所设想的那样，发现主次之间存在着显著差

关于人的思考 ▼

异。牛顿的《光学》比洛克著的《人类的理解》晚出版了 14 年。尽管两人都努力想解释光线在透明物质中可以不间断传播这一现象，但是只有牛顿发现了其中的奥秘。

"物体的渗透性比通常人们所认为的更强，内部也更疏松。水比黄金轻 19 倍，因此其内部也要疏松 19 倍。黄金内部非常疏松，能够毫无阻碍地轻松传送磁微粒子。水银可以轻易渗入黄金的孔隙。由此我们得出结论，黄金的孔隙比其实体部分更多。所以，水的孔隙是其实体部分 40 倍。由此得出一个假说：水的内部很疏松，可是不能被外力压缩，我们可以毫无疑问地由此推出下一假说：如果黄金、水以及其他一切物质能达到想要的疏松度，那么光就可以轻松地穿过透明物质。"[42]

牛顿又写道："物体的色彩由反射粒子的大小决定。现在我们假设物体的粒子是如此分布的：粒子间的间隔或空间等于这些粒子大小的总和。而这些粒子又由其他更小的粒子组成，它们之间的空间与这些更小粒子的大小总和相等。以同样方式，这些更小的粒子又由另外的更小更小的粒子组成，它们与粒子间的孔隙或空间相等，以此无穷类推下去，直至到达没有孔隙或粒子之间也没有空间的实体。如果肉眼看得见的物体中存在三种层次大小的粒子，最低一层是固体，那么这个物体所具有的孔隙是固体的七倍。如果存在四种层次不同的粒子，那么物体具有的孔隙将达到固体的 15 倍，如果有五层，那么物体所具有的孔隙将达到固体的 31 倍，如果有六层，将达到 63 倍。照此无穷类推。"[43]

在《光学》所附的《疑问》一章中，牛顿进一步提出这样的观点，即光线不跟物体发生直接接触就被排斥。他说："引力不存在时会发生排斥。这种斥力似乎源自于光线的反射和折射。因为在这两种情况下，光线没有与反射或折射的物体发生直接接触，就被物体排斥。这也可以由光的散射得出。由发光体内实体

---

〔42〕 Newton, Optics, Book II, Part III, Prop. Viii【原注】。牛顿《光学》第二册，第三部分。

〔43〕 Newton, Optics, Book II, Part III, Prop. Viii【原注】，如上。

振动产生的光，速度极快，超出引力的作用范围，这个力足以将光以反射的形式倒转回来，也能让光散射出去。空气和蒸汽的产生也是如此：微粒被加热或因沸腾摆脱物体，一旦超出引力的作用范围，微粒便以强力远离物体且相互间保持距离，微粒间的空间有时扩大到致密体粒子间距离的一百万倍。"

牛顿认为，物质最底层是由极为细小的固体微粒构成，既没有孔隙，微粒间也没有空间。普里斯特利①在他的《物质与精神》的专题论文中进一步发展了这一观点。牛顿认为超微粒子完全处于引力和排斥力的作用范围内，不考虑微粒之间可能发生的实际接触，普里斯特利则更倾向于认为该范围的中心只是理论点。按照他的术语，没有实际接触的两个物质微粒，从未如此靠近，只需施加一个足够大的力，就可以使两个微粒靠得更近。只需要克服一个斥力场，两个微粒就可以走到一起。因为微粒间没有实际接触，整个世界都将由一个个斥力场组成，永远没有尽头。

作者接着说道，"很显然我们通过对比会发现，牛顿哲学的原理是，自然界中的现象很少起源于固体物质本身，而是起源于伴随环绕物质实体部分的力。有人断言，与我们现在掌握的知识相反，太阳系中所有的固体物质都处于一个极小的范畴中。这一断言从未有人反驳。"〔44〕

凭着感觉，我们在观察这个被称之为宇宙的世界中发生的林林总总的现象时，头脑中的印象往往让我们从中得出错误的结论，产生与外部世界完全不符的看法。这么做是有道理的。苏格拉底曾说，"我们仅仅知道这一点，别的一无所知"。这句话是我

---

① Joseph Priestley（1733—1804），英国化学家、牧师、教育家。

〔44〕 Priestley, *Disquisitions*, Section II. I know not by whom this illustration was first employed. Among other authors, I find, in Fielding（Joseph Andrews, Book II, Chap. II）, a sect of philosophers spoken of, who "can reduce all the matter of the world into a nutshell."【原注】。普里斯特利的《专题论文》，第二部分。我之所以了解，并不是因为谁最先解说分明。在其他作者中，我发现在 Fielding 中（Joseph Andrews，第二部书，第二章）谈到了一派哲学家，他们"能将世上所有物质都缩到极小范围。"

们第一个必须遵循的准则，要将它随时准备着，一有机会便运用它。在科学的汪洋大海中我们没有罗盘来指示路线，至少对于天文学这门学科而言，我们得不到一点启示。太空这片浩渺大洋中飘浮着无数适宜居住的星球，我们对此却没有任何发现。因此我们注定要像古代的水手那样，只能在看得见陆地的水域航行。有一句关于日常谨慎行为的古老格言，是这么讲的，我们要不断用一种感觉纠正另一种感觉。我们在这里谈的不是信仰，而是理性。我们应该效仿使徒狄狄摩①的做法，他曾说过，"除非让我看到他（耶稣）手上钉子钉过的印迹，把我的手放在钉子形成的伤口上，真正触摸到他，否则，我不相信（你们看到了他）。"我的眼睛看到一个物体，具有一定的大小、质地、粗糙与光滑度，但是我亦要求，我的手也能确认这些眼睛看到的现象。站在岸边，看到在远处似乎有一座小岛，距离无法确定，但是，如果我被值得称道的好奇心所激发并想要了解真实情况，我就会跳上船，向小岛进发，通过近距离的观察来确定我看到的小岛是否就是我所认为的小岛。

事实上，有一些我们很熟悉的物体，它们在各个方面都很相像。通过仔细观察其中的少数几个，再稍微研究一下其余的尺寸、特点，就能得出满意的结论。因此，我们使用象限仪测量一座塔的高度，通过严格的查验、比较，确保测量手段的准确，就可以将这个方法应用于其他的事物，而不必费心再用其他更为精密的方法来检测结果。我们之所以接受从第二个及之后在实例检测中得到的推论，而不必像研究第一个事例那样有如此多的顾虑和疑问，原因就在于两者间存在着精确的相似和类同之处。经验是结论和行为的基础。我会用一定的力度打击某个物体，比如说一枚钉子，因为我通过观察自己及别人的行为知道，应该用这样的力度打击才会有效果。我吃东西，咀嚼食物，是因为我发现这么做有助于保持身心的健康。我在田间撒下种子，做其他一些农活，是因为发现这么辛勤劳作能让我

① Didymus，又名多马（Thomas，亦译"多默"），耶稣十二门徒之一。

按时收获庄稼。

这样的行为恰当与否取决于新旧事例间是否存在着精确的相似性。如果我的任务只是一个观察者，或是一个过客，那么情况不会因我而改变。我确切地知道水和土的差异，知道陆地不同于海洋，能够分辨高山和峡谷，因为我接触过这些事物，所以当我再看到某些表象，我就可以有把握地断定，我现在的感受与以前是一样的。这个最为广阔，最令人难忘的空间，将地上地下以各种方式进入我们视界，让我们参详的各种物体和高悬在我们头上的光分隔开来，构成了我们栖居的世界。世界还处于婴儿期的时候，人类虔诚而满足地凝望着它的宁静与美丽，也许会崇拜，会评价他们给人类自身及人类勤奋劳作的对象所带来或可能带来的影响，可是人类并不想去测量世界的大小，探询其中的结构，或是对它打算提供但却与我们生存不相关的用途作出解释。

然而，人类智力发展的结果之一就是好奇心的膨胀。人类大胆无畏的进取心是人类本性中最光辉的一面。我们可以夸耀说，人类可以"量地球，称空气，掌握潮汐的动态"。在那些平庸胆怯的谨慎宣告无能为力之后，人们雄心勃勃的抱负以成功告终，唯有此时人类才被看作具有了一点超凡神圣的本质。

凭借大胆的设想，敢做敢为的精神，人类有什么不能做到呢？天才们的成就总是看起来让人难以置信，以至同时代的人们常把那些智力超群的杰出人物看作是魔法师，或是魔鬼的工具，直到这些成就得到彻底检验，逐渐被广泛认同，人们才会改变看法。推动人类进步的伟大发明——印刷术的发明者，引起人们更多疑问的火药制造术的发明者，都同样经受过这样的诋毁。我们把大海、风变成可以为人类带来快乐享受的资源。"把旧世界耗尽，发现一个新世界。"这个想法将闪电从天堂引入人间，将平等的权利和独立展示在人类面前。尽管如此，我们既要大胆无畏，又要警醒质疑。没必要再去幻想，我们的行为足以实现任何事情。

像本文开篇所讲，我们只了解自己的感受，对其他一无所

关于人的思考 ▼▼

知。物质不管就其主要性质还是次要性质而言，都与普通人设想的不一样。杰出的贝克莱①曾教导众人要完全怀疑物质的存在，他之后的理论家进一步发展其观点，试图说明，每个人，不管是正在说这个话的人，还是正在倾听的你我，就我们目前的知识而言，谁也拿不出确凿的证据让人相信，我们就是唯一的存在，整个宇宙就是属于我们的。

但是，我们还是不要追随这些天才人物的思想走上极端。我们秉承他们质疑的精神，就是为了在我们跃入无边无际的太空前，能够审慎，明白自己在做什么。

第二节

我们知道，"太阳是固体，距我们居住的地球九千五百万英里，体积是地球的一百万倍，内部充满极大的热量。如果一颗彗星在一定范围靠近太阳，那么它的温度会升高。比烧红的烙铁还要热二千多倍。"

应该承认，这番话有许多地方是值得相信的，不过，如果我们非要到有确凿证据证明其真实性后才肯相信的话，这样做也是可以理解的。

我们发现，对于大部分自认为已了解的地球表面及深层情况，我们已经为我们的感觉找到了或者可以找到得出同样结论的证据。天文学上的许多观点，并没有合理的证据，但那些源自视线所及之物的类比类推，尽管并不完美，却使我们从能够验证的观点出发，通过类推相信并依赖于我们无法验证的想法。

在上述关于太阳的论述中，我们首先需要讨论的重要细节就是距离这个术语。目前严格来讲，有关太阳及其他天体我们可以肯定的是，我们对于这些天体的一系列想法类似于我们对陆地上或远或近的物体的感觉，两者之间存在着并不严格的相似性。

我们应该在一定程度上先掌握一些有关我们生存的地球的准

---

① George Berkeley（1685—1753），爱尔兰主教及哲学家。

确信息，确定自己掌握的有关知识和运用能力的正确性，然后再来考虑那些据说在成千上百万英里远的天体。这其中，最让人生疑、最不明朗的是山脉的海拔高度，地球表面因此而变得千姿百态。在公认为标准的初级地理书中，人们确信安第斯山脉是世界上的最高山。莫尔斯在 1810 年[45]波士顿出版的第三版《美国地名辞典》中写道，"绵延无边的安第斯山脉，海拔最高点是钦博腊索山峰，高于海平面 20,280 英尺，比世界上已知的另一大山脉高出 7120 英尺。"这样一来，在莫尔斯看来，西藏以及其他高地的准确海拔高度不超过 13,178 英尺。不过这个结论最近受到了质疑。休·默里在他 1820 年出版的《亚洲之旅及发现》一书中，校核了近期在中亚旅行的人写的诸多报告，指出西藏山脉的最高海拔点珠穆朗玛峰，超过海平面将近 30,000 英尺。

直到最近，除了用象限仪测定山脉的海拔高度外，再无别的方法。由于山脉的高度通常被夸大了许多，17 世纪著名的天文学家利奇奥里，曾提出这样的观点，一些山脉，比如像高加索山，垂直高度可能有 50 意大利里。[46] 他之后的许多观测者开始使用气压计，通过掌握空气一定高度上的重量，来推测出山脉的高度，从而纠正一些不准确的结论。

许多情况促使一个深思熟虑的质询者来研究天文学不容置疑的地位。当初那些备受推崇的现代作家也带着同样的犹疑提出了类似的观点，就如我们前面所说，天文学建立在演绎数学知识的基础上，其客观性仅次于我们感觉的证据。数学分为两种，纯数学或是应用数学。

纯数学只与抽象的概念打交道，与现实世界无关。在实际生活中不存在数学上的点、线、面，也不存在圆形、正方形。不过这并不重要。我们可以用文字定义这些概念，然后加以推理。我们画一个图，假设一条线为直线，一个图形为圆形，虽然它们实

---

〔45〕 Article, Andes【原注】。文章：安第斯山脉。

〔46〕 Rees, Encyclopedia; article, Mountains【原注】。《百科全书》，编著者 Abraham Rees（1743—1825），山脉一文。

关于人的思考 ▼

际上并不是这样。由此大多数人认为，数学绝对是一门科学。

不过情况并不完全如此，数学同其熟悉的抽象、虚构的存在相比，并无两样。这些抽象、虚构的点、线、面，构成了一个精确可信的存在，构成了数学这门绝对科学。可是我们接触到的数学却和生活混在一起，搀和着我们自己许多并不准确的观点。由于自身能力有限，我们很容易上当受骗，分不清眼前究竟是在完全清晰透明的条件下看到的事物，还是已经被欺骗性的媒介扭曲过的原始事实。当不可明辨的暮色，迅速降临我们身边，我们却常常觉得仍是天亮。一串连续的推论，就像算术演算过程的各个步骤，错误在开始几步就不知不觉悄然潜入，导致以后的步骤日渐偏离纯粹的真理。所以可以说，人类接触到的数学就像人的一生，充满了偶然性和变数。数学，对于宇宙来讲应用也许是一门确定无疑的科学，但是对于人类而言却不是如此。

可是，如果说在纯数学的领域，我们有可能犯错误，产生错觉，那么到了应用数学的领域，这种情况就变得更为严重。一迈出抽象这一高层领域，将数学应用于外部世界，那些我们呆在纯粹真理的庇护所中有资格吹嘘的神圣天性，不会犯错的免疫力，便统统丧失。如前所说，我们知道在我们头脑中上演着什么样的场景，可是却不能绝对地说，我们对于其他事情也一清二楚。在对现实世界的思索中，我们不仅受制于能力有限这样的劣势，还会不知不觉犯下各种错误。我们还会遭遇外部世界不断出现的差异和不规则变化，我们感觉出现的错误或缺陷，所发明的用于帮助观察的工具仍不完备，现实世界和主观印象间存在的差异和矛盾此起彼伏。

不管我们何时将算术应用于现实生活，这些情况都是显而易见的。算术，既不会产生激情的冲动，也不受自然界意外事故的影响，只循着自己的轨道前行。可是发生在现实世界中的各种数学现象，却"时时处处受到时机和机会的影响。"①

著名的马尔萨斯②在政治经济学中提到的算术、几何公差时

① 出自《圣经·传道书》9：11。
② Thomas Robert Malthus（1766—1834），英国人口学家和政治经济学家。

也是如此。他提出的数字在应用上极为顺利。比如1，2，4，8，16，32，代表的是人类的人口增长原则；1，2，3，4，5，6，代表的是生活资料增长原则。可是桀骜不驯的大自然却不愿遵照他的指令。普雷斯博士曾计算过一便士的产出，从公元伊始，按五分复利计算，到1791年，他发现这一便士的产出比三亿便士还要多，而且真金十足。可是这与我们生活的这个世界有什么关系呢？有人会对一便士来收一千八百年的利息吗？而且，就算有人这么做了，到哪儿去找那么多的金子来满足他的要求呢？

莫里斯在他的《美国地名辞典》中继续探讨了马尔萨斯提出的原理，他说，如果纽约市以现在的比率持续发展一百年，到时它将拥有5，257，493名居民。可是不管是他，还是他的子孙，或是别的其他人会看到这个情况出现吗？

布莱克斯通在他的《英格兰法律注释》中说，每个人在第一代时有两个祖先，第二代有四位祖先，照这么算，到第二十代，他的祖先将超过一百万，到了第四十代，将是这个数字的平方，或超过一亿。这个说法比起马尔萨斯提出的相反的学说，更足以证明远古时代的人口简直多到用数字都无法来表示了。

我在另一门学科中提到的贝克莱，是一名公认的造诣很高的哲学家，他曾撰文[47]证明，有一些数学家虽然反对天主教主张的神秘事物，"但却承认另外一些更为不可思议的迷信，甚至一些科学谬误，他把微分原理作为这一现象的典型代表[48]"。他说，他们的结论是由两部分错误造成的。这些"学说创建者们"根据这两部分背道而驰却又互补的错误，得出他们所谓的真理，不过他们无法展示如何或用什么方法得到这样的结论的。

本章开头提到，"成千上万的太阳，繁衍无止，排列在我们四周，彼此相距十万八千里，相隔着无数个时代，无数个世界。"仔细思索一番，你会发现，这个观点建立在多么薄弱的基础上，既让人难忘又充满好奇。这个学说也许完全正确，可是不论其真

---

〔47〕　*The Analyst*【原注】。《分析家》。

〔48〕　Life of Berkeley, prefixed to his Works【原注】。出自《贝克莱传》。

关于人的思考
▼

假，这个学说对我们来说不会没有用处，特别是在仔细考察人类前进的道路，审视人类在勇于探索时大胆地置于漆黑汪洋中的码头。我们建造了一座金字塔，足以蔑视古埃及人辛勤劳作留下的遗址。可是它高高耸立，微风一过摇晃不止，时时刻刻威胁着要把这些无畏的建造者打垮埋进废墟。

这个学说让我们对人类本性有了一个非常透彻的了解，让我们设想，众多的天才人物是凭借何等的镇定和自信开始了对无限太空的研究。生而就为追求完美和幸福的哲人们，以他们过人的勤奋，挑灯夜读，殚精竭虑，几乎达到形销骨立的地步，来测量光速，测量天狼星和其他恒星的距离，来研究那些他们所说的无数星球。哥白尼，伽利略，伽桑狄①，开普勒，哈雷，牛顿，这些人的鼎鼎大名让我们不禁生畏，如果他们展现在我们面前的天文学仅仅是一个浪漫故事，那么这个编写成的作品比文学史上任何一个浪漫故事都更加坚定，更加真诚。

普通老百姓不可避免地会向天文学家提出这样一个问题：像你们所说，绝大部分的天体都在几千万里之遥。你们怎么会对天体的大小、性质了如指掌？我相信，现代人不会再提出这样没有见识的问题。我刚刚翻阅过的《伦敦百科全书》（Encyclopaedia Londinensis）中有关天文学的部分，包括一百三十三页密密麻麻印刷的四开大纸。这篇文章中没有任何地方提及这样的问题。牛顿和他的伙伴曾说，这不就足够了吗？

天文学学说的原理是数学的一个分支——三角学，从中我们知道，如果已知一个三角形的两边一角或两角一边，我们就可以画出整个三角形。这一原理要应用在天体上，我们必须选择两个观测点，两点间隔越远越好。为了便于说明，我们假设两点位于地球直径的两端，也就是说彼此几乎相距八千英里（事实上这种假设不可能实现）。假设从每个点到太阳间画一条线，使用象限仪就可以轻松地得出以太阳为终点的两点线之间的弧度（也就是角度）以及两点间的底线。在这里，底线就是地球直径的长度。

---

① Pierre Gassendi（1592—1655），法国科学家、数学家和哲学家。

由此我得到了构建三角形必须具备的三个条件，根据迄今为止公认的天文学观测的数据，我得到了一个等腰三角形，底边八千英里，每条边从底边到顶点长九千五百万英里。

最不感兴趣的观测者也会轻易发现，在感观的能力范围内，我们越能熟悉把握三角形或其他数学图形，在实际运用中得出结论的准确性就越大，越能放心使用。如果在刚才的例子中，等腰三角形的底边与另外两边之比相当于 8∶12000，人们必然会想到，这个比率会对所下结论的准确性大打折扣，甚至理所当然地认为我们会得出错误严重的结论。我们已经认定只有当三角形的侧边从底点到顶点的距离达到九千五百万英里时，这个三角形才能成立。那么我们又如何确定在底边与两边之比变为 8∶12000 之后的情况呢？在现实中如此之长的线会不会不相交，只是平行呢？如果不能构成角，就不会有任何图形。整个问题看来超出了我们的能力范围之外。

很显然，我们无法制订满意的计划来获得所需知识。著名的哈雷先生在 1716 年观测金星经过太阳时提出了另外一个方法[49]。月球距我们如此之近，通过观测月球的视差，即从地球表面上观察到月球在天空中的位置与从地心可能观察到的位置之差，我们已相当精确的知道地、月距离[50]，但太阳的视差极小，几乎不能在此基础上进行数学运算[51]，不过金星的视差差不多是太阳视差的四倍，所以站在地球不同位置观测金星经过太阳，出现不同的结果也合情合理。基于这种考虑，1761 年和 1769 年金星凌日时，由不同的位置观测得出的太阳视差精确度可能会相当高。[52]

〔49〕 Philosophical Transactions, Vol. XXIX, p. 454.【原注】。《哲学学报》，第二十九期，第 454 页。

〔50〕 Bonnycastle, *Astronomy*, 7th edition, p. 262, et seq【原注】。邦尼卡斯尔，《天文学》，第七版，第 262 页，以及下列等等。John Bonnycastle（1750—1821），著名的英国数学家。

〔51〕 Bonnycastle, *Astronomy*, 7th edition, p. 262, et seq, p. 268.【原注】。同上，第 268 页。

〔52〕 Phil. Transactions, Vol. XXIX, p. 457【原注】。《哲学学报》，第二十九期，第 457 页。

但是，观测工具、观测手段的不完善丝毫不能妨碍人类探求未知的好奇心和雄心。

邦尼卡斯尔说，由于月球赤纬不断变化，地平折射也会根据大气当时的状态随时发生变化，所以人们通常使用的方法并不能精确判定月球真正的视差值。由于月球只是短时间内处于赤道上，折射的平均值提高了月球靠近地平面的视位置，[53] 正如它的视差会将其视位置降低到原来的一半。

"众所周知，太阳的视差绝不可能超过九秒，或是一度的百分之四"。[54] 哈雷说，"采用观察钟摆的摆动来确定微小角度的方法并不很精确，因为用这种方法确定视差，要么得不出任何结果，要么得到的结果是负的。也就是说，距离要么是无穷大，要么比无穷大还要大，当然这个说法很荒谬。而且应该承认，用再巧妙的工具，人类也不可能准确地分辨出秒的差距来。所以，许多有才华的人费尽心机也没有搞清楚这一极度精细的问题，也就不足为怪了。"[55]

这就是困扰这门学科发展的诸多困难。确定了这些困难，那些已掌握这门精妙科学，头脑冷静、看法公正的观察者们就要来判断，目前纠正上述错误及其根源的方法是否可以达到目的，是否不再犯同样的错误。不过，不要指望那些"蔑视享乐，过着艰苦生活"的人们能够掌握天文学的奥秘，不要指望他们会公允冷静，会承认（哪怕在私下对自己承认）他们的研究一无是处，所有的辛苦都是白费。

值得进一步注意的是，用来测量地球与太阳及其他行星间距离的工具，正是前面测量山峰高度的并不准确的工具[56]。在测量山峰高度时，我们使用了另外一种准确度更高的方法来获取准确数据。可是却没有找到用于纠正天体观测方面错误的替代方法。

---

〔53〕 *Astronomy*, p. 265. 【原注】。《天文学》，第 265 页。

〔54〕 Ibid, p. 268. 【原注】。如上，第 268 页。

〔55〕 Phil. Transactions, Vol. XXIX, p. 456. 【原注】。《哲学学报》，第二十九期，第 456 页。

〔56〕 See above, Essay XXI. 【原注】。参见本章前文。

人们已预料到由天文学观测的不确定性所带来的结果。一般读者仅仅知道对该结果作出的最新修正，也就不可避免地在其引导下相信，自从天文学有资格称为科学以来，地日间的距离公认为九千五百万英里，或者有二万四千个地球半径那么远。但是情况到底是怎么样？哥白尼和泰戈·布拉赫认为地日距离是一千二百个地球半径远；开普勒，这位公认的有史以来产生的最伟大的天文学家，则认为是三千五百个地球半径远。在里奇奥利①生活的那个时代，他认为是七千个地球半径，赫维留②则认为是五千二百五十个地球半径[57]。哈雷说，这之后的几位天文学家认为是一万四千个地球半径。而哈雷自己则认为是一万六千五百个地球半径。[58]

天文学家在试图确定太阳系中各天体的距离、大小时，使用了微分学说。贝克莱认为微分学说具有许多争议，所以科学家在运用微分理论推导结论时同样也引起了许多争议。

开普勒提出另外一种测量太阳及行星距离、大小的方法。他斗胆提出这样一个猜想：地球及其他行星公转次数的平方与他们跟共同中心点——太阳之间的距离的立方成比例。通过观察可以比较肯定地得到地球及行星公转的次数，进而研究其他我们想要探知的事物。牛顿也宣称，他经过论证证实了开普勒天赐灵感，冒险提出来的猜想。但是之后的科学家都不完全认同牛顿作出的验证。

尽管到目前为止，我们仍在摸索研究关于太阳系的有关论点，可是除此之外，所有的科学，不论真伪，似乎都舍我们而去。我们找不到测量恒星角度的方法，对恒星的旋转一无所知。我们所做的一切看似都毫无依据，能做的只是根据某些所谓的类

---

① Giovanni Battista Riccioli (1598—1671)，意大利天文學家。

② Johannes Hevelius (1611—1687)，波兰天文学家。

[57] They were about thirty and forty years younger than Kepler respectively 【原注】。这些天文学家分别比 Kepler 年轻三十岁或四十岁。

[58] Halley, apud *Philosophical Transactions*, Vol. XXIX, p. 455. 【原注】。哈雷，《哲学学报》，第二十九期，第 455 页。

比作出判断。

惠更斯①为了探索这一学科，将望远镜的光圈缩小，观测到的太阳像天狼星一样大，其直径是用肉眼观测到的1：27，664。如果假设金星是与太阳同样大小的星体，那么它与地球的距离要比太阳与地球的距离远27，664倍。换句话说，距离之远相当于34.5亿个地球直径〔59〕。所有人肯定都觉得这一结论好象挂在多么纤细的一根线上啊。

可是，天文学家根据这一根基并不牢靠的假说竟演绎出让人惊骇的结论。他们说，离地球最近的恒星至少也在7，600亿英里之外，至于他们提到的另一颗恒星，距离也不低于38，000亿英里。所以，一枚以每分钟二十英里速度运行的炮弹，从地球飞到最近的一颗恒星要用76万年，要到我们提到的另一颗恒星上，则要花380万年。〔60〕

惠更斯由此得出结论，有些恒星距离我们如此之远，它们从诞生以来发出的光到现在仍未到达地球，这样的说法也是有可能的。

人们普遍接受的宇宙系统建立在这些所谓的发现上，宇宙中的每颗恒星都像太阳一样，有围绕其运行的行星和彗星。天文学家通过连续观测发现，有时一颗星会完全消失，出现另外一颗人类从未注意过的星星。天文学家把这解释为伟大的造物主不时地创造出新的系统，而旧的系统则因年久而毁灭〔61〕。我们同样应记住遍布无限宇宙的引力的作用。赫歇尔断言，星云或是星群在漫长的岁月中通过引力作用产生，而从一开始受到的弹力又会阻止他们聚集在一起，持续至少上百万年。赫歇尔又说到，有些星云

---

① christiaan Huygens（1629—1695），荷兰物理学家、天文学家、数学家、他是介于伽利略与牛顿之间一位重要的物理学先驱。

〔59〕 Encyclopaedia Londinensis, Vol. 11, p. 407【原注】。《伦敦百科全书》，第十一章，第407页。

〔60〕 Ibid, p. 408.【原注】。如上，第408页。

〔61〕 Encycl. Lond. Vol. II, p. 411.【原注】。《伦敦百科全书》，第十一章，第411页。

与地球的距离至少是天狼星与地球间距离的 6000 至 8000 倍，这个说法并不十分确切[62]。但是，开普勒否认，我们清楚看到的每颗恒星都如同太阳，拥有自己的行星系统。他认为恒星在某一表面或范围内的位置是固定不变的，因为如果其中一颗星离地球的距离是另一颗的 3 至 4 倍远，假定它们的实际大小相等，它看起来也是另一颗的 1/3 至 1/4 大。但是它们视星星的明亮程度根本没有任何差别。[63]

天文学家确实是一群享有特权的幸运人。他们用神谕般的方式讲述"上帝创造世界时人类见不到的事情。"他们的结论就挂在这些看不见的钩子上，其他人则正襟危坐，认真倾听，无条件地承认，"他们的科学是人类创造的科学中最崇高最有趣，用处最大的。"[64]

有一种感觉我们称为距离感。它产生于视觉和其他感觉，但又不是直接产生自视觉器官。据证明，当我们看到物体，只有将视觉器官获知的信息与其他感觉得到的信息作对比、修正之后，我们才会产生距离感。没有感官的对比修正，我们看到的任何事物仅仅是对眼睛产生的触动，如同物体通过接触对皮肤产生的作用。

但是，如果将视觉器官获得的印象与其他感觉获得的相比，我们就会逐渐将距离感将眼前看到的事物联系起来。我伸出手，发现我首先看到的并不是手能触摸到的东西。我把手再伸远一点，或是向物体的方向移动身体，我就能摸到它。把试验范围扩大些，我走向一棵树或是一个建筑物，眼睛看到了它的形体，但眼睛看到的事物距离自身却很遥远。我向一个地方走去，我不能看到它，可是确信它就在某一方向，于是我到达了这个地方。就这样，通过反复的试验，产生了遥远的距离感。

不过我们谈论的是那些我们自己不必移动位置就可以看到的物体。我能看到很远处有一个乡镇，一座塔，一座山。假设在看

---

〔62〕 Ibid, p. 348 【原注】。如上，第 348 页。

〔63〕 Ibid, p. 411 【原注】。如上，第 411 页。

〔64〕 Ferguson, *Astronomy*, Section 1. 【原注】。费格森，《天文学》，第一部分。

关于人的思考 ▼

地球上的物体时，我们的视野极限是一百英里。我可以走近这样处于视觉极限内的物体，用其他感觉确定它的真实距离，也可以使用人类发明的某些工具来测量比如说一座塔的高度，并且用其他与这些工具无关的实验来验证结果或者核实使用工具得出的结论。

伦敦纪念碑的高度超过二百英尺。人类通过劳动还创造出其他更高的建筑物。如果我们已经验证了一个观察，另外一个观察与之有惊人的相似之处，我们自然而然地就作出结论，认为另一个观察也是准确的。不过这样的类推其准确性也是有限的。它的确切性真是无从动摇吗？难道因为对几百英尺之外的物体所作的观测得到了验证，一个对九千五百万英里之外的物体所作的观测，或是对赫歇尔经常提及的无限距离之外的物体所作的观测，就能够被视作事实吗？就可以当作科学上的一个原理吗？如果一个物体在尺寸大小上是另一个物体的几百万倍之大，那么判断这两个命题具有相似性的作法合理吗？如果我们可以判定较小物体的真实性，我们就有理由认为较大物体也同样毫无疑问吗？隔着一片海湾或一条大河看到某个物体，即使它与我家中熟悉的物体看起来极为相似，我就可以立即断定它属于同一种类或具有同一性质吗？我难道不应该带着一定的疑问来审视它吗？尤其是当它在某一些方面具有相似性，但在其他方面，比如大小上却具有本质的不同时。我们产生感觉，并探寻感觉的起因。感觉总会产生不确定性。它会带来存在于"我"之外的绝对真实的物体吗？它与我看到一个侏儒与一个较矮的人时产生的那种感觉相似吗？性质一致吗？

一个没经过训练、好奇心又强的人在研究天文学问题时会向自己提出所有这些问题。怎么合适、有道理，我们就怎么相信，要么就不相信。我们根本没有办法通过尝试我们的感觉来验证这些问题。它们就在那里，以最初呈现的样子，等着我们去接受，或者拒绝。它们有点像让人愉快的幻想或虚构的小说。一个严肃、冷静的观测者会仔细思量问题的正反两个方面，来判断成千上百万英里之外的物体是否可能存在，一些关于光速传播的匪夷所思的命题，以及谨慎而富有怀疑精神的现代天文学追随者觉得在被逼着接受的其他一些问题。不过有人告诉我，对天体距离观测得出的结论是不会变的。我们对太阳、月球、水星、金星、火星、木星、土星以及它们卫星的距离及其他现象作过观测，这些星球组成一个如此庞大的星系，任何一个公正、不带偏见的人也确信，这个星系的存在本身就是真理。如果日复一日，年复一年不断观察这些星球，就会发现它们始终不变，维持着神圣的和谐。各个时代，不同国度的天文学家相继观察天体，描绘宇宙的轮廓，带给我们的永远都是那些不变的数字，大小、距离、天体位置安排，这些知识构成天文学这门学科。

实际上看到的并不总是事实。如果是事实，就能很轻松地得到证明。这表明，如果感觉与结果相似，那么引出两者的起因也具有相似性。可是这并不表明，结果的起因与产生的感觉相似。所以，当外部真实起因与其产生的感觉相似程度极高时，由味觉、嗅觉、声音、色彩，以及热、冷产生的感觉就十分一致。不过现在人们普遍认为，味觉、嗅觉、声音、色彩，以及热、冷这些感觉存在于人体内部。所以目前对天体的大小、远近能够作出的结论都是起因于人类自身的感觉和理解。不管这些结论是什么，它们和人类的感觉、理解是一致的。

人们进一步宣称，能计算日蚀发生的时间，记录天体的各种现象。古希腊哲学家泰勒斯曾经预言了公元六百年前发生的日蚀；巴比伦人、波斯人、印度人和中国人很早就开始关注天文学，他们做的许多观测都被精确地记录下来，这些记录早在耶稣诞生三千年前就已经存在。这有力地证明了这门学科的可靠性。有了这么多年代久远而又精确的记录，谁又会提出假说来质疑这些对天文学知识有着深刻造诣，认为天文学是在真实正确的基础上发展起来的人们呢？他们所掌握的知识乍看之下好像远远超乎我们的理解范围。

我的回答很简单，泰勒斯相信的一切有关天文学的知识我一概相信。东方哲人们提出的天体说法我也绝不怀疑。但是十八世纪，乃至十七世纪下半叶那些宣称可确定太阳、行星、甚至恒星精确的距离，就完全是另外一码事了。

关于人的思考 ▼

　　希腊早期的几位天文学家有泰勒斯、阿那克西曼德、阿那克西美尼和阿那克萨哥拉。我们知道，泰勒斯认为地球是一个球体，阿那克西美尼则认为地球像一个圆的、扁平的桌子，阿那克西曼德认为太阳像一个战车轮子，是地球的二十八倍大，阿那克萨哥拉因为断言太阳比南希腊的伯罗奔尼撒半岛大无数倍，曾被投入监狱。[65] 开普勒则认为：所有的星星距离我们同样遥远，固定在同一个表面或范围内。

　　实际上，天文学上的观测事实并不取决天体的大小、距离，它们是在肉眼观察到的基础上进行的，需要一丝不苟和坚韧不拔的注意力。望远镜可以帮助观测，但也仅限于观测太阳和行星。我们要尽可能探明太阳系中不同天体运转的轨道，但严格说来，这与其大小、距离没有关系。我们需要搞清天体彼此间的关系。这样做并不意味着我们就算迈出了公正、脚踏实地或者可以说自由科学的第一步，也并不能说明我们就因此而明了任何与它们相关的知识。

　　过去两百年间，善于思索的人们在古代朴素天文学的基础上建立起了让人瞠目的上层天文学构造，人类本性的无限雄心只有在此间才找到了自我。从人类开始计算数百万英里以外的距离起，一切就很明白，没有什么可以阻挡比苍鹰翱翔还要自由的人类思维。我们知道，距离地球最近的恒星，至少也在 7 千亿英里之外，天文学找到的另外一颗恒星，距离超过了 3 万 8 千亿英里。据说光粒子每秒传播 193,940 英里，比炮弹要快一百万倍。[66] 由此赫歇尔得出结论，从他观测到的最暗淡的星云发出的光，如果按该速度传播，到达巴特星云要花二百万年的时间。[67]

---

　　〔65〕　Plutarch，De Placitis Philosophorum. Diogenes Laertius【原注】。希腊的历史学家 Plutarch，De Placitis Philosophorum，希腊哲学家 Diogenes Laertius。

　　〔66〕　Ferguson，Section 216. "Light moves," says Brewster, Optics, p. 2, "from one pole of the earth to the other in the 24th part of a second：a velocity which surpasses all comprehension.【原注】。费格森，第 216 部分 Brewster 在《光学》第二页中说，"光从地球的一极向另一极传播：速度完全超乎人类的想像。"

　　〔67〕　Brinkley，*Astronomy*，p. 130.【原注】。布林克利，《天文学》，第 130 页。

第三节

现代天文学家要做的下一步工作是，确认分布在我们周围，可以用肉眼发现，或借助于望远镜了解的无数天体上，同样生活着有头脑有理性的居民。这个观点的论据是，全知全能的造物主之所以会创造出如此巨大的天体，将其分布在无限的太空中，就是为了让这些星球可以住满"智慧生命，生而就为追求完美与幸福"[68]，而不是别的什么目的。

据我看来，在解释关于神秘力量而进行的相关讨论的时候，现代天文学家做的这些论断有些过于大胆，他们认为，正是由于神秘力量的作用，才有了宇宙中的排列和次序。

除了上帝创造的杰作我们对他一无所知，一些善于思索的人尝试进行演绎推理，探索寻求我们看到的星系和奇迹产生的根源。他们按照自己对力量，智慧以及善良的看法，发现造物主是全能、全知、至善的，不断吸引人们对它进行思索，作出相关推论，不断向人们展示他是用何种方式来安排和控制他亲手创造的作品。毫无疑问，天文学家是怀着世界上最纯洁的目的来做事情的，但我们并不敢确信，他们的判断力能与所做事业应有的大胆相称。

我们居住的这个世界，这个被叫作地球的小星球，对我们意味着无尽的神秘。人类的想象力无法构想出任何比它们更为完美的形象：树木与天空，山脉与海洋，江河与溪流，好像设计这些事物就是为了在人间实现天堂。清新的空气，银光闪闪的白昼，华丽的云彩，世上绚烂宜人的色彩，大地上丰富的水果和美丽的鲜花，万事万物好像都为了给我们带来欢乐与美味的感觉。说到创造动物这个场景，场面依然令人景仰与狂喜。飞鸟与野兽，掠过空中的昆虫，生活于大海的鱼儿，是一个充满奇迹的宝库。我们可以永远研究这个宝库，而不必担心所有精彩有结束的时候。

---

〔68〕　See above, Essay XXI【原注】。参见本章前文。

关于人的思考 ▼▼

最后是万物之王——人类，他们直立行走，远眺天际，直至无穷。人类的产生真是一件无与伦比的杰作，上帝的完美与智慧都在他的面容上彰显！看看人类的手吧，这是最完美的工具；想想人类的知性吧，是如此的镇静与敏锐；人类丰富的想象力，显示着他具有的光辉美德！"你的作品是如此的完美，主啊，你是用智慧创造了人类。"

但在我们居住的这个星系中，似乎也有一些不符合刚刚列举的事物。在我们向无限太空进军之前，我们同样应该纵观一下我们居住的地球。我们会看到广袤的沙漠，无边无际的炙热沙尘！占地球一半的面积也许无法开垦，为人所用。然后，再让我们想一下地震、风暴、毁灭性的飓风以及每年被掩埋在海底深处的无数船只和那些船上的人们。现在，让我们回想一下人类，作为上帝创造万物的完美典范，会遭遇到的所有疾病。

> 惊厥、癫痫、严重的粘膜炎症
> 肠道结石与溃烂，腹部剧痛；
> 着魔似的狂怒，闷闷不乐的忧郁
> 精神错乱；萎缩症、
> 消瘦和给身体带来巨大消耗的瘟疫；
> 水肿、哮喘和多种难受症状的感冒。①

我们杀死动物，以它们的肉为生，这确实和我们仁慈恻隐的情怀有点不符。

然而，如果回顾一下人类的政治历史，情形更加不堪。在其中看到的更是一连串的苦难与恶行。战争、征服、压迫、暴政、奴役、起义、屠杀、酷刑、侮辱性的肉体惩罚以及以法律的名义大批毁灭生命，几乎在历史篇章每一页中都可以看到。就好像一个邪恶的魔鬼释放到我们头顶，一个十年接着又一个十年，所有的国家和民族，都遭受着最为恶劣和疯狂的折磨。有些理论家告

---

① 出自弥尔顿的《失乐园》。

诉我们，这一切都是由自由意志引起的，人类如果没有自由意志就无法生存。但这里也给了我们另一种选择，凭人类的智力是完全可以理解的。按我们对仁慈宽厚的理解，上帝要么愿意在世上消除邪恶，但他无能为力；要么他能做到，却不愿意。如果他想这么做但没有力量，这显示出他的软弱；如果他有这个力量而不去做，这便是一种罪恶。

　　走下国家和民族的大舞台，观察个人不幸命运中的艰辛和卑微。我们之中谁是快乐的？痛苦之不幸的泉水溢满了人心，我们却要默默忍受！如此残酷的失望困扰着我们！我们注定要奋争却往往又是徒然！人心好像被设计成一个巨大容器，能够容纳所有可能想象得到的痛苦。人体的构造就好像专为承受各种折磨而设计。"你的眉尖滴满汗水，才有你口中面包，勤作不息，至死方休。"可洒下多少汗水都徒劳无益！有一些人，痛苦好像是从来无法逃脱的命运。还有一些人，平静和满足似乎永远无法进入他们的心灵，却能轻易向激情敞开大门，或者总是心怀怨望神情沮丧。

　　　　啊，被快乐、力量和富足包围的人们，
　　　　很少会思考什么是放荡，
　　　　什么是妄自尊大，
　　　　有多少人在贫困中憔悴下去！
　　　　有多少人挤在肮脏的小屋，
　　　　有多少人饮下忧伤之茶，
　　　　咽下痛苦之粮①。

　　更为严重的是，几乎所有最道德败坏的恶行、欺瞒诳骗的行为，以及人类思想中最黑暗的情感，都是从贫穷和苦难中产生的。撒旦，在圣经旧约中对上帝说，"你已经祝福了你仆人的工作，他得自土地的财富也已增加。但如果你现在伸出手，拿走他

---

　　①　出自詹姆斯·汤姆逊的《四季歌》。

关于人的思考

▼
▼

所有的一切，他会当着你的面诅咒你。"阿加尔在祈祷中说，"让我能很容易得到食物来养活自己吧；免得我因为贫穷去偷盗，亵渎上帝之名。"

凭借对生活的深刻了解，先知预言，"上帝说，我的思想不是你的思想，我的生存方式也不是你的生存方式。"①

所有大体了解我们居住的这个世界的状态，并加以思考的人，都已被世上事物的矛盾和众多为了解决谜团而作出的假设所震惊。一些人主张二神学说，善神欧罗马则斯和恶神阿里马纽斯，正义与邪恶的守护神，两者永远彼此对抗，交替占取上风，对世界的命运产生深刻的影响。其他人则不断鼓吹人类堕落的理论，上帝最初创造的所有东西都是美丽善良的，但由于人类招致了上帝的反感，所以从命中注定的天堂被赶出来了。据说，堕落因此出现在我们的天性中。"没有一个牧师是好的，没有，一个都没有。每张嘴都可以闭上，整个世界在上帝面前都会变得有罪。"但通常被采用的解决方法——特别在近几年——是一种对将来的报偿，眼前所有的不平等都将因之而消除，不幸与受害者的眼泪将被拭去，他们的苦痛和不幸将得到补偿。换句话说，独立的启示之光就是从我们所看见的事物中推断无限的智慧和善举，然后找出与理论不一致的实际现象，发现我们尚不了解的东西，以弥补认识上的不足。

然而，天文学家根据在地球上的所见事物，来构想另外一些我们无法直接了解的世界，在那里找不到我们可以涉足的土壤，也没有能够理解、敬爱造物主的理性和快乐的生物，大自然的付出是有回报的，世界充满着单纯的善行，依据我们对善行片面、狭隘的理解（这应该成为我们的前提）我们凭着想像建设了数以百万计的新世界。地球是球体，行星也是球体，有的比地球还大。围绕地球有一个月亮，一些行星也拥有卫星。我们居住的星球沿轨道绕太阳转动，其他行星也是这样，仅仅在这些前提下我们便自以为是地断言：这些星球也拥有"无数的智慧生命，生而

① 出自《圣经·以赛亚书》55：8。

286

为追求无止境的完美和幸福"。迄今为止，我们发现恒星与太阳有着相似之处，太阳有许多行星围绕着它运转，每一颗恒星也是如此，可以说所有一切共同构成数以亿计个可居住的世界。

作为一种大胆和富有创造力的猜想，这些说法都是正确的。别的学科也是如此。我们应该认为它是，幻想家在为其想象注入激情时，为在这一刻得到娱乐和满足所保留的东西。然而，一系列复杂的几何直线和曲线，写满运算的大四开本，天文学的知识在不断加强，代代传承，它的命运完全不同。我们知道，"通过天文学的知识，我们的能力得以提升，我们的思想得以升华，我们的理解更加确定，由于对存在、智慧、力量、善行、永恒和上帝监督者的地位的坚定信仰影响了我们的观念，可以毫不夸张地说，不虔诚的天文学家就是疯子。"[69]

我当学生时，说过一段话，现在还记忆犹新，我向校长的妻子提出了一个难题，我说："我发现，在我们的周围有数以百万计住着理性生物的世界。我知道我们现在还没有确定的理由来假设这些生物比我们所属的这个奇妙物种更加高贵。我们不完美，所以它们也不完美。我们堕落犯了原罪，同理它们也堕落了。三位一体中的第二位就此承担起救赎我们本性弱点的责任，通过为我们的罪受苦来平息上帝的愤怒，我相信他对于居住于其他行星上的生物也有一样的同情。如果是那样的话，我们可以假设，自创世以来，他就一直循环于各个行星，无休止地为理性生物所犯的原罪而在不同的十字架上垂死挣扎。"这位女士比我聪明，她警告我不要过于好奇，并说，我们应该更加谨慎，这样的问题应该留给万能的上帝来解决。

但迄今为止，我们只对这个问题的一方面作了推论思考。我们虔诚的情感夸大了上帝的所作所为，无论我们作出的类比是多么的不完美，无论我们对无数理性生物形成的概念是多么的模糊，这些生物在天性、构造和官能上无疑是变化多端的，但我们观察天象时凭借的是对真理不容怀疑的信仰。与我们并不太乐于

---

〔69〕　Ferguson, *Astronomy*, Section I.【原注】。费格森，《天文学》，第一节。

冒险的祖先所持的虔诚的观点不同，显得我们妄图篡夺上帝的宝座，从其手上攫取天平和权杖，借助于望远镜和计算，我们深入原本并不该由我们去探询的神秘。根据被普遍认同的莫西年表，现在是世界诞生后的第 5835 年，撒马利亚人编辑的版本添加了这一日期。这几乎不符合基督教的精神，赫歇尔告诉我们，一束光到达地球很可能要两百万年的时间。

摩西描述了在六天之中，上帝每天是如何创造世界的，"天上要有光体，用来分昼夜、作记号、定节气、日子、年岁、普照大地；两个大光，大的管昼，小的管夜；又造了众星。"基督耶稣预言不久的将来要发生的事情："日头要变黑了，月亮也不放光，众星从天上坠落。"无论人们怎么表现他们的虔诚，有人告诉我们"数之不尽的世界，都有理性生物居住。"这种说法显然不完全符合基督教经典对于虔诚的要求。

第四节

妥当的作法是，只要我们对理性生物居留的天体有所了解，我们就应该记住这些星球是否显然适合他们居住的事实。不必说木星和土星上很可能非常寒冷，水星上的水因为太阳光的热量，不可避免地会沸腾然后蒸发，[70] 在这样的大气下生物能不被融化和消散几乎是不可想象的。月亮离我们要近得多，我们自然对它了解的更多。天文学家告诉我们，月亮上没有水和大气，即使有，这样的大气同样没法保持云彩和蒸发的水蒸气。通过望远镜我们观察到，月球像一个被火烧过的金属物质，进入眼帘的似乎只有荒芜凹凸不平的表面。与其他行星相比，太阳不是一个适宜生物居住的环境，更不用说智慧生命。我们知道，彗星的运行轨道非常与众不同，并且冷热温差极大，非常适合改成一个永久性的戏剧场景，或是作为那些在缓刑期间表现恶劣的罪犯加重处罚

---

〔70〕　*Encyclopaedia Londinensis*, Vol. II, p. 355.【原注】。《伦敦百科全书》，第十一章，第 355 页。

延长刑期的服刑地。布冯的观点是，所有太阳系的行星都曾是巨大的太阳的一部分，由于彗星的撞击而从太阳上分离出来，所以受到一股能使他们笔直前进的推动力，同时受到太阳引力的影响，两股力量此消彼长，在产生的合力作用之下，形成了新的运动法则，让他们以环形的轨道运行。以这种理解，可以说所有的行星都曾是太阳，与此正相反，赫歇尔宣称，太阳本身曾是一颗行星，一个不透光的星体，住满了居民。[71]

现代天文学家继续向我们解释某些情况下，一颗恒星会完全消失，他们说，实际上这可能是一个星系的毁灭，就像我们的太阳及其行星一样；同样，新恒星的出现也可能是一个新的行星星系的诞生。赫歇尔说到，"我们应该观察某些恒星群，成千上万年中，不时有恒星毁灭，这是研究整个星系如何保存如何更新的重要手段。这些星群就像是宇宙的实验室，为整个星系的衰落提供了最有效的补救方法。"[72]

头脑冷静的人，面对这些新发现引起的狂热，要么暴跳如雷，要么认为天文学已经疯掉了。这种不时产生的新星系和新世界，不符合基督教经典的描述，或者说我认为经过冷静思索不符合造物主的本性。天文学家一旦抓住某些线索，即使这些线索小到天才也难以把握，他们也会立刻用来解释无限的宇宙空间，随之将数以百万计的世界（每个世界都有数以亿计的居住者）呈现给我们。

许多天体明显不适合生物居住，我们为此讨论了一段时间，但所有发现者对此似乎都有一个解决方法。他们提醒我们，这些居住者可能和我们大相径庭，拥有和我们不一样的器官，能够在和我们大不相同的温度环境下生存。"水星的极端高温对这些居民来说不是什么问题，因为上帝可以轻易地使他们的身体构造适应居住的高温环境，就像他使我们适应地球的温度一样。很可能

---

〔71〕 Philosophical Transactions for 1795, p. 68. 【原注】。1795《哲学学报》，p. 68。

〔72〕 Philosophical Transactions for 1785, p. 217. 【原注】。1785《哲学学报》，p. 217。

关于人的思考

▼

那里的人和我们拥有同样的想法，就像我们对木星和土星上的居住者的看法一样，他们会认为我们必须能适应难以忍受的低温，几乎没有阳光，因为我们离太阳这么远。"

这些是费格森[73]的注释。另一位离我们最近的天文学家也表达了一样的想法。

除了一些行星因为离太阳比地球离太阳近太多或远太多，形成的高温或低温不适合生存外，"我们没有论据否认这些行星上有理性生物居住，这也就见证了造物主的力量，宏大与仁慈。这些星球上存在着与地球生物机体相似的理性生物，无论对此有何异议，宇宙理性生物的构造总体上是千差万别的，面对这样的主张，这些异议是没有力量的。

"不论多么喜欢，我们还是要仔细论证这个观点，即这些行星上是否有理性生物，包括动物和植物，甚至是和我们相似的，几乎没有任何区别的生物。

"太阳是不是地球温度的主要影响因素？我们有理由来推测太阳不是。地球的平均温度，在离地表一小段距离的地下，在夏天和冬天都是恒定的，这个温度可能产生于地球刚刚形成的时代。

"在水星上，直接从太阳得到的热量，或其自行产生热量的力量，是地球的六倍之多。如果假设水星的平均气温和地球相同，行星上笼罩的大气比地球大气更厚，传递热量的能力更弱，或太阳的热量更容易散发出去，也更容易维持一个平均温度，我们不是就可以假设水星适合人类生存，以及能够生长出与地球上相似的植物？

"在天王星上，太阳的直接影响要比在地球上小 360 倍，在那里，从某一角度看到的太阳不比我们在地球上同一角度看到的离地球最近的金星大。天王星的平均温度难道不可以非常接近地球平均温度吗？其大气难道不可以更容易传导太阳的热量吗？热物质难道不可以比在地球上有更复杂的构成也更容易释放热量

---

〔73〕 *Astronomy*, Section 22. 【原注】。《天文学》，第 22 节。

吗？由此推论天王星上的季节变化可能和地球类似。甚至我们也可以假设在彗星上不存在巨大的温差变化（因为我们已经知道彗星确实温度很低），特别是如果我们假设，在彗星向太阳方向运动的时候，大气层会不断变厚，在接近太阳时彗星尾部的状况，在一定程度上支持了这样的观点。

"我们几乎不能假设，太阳这个比所有行星加起来体积大300倍的球体，被创造出来的目的只是为了保持行星的周期运动，并给他们提供光和热。许多天文学家认为太阳只有大气层是发光的，星体本身是不透光的，可能和其他行星拥有相同的构造。因此只有发光的大气层向外发出热量，我们找不到任何太阳本身不适合居住的理由。"[74]

天才的天文学家能作出无穷无尽的猜想和假设。难道我们不能假设，如果没有太阳我们可以一样生存得很好吗？除了提供温暖和热量以外太阳对我们毫无用处。说到光，也许伟大的造物主完全可以为我们找到另外一种没有光的生存方式，比如：让我们拥有某种感觉敏锐的触须，或者只需提供能够想像的最低强度的光线，然后让器官适应那种微光。这样的话，居民完全可以在天王星上生存下去，光对他们而言，就象热一样，用处不大。由于离太阳遥远任何阳光已经几乎照不到有些行星本身，这些行星的卫星是如何得到光照的是一个迷。除非真的像太阳一样，他们有一个发光的大气层，有能力照亮整个星系，而其本身是不透光的。但事实上，想象中更强或更弱的光几乎都没有价值，因为水星上的居住者没有眼睛，光让他们的眼睛都失明了。过去，暴君喜欢用烧红了的铜牌灼瞎罪囚的双眼，和这些罪囚相比，水星上居民的眼睛也好不到哪里去，尽管水星上的光线还没有让他们失明，但事实上，光线对他们来说，已经毫无意义。彗星也一定有一个令人愉快的居住环境，其中的1680彗星，绕轨道一周需时576年，离太阳最远时大约为112亿英里，最近的时候只有不到

---

〔74〕 Brinkley, *Elements of Astronomy*, Chap. IX. 【原注】。布林克利，《天文学基础》，第九章。

太阳半径三分之一的距离[75]。这些慧星上肯定有让人感觉愉快的明暗变化；至于冷热，相信他们已有应对之策。副主教贝克莱假设，"这些星球上有理性的生物，包括动物和植物与我们所知的相比没有什么区别。"

现在我们能够认同这些非同寻常的观点的唯一理由是，我们拥有的关于神性的理解和知识。以此为前提，人们得出这样的观点和主张：上帝不会让任何适宜的地方无人居住，因此，正如我们所相信的那样，在地球周围的巨大天体，甚至是无限的宇宙中，不可能不"存在着大量的理性生物，他们有力地见证了造物主的力量、宏大和仁慈"。完美领悟神之伟大，在于相信所有我们能考虑到的阳光、高温和数以千计其他障碍所带来的难题，上天都有其应对之策。我并不相信这个说法符合宗教的观念，更不认为它与我们在理智和清醒的时候具备的常识一致。

布鲁厄姆男爵作为写了《有用知识丛书预览》一书的知名作者，以惯常的方式讨论了天体的大小和距离，但对他们的住民只字未提。对他的论述，我在某种程度上感到满意。

从本世纪以来，在原先已经划定的太阳系的范围里，新发现了四颗行星，这确实有点不同寻常。这四颗行星位于火星和木星之间，被命名为灶神星，婚神星，谷神星和小惑星。布林克利提及他们的时候说，"新的行星谷神星和小惑星体积很小，他们离太阳的距离非常相近。奥尔伯斯博士在 1802 年发现了小惑星，几个月前几乎在同一个地方，他又发现了谷神星，据他推测这两颗星曾经是一个大行星的碎片，由于一些不明原因被破坏成碎片。这个结论根据万有引力定律得出，行星因之得以在他们的轨道上运行，每一片碎片在绕太阳一周后，将会再一次非常近的从那颗大行星以前发生破坏的地方通过，此外，每个碎片的轨道会和这个地方与太阳连接线的延长部分相交。由此，很容易就能在太空中确定这两个行星都会通过的特别区域。同样，注意附近的小型天体，并不时仔细观察，有可能发现更多的碎片。哈丁在其

---

〔75〕　Ferguson，Section 93. 【原注】。费格森，第 93 节。

中的一个区域发现了婚神星行星，奥尔伯斯博士也是时常仔细观察这些小天体并发现了灶神星。"

这些新发现确实将我们带入了太阳系编年史的新纪元。赫歇尔在追踪观察某些星云的过程中，推断来自这些星云的光要经过 200 万年的时间才能到达地球，但他却从来没有注意过这些行星，可以说，这些行星就在他的脚边。这让我想到了伊索寓言中的一个占星家，让他无知的同乡感到很可笑的是，当他整个人忙于观测太空时，突然发现自己跌入了一个大坑。我们知道这些新的行星是大行星的碎片：为什么这么大的行星从来没有被发现呢？

在赫歇尔生活的时代以前，人们一直满足于六大行星和太阳，它们组成犹太教神秘哲学中的数字 7。赫歇尔发现了新的行星。但这些新发现的行星整个打乱了原有的安排。天文学家还没有机会划分出他们的位置，划分出他们新的领域。这些都令人不快。这些行星，好像是"大行星的碎片，因为不明原因被破坏成碎片"。因此这些行星上可能没有生物。这样的话如何与上帝的善行保持一致呢？为什么这些无人居住的星球上没有上帝创造的大量的物质呢？赫歇尔毫无禁忌地谈论着整个星系、太阳及其从属的行星正在不断走向毁灭。但是另外一个大灾难正发生在我们眼前，并不可避免地让我们感到震惊。"上帝无所不能。"之所以这么说，难道是因为上帝的崇高愿望，就是把这个行星打成碎片，并且拿这些碎片来破坏我们居住的星系，打击人类的骄傲，嘲笑人类作出的假定？在推力和引力的作用下，这些行星依旧沿着它们的轨道公转，据此我们可以推测出数以亿计有人居住的世界。现在我们应该学会谦虚，默默敬畏连宇宙都应为之感激的伟大原动力，因为它宇宙才变得如此庄严、美丽、和谐，承认我们并不拥有那把可以打开宇宙万物神秘大门的钥匙。

人类应该牢记的最重要的是，要有自知之明，要对自身能力有充分的认识。我们能做的更多：我们有能力获得更多的知识，作出更多的善行；我们有耐心、坚持不懈，而且感觉敏锐；我们可以付出相当大的精力和勇气来承受巨大的挫折和苦难；我们的创造力丰富，涉及各个方面；我们可以制造机械，建起高大的建

关于人的思考 ▼▼

筑。为了让生活变得舒适，享受到其中数不尽的乐趣和方便，人类所做的发明也真是叹为观止。我们可以解剖人类的身体，分析人类的心灵；可以研究社会的存在，努力促进司法行政的发展，保护公民的政治自由以及激励人们追求崇高美德。我们可以研究地球，研究它的岩层、土壤、动物以及植物，"从黎巴嫩的雪松，到墙外的牛膝草"。

但人类不是全能的。如果渴望得到名副其实的荣誉，他就得估算自己的能力，知道哪些事是他能够做到的。就像那句格言所说，"一切都在那里"。地球就是我们的领地，我们的王国，让我们满足于所拥有的一切。看到高贵的人类在这个领域奋斗，却无法扬名，无法让任何想法变成现实，这是一件多么可悲的事情啊。就像一个人要写一篇论文，明知会徒劳无功，却仍力求圆满完成，没有比这种情形更让这个人显得卑微而可笑了，其实只要稍微冷静思考一下，他就会知道这是完全没有希望的。

一定程度上我们也可以被称作天文学家，因为我们可以记录太阳运动的轨迹，以及其他行星的轨道；我们能够计算日蚀，给恒星编号，进行分类，形成我们所称的星系。但是，如果我们要去测量百万英里以外的世界，去研究在这数以亿计的世界中居住的生物，去了解上帝为他们舒适幸福的生活所提供的各种条件时，那么很可能我们所做的只是一些没有任何结果和价值的事情而已，这比一个侏儒保证可以拉开尤利西斯之弓，或者穿着阿基里斯的盔甲炫耀扮演武士这样的事情更加无意义。

"苍穹，庄严宏伟的屋顶，镶饰着金色的火焰！"这是多么美丽的画卷！我们要提防，不要让自己的杜撰和评说毁坏了如此壮丽的场景！简单朴素才是真正伟大的精髓。让我们怀着谦卑与敬畏，观看这造就人类自身的伟力。我们完全可能就由此而来。不要做擅自闯入这一最高殿堂的客人！让我们采纳使徒的忠告，"不要沉迷于虚妄的哲学。"人生中有许多重要的事情，我们能够从事的有价值的研究也很多很多。看到一个有理性的人能够意识到自己真正的职责，不把精力浪费在不着边际的论文写作和东编西造的尝试之中，是一件多么美好的事情啊！

第二十二章

论物质的宇宙

在前文中，我提到了贝克莱的理论，他认为自然哲学的作家们所理解的物质并不存在，我们对于物质的所有体验只是一系列无主题的偶然事件，过去和未来的事情一直不停地向前流动，对于过去发生的事情，人们能够记录下来，而对于未来，很多情况下人们也能够预测并且采取相应的行动。

从洛克和牛顿的文章中概述的要点可以推导出倾向于同一假设的观点，比贝克莱的观点更为明确和普遍。如果通称为物质的次要特征在现实中只是存在于人头脑中的感觉，那么和通常人们所理解的相比，物质就是一个完全不同的东西。第二，我要补充的是，如果牛顿所说的物质含有的孔隙远远超过了粒子，那么太阳系中包含的绝对粒子就应该（但对此我们也未知）存在于一个类似坚果的壳里[76]，两个粒子永远不会相互接触，或者在施加于两个粒子之上的力是够大时，它们相互之间的距离能够缩短到无限小——如果，同普里斯特利所教导的那样，我们观察到的所有东西都是引力和排斥力连续作用的结果，那么我们肯定就接近了最后的结论。这样的结论表明：物质是真实存在的，在现实的舞台上有它的一席之地。[77]

人类智力奇异而又巧妙，但好像除供那些好奇心强、喜欢胡思乱想的人自娱自乐外，可能对将来也没什么用，他们在生活中也有这样的空闲。如同我在第十二章中提到过的关于人类行动自由的话题。一个独自思索的思想者是，当他不再沉思和同伴进行交流的时候，他就变成了另外一个人。一个信奉必然论的人，通过他对过去和未来持续不断而又互相关联的事件进行思考，无可辩驳地证明并领悟到自己只不过是一个被动的工具，是被作用的对象，同时也相应给其他事物施加影响力、作用力，永远不能把自己从物理世界无所不能的规则的运行中分离出来，也不能摆脱其他通过社会纽带和他联系在一起的人的推动。但是这个思维敏锐足智多谋的思想者一旦进入现实的生活，和他的同伴开始交

---

〔76〕　See above, Essay XXI. 【原注】。参见前文第二十一章。

〔77〕　Ibid. 【原注】。参见前文第二十一章。

关于人的思考 ▼

往，所有的深思熟虑都从他的脑海中消失了。他认为自己和其他人都是有天赋有行动自由的生命，拥有适当的进取力量，能够自由地去做或者不做一件事，不受绝对而又不可抗拒的推动力的限制。正是从自由的无法消除的内在感受中，我们获得了道德的力量和热情，在面对困难和挫折时能够英勇地坚持下去，我们赞扬或者指责他人的行为，崇敬同时代伟人的高尚美德和他们被载入史册的成就。

自由和必然论在哲学学说中占据主导地位，我们正好以相同的方式迫使自己感受到物质界的存在。贝克莱和其信徒或者相信类似理论的许多人，认为不存在自然哲学的作家们所理解的称为物质的东西。他们满足于这样的想法，认定我们关于外部和事实存在的所有想法，比如对我们四周的桌子、椅子和其他物质东西，环绕我们的树林、山峦、河流、和海洋的感受，只不过是偏见和误解。贝克莱的观点，对于我们在幽闭状态下独自冥思遐想，还能说得过去。但是，与日常的行动、事物、和我们四肢躯干活动和感观的运用毫不相干。对于现实生活而言，这样的想法太过完美了。贝克莱和他最勤勉最虔诚的追随者，一旦从玄想的高塔上下来，服从于本能的需要，进入到俗世的日常事务，像必然论信奉者在面临人们行动自由的问题上一样，他们就会被迫像其他人那样去行动，甚至表现出好像他们压根就没有接触到那样抽象的玄想。这时候一张桌子就绝对是一张桌子，椅子就是椅子。他们和其他人一样"吃着同样的食物，会因同样的武器而受伤，会感受到夏日同样的酷热和冬天同样的严寒"。出于本能要求他们回到俗世，像普通人一样，放下玄想，借此机会稍作休憩。他们易变的性格，就好像从未受到过那些玄思冥想的困扰一样。自然之力太强大了，不可能让位于那些定义和三段论推理的权威。

但是，当我们承认所有这些，那么"人类智力奇异而又巧妙，但好像除了供那些好奇心强喜欢胡思乱想的人自娱自乐外，可能对将来也没什么用"〔78〕就是错误的。我们已经看到，哲学的必然

---

〔78〕 See above, Essay XXII. 【原注】。参见前文第二十二章。

论学说[79]尽管不能构成人和人交往的原则，但是还可以带来不一般的好处，必然论可以用来激发我们节制和宽容的美德。事物的景象只不过像在魔灯照耀下从我们眼前掠过的影子，而必然论带给我们明白深刻的印象。毕竟，人们只是命运的工具和手段，不是命运的主人。它也纠正了我们对生活的幻想，就像看完木偶戏的观众在走入幕后感受到的那样，那些表演者控制牵扯木偶的线，在观众的眼前演绎出所有的激烈混乱的场景，牢牢地吸引着我们的注意力。对于希望在力所能及的范围内取得进步提高的人来说，最好是也坐在其他普通观众中观看戏剧，并且也走到幕后，辨清各种装饰伎俩遮掩下的原始状况，看清那些演员们自然的本来面目。

　　如同人类行动自由的问题，关于物质界的现实，我们不可轻视的是，人的构成方式正是为了让我们能够剖析被研究的事物，认识构成尘世生活场景的各种环境因素，去除呈现在普通大众眼前的装饰。毕竟，我们能够了解的还太少，英勇无畏有着强烈进取心的人，难以拒绝伸手可得的那些发现。语法的精妙处就像房屋的走廊，引领我们从词汇的知识走向掌握周围世界的知识。数学的精妙在于帮我们澄清理解中的粗疏，为我们提供更为严格可靠的逻辑要素。同样的，去除外表的幻象，使我们能够"看到时间种子"就是我们确定感观应有的真正价值。我们越是锤炼我们的感观和其他能力，我们就会变得更为精明。我们超越了处于同一大气中的其他生命，成为超越自然伟力和神圣创造的参与者。

　　我们对物质界思考过程中受到幻象的困扰，贝克莱的论述中有一个让人很好奇的问题，他写到："那么，我想到我四周的椅子、桌子和其他物质并非他们外表看上去的那样，它们只是一条永恒进行的过去和将来的链条，按莱布尼茨①称之为'前定和谐'持续下去，给人们的思索以立足之本和延续下去的动力。但是，如果在人类日常事物的进程中，我们相信物质，当现实生活中并

---

〔79〕　See above, Essay Ⅻ.【原注】。参见前文第七章。

①　Gottfried Wilhelm Leibnitz（1646—1716），德国哲学家、数学家。

没有所谓物质的东西，我们怎样去表现我们的心智？怎么去叙述我们和同伴表面的交往，怎样去表述爱和恨的复杂情感，怎样去体味亲情和友谊，怎样去说明仁慈和厌世的感受，怎样去断言抢劫和谋杀，怎样去描绘历史上记录的导致成千上万人死亡的大屠杀？如果不是以物质推动力为媒介，我们绝对不知道其他人的生活和活动。并且，如果你带走物质，比如说我们同伴的肉体，无法抗拒的是，难道附着于肉体之上的所有知识不会被带走？我（正在阅读此文的读者）难道就是唯一存在的人，有一个完全属于我自己的宇宙？"

当然这和任何贝克莱所考虑过的结论完全不同。在他表述这个主题的论文题目上，他的目的是要去除"怀疑论，无神论和反宗教存身的土壤"。贝克莱是一个虔诚的基督徒，一个性情最为直率的人。蒲柏在他《讽刺》一书的《结语》中毫不犹豫地说贝克莱具有"天下每一种美德"。他在新教教堂里作了二十年的高级教士。然而，尽管他个人的修养达到了博爱和友善的最高境界，但是，在他传播最为广泛，名为《渺小的哲学家》一书中，他对"那些所谓自由思想者们"抱有一种嘲讽和蔑视的态度，丝毫没有表现出基督仁厚宽和的精神。

但是，有这样的例证，特别是在持相反观点的阵营中，当一个有着冒险精神的思想者列出前提条件和可以公正推导出结论的原则，而推论的结果和他自己持有的观念不相吻合的时候，那么，物质不存在的观点在何种程度上可以在现实中支持刚刚引用的推论。因此，贝克莱的研究是没有意义的。

到现在为止还致力于发展完善贝克莱理论的人，拒绝承认存在自然哲学作者们所理解的物质，他们确信我们自身感觉的诱因和感受本身没有明确的相似之处，在此基础上，他们还无知且无畏地继续坚持下去。[80] 那些给予我们色彩感觉的东西本身没有色彩，他们同样断言的还有冷和热、甜蜜和苦涩，刺鼻和好闻的气味的感觉。那些非物质论者还说，我们称之为物质的东西遍布孔

---

〔80〕　See above, Essay XXI. 【原注】。参见前文第二十一章。

隙，任何我们知道的物质，宇宙中的固体颗粒都可能是包纳于一个壳中，它们与外部没有直接接触，物质的任何两个颗粒只能无限靠近彼此，如果施加于它们之上的力足够大，他们能够靠得更近。从这样的前提看，有充分的证据证明，就物质界而言，我们感觉的源泉，确实和感觉本身没有明确的相似之处。

那么，这个问题和我们的感觉又是什么关系呢？难道那些否定物质存在的人，如果一直这样推论下去，最后还是会拒绝承认每个人都有和他自己不一样的感觉吗？

就算他有色彩的感觉，他还是否定他自身以外有不同的色彩存在，除非这种感觉存在于以完全相同方式构造的能够思考、有相同感知力的人身上。对于热和冷，甜蜜和苦涩，刺鼻和芬芳的气味的感觉也是如此。他肯定，当他有长、宽、高的具体感受的时候，在他的本体之外，并没有以任何方式存在类似于他所清醒感觉到的具备长、宽、高特点的持续稳定的物质。他由此宣称，在观察我们称为物质的东西的时候，他没有发现证据证明物质世界的真实存在。反观自身，他发现的只有他自己的感觉，但感觉不能成为无生命物质存在的特征，因此他感觉的根源，不论源自何处，感觉本身没有一个明确对应的类比，因此人们所理解的物质世界，只是头脑中的产物。

现在我们来考虑他如何接受其他人的观念的问题。给他以色彩感觉的，不是他自身之外任何有色彩的东西，给他以长、宽和高感觉的，不是他接收到的外部印象的长、宽和高。对他而言，在外部和他自身内部之间，没有和它的原型匹配的某种类型，没有映象物和映像，这就是洛克和牛顿想要提出的观点。以这些哲学家的观点为理论依据，那些人得出了他们最为离题万里的推论。

但我们接受其他人的感觉是一个完全不同的情况。就色彩而言，这些作家们已经证明了感觉的根源和感觉本身之间没有明确的联系。他们不是成对出现。但是思想上，我们倾向的观点是其他人心里的想法和我们自己的想法之间有着精确的相似和类推。我和我的同事，或者同伴，就像按同一模子做出来的

关于人的思考

▼
▼

乐器。我们每个人，可以说，都有三个最基本的低音，中音和高音音域。我们每个人都有一样的按键，随乐师的愿望，能够连续地或者带有变化地发出声音，我们能发出同样的声音或者连续的声音，或者带有不同音质的但能互相应和的声音。因此我和我的邻人有相同的本性，从我内在的体验可以得出充分的证据证明我的邻人也是一个真实存在的人，是独立和独特的存在。

他人想法或感受的某种东西给我更为深刻的印象，更让人无从抗拒。按照那些怀疑论者的想法，每个人自身就是他们自己存在的现实。存在着一种称为人的本性的东西，因为每个人都是本性表现的样本。关于人的本性或者人的想法是非常复杂的。人首先是可感知的印象的主体，不论这些印象是通过何种方式传递给他的。他有着思考和感知的能力。他服从思维联想的规则，或者，换言之，任何存在于他头脑中的想法都可能唤起他最初有过的想法。因此，不论是真是假他有行动自由的感受。

对于人的本性我们还要作更深入细致的探讨。

我们的生活总是在称为吃饭、喝水和睡觉的俗务中延续着。健康方面，我们也易受疾病的困扰，我们在欢乐的享受者和悲伤的承受人之间转换角色，有时兴高采烈，有时又忧郁满腹。我们的激情总是源自类似的刺激，不论是因为爱还是恨，不论是自满还是愤怒，是同情还是憎恨。要描绘人可能经历的不同境遇，或者人性的不同特点，这样的文章还可以写上很多篇。

每个人都熟知上面所说的内在经历和体验，不论他是独自一个人，或者是不同人群中的一个。

我所熟悉的物质世界的现象和其他人的个人体验的差异在于：物质世界不会告诉我任何东西，他们只是一系列的事件的集合，别无其他。我不能深入探究这些感觉到的事件的根源，它们可能和感觉相似或者不同。但是贝克莱或者牛顿的追随者们不相信这些。

但在我和同伴们交往的时候，情况就完全不同。前面已经说过了，我了解人的本性，因为我能够感受到我身体内部形成人的本性的特别之处。和人交往得出的印象也让我了解到这一点，因为和我交往的人告诉我他们和我一样。我的存在因之扩大为无限。对于物质是否存在可能我一无所知，但是我了解思维的可能性，因为我自己就是例证。我惊讶于物质界的现象在我头脑中和谐一致地、成体系地不断延续，尽管我不能揭开盖在我总体感觉上的面纱，也无法预见到它们的发展会带来的结果。但是我明白，换言之，我有最正当的理由相信与同伴交往的原因是因为他们是和我一样的人，由同一个造物主创造的有着我内在能够感受到一定差异的复制品，还有什么比这更为自然的理由吗？

相信现实中存在物质并不能说明什么。如果牛顿的说法是正确的，假设现实的物质真的存在，而且外在物质的颗粒没有接触到构成我身体的物质，因此，认为外在的物质是我感觉的根源是不正确的。我的身体和外在的物质不过是按预定旋律同时运转的两个系统，完全独立，彼此分隔开来，互不影响。

但是相信我们同伴的存在很能说明问题。他们行事的奇妙方式和我们一致，给我们以充分的理由相信他们在很多方面和我们一样。如果放弃无生命物质存在的观点，对我也影响不大。这些过去事件和将来结果连续不断的现象还是没有改变，这就是我真正所关心的全部。如果我的同伴不存在了，我的所有体验和经历，就变成了麻木不仁虚假可笑的表演。"你拿走了我的生活，剥夺了我赖以生存的基础。"

人的本性和人感觉的本质，对我们来说是一个没有止境需要不断探索的主题。"要研究人类就要研究你自己。"① 玄学（可能有人比较挑剔，不喜欢，或者对这种说法有偏见）或者研究我们自身的科学的所有微妙之处，完全依赖于对人本身的研究。不论广义还是狭义，道德的科学紧紧依附于人类的行为，和人的行为产生的结果。历史的车轮滚滚向前，没有止境，带给我们难以言表的趣味，而历史的意义和价值在于怎样对待它所面临的现实和其主题的本质。它是诗歌和其他所有产生于我们想象力的奇迹和

① 出自亚历山大·蒲柏的《人论》。

关于人的思考
▼
▼

无尽的变化的源泉和精髓。

同情心是唯一容易让我们感受到的真实存在，它在我们的内心深处。如果这个世界是"一块完整无瑕的美玉"①，但是人们没有同情心，那么这个世界的存在毫无意义。

比较我们所知的物质世界和精神世界的差异，物质按照特定的规则不偏不倚地永远持续发展。万物之初，一个推动力使它们开始发展，它们按照这个初始的规则持续进行下去。其结果受我们称为物质本质的调控：火焰灼伤人，水淹死人，我们周围称为固体的物质，当置于运动状态中，依靠动力和重力达到应有的效果。

控制这个沉寂宇宙的原理是"按普遍而非局部的规律运转"。

> 当不受拘禁的山峦，
> 从顶部开始摇晃，
> 如果是你从旁边走过，
> 难道重力就不起作用了吗？②

肯定不是的。过去事件和将来结果永远不变地向前延续。我们称为物质世界的基本规律和原理永存，无所改变，这一巨大的体系一旦开始运转，每一事物，只要呈现非生命物质的状态和特点，包括最微小的颗粒，都确定无疑地运转下去，直到永远。

物质的世界，或者说我们按此定义所理解的过去事件和将来结果的延续，在开始时驱动它们的推动力作用下，永远不断向前发展。对周围不闻不问，无动于衷，不会因为任何可能带来的事故或者痛苦的想法而改变。但是人是本质完全不同的事件的根源。人更看重结果，受思考后得出的结论的控制。他的行为方式和非生命物质的活动完全相反，并且在冒出的想法，产生的欲望，感人的激情和预期结果的刺激下，不断的"变向，变向，变

---

① 莎士比亚《奥赛罗》第五幕，第二场。
② 出自亚历山大·蒲柏的《人论》。

更方向"。因此，尽管我们就物质现象这一主题得出了一系列令人满意的推论，但要把这些推论作为我们思考人的理智与情感现象的标准还是非常不可理喻的。

更值得我们认真考虑的是，对我们同胞的论证推理也同样适用于其他野蛮生物。它们和我们一样，行为受诱因驱动，为了达成他们期望看到的某种结果，他们采取了相应的选择。因此无论非生命物质现象怎么变化，我们看到的是生命汇聚的群体，享受着快乐，承受着痛苦，满怀希望又心存恐惧，尊重同类而又无情憎恨彼此。

这样的信念将事物的景象变得多么美好啊！动物的存在带给我们无穷的乐趣，让我们得以观察低智商生物刺激反应的规律，看到本能在动物身上的种种表现，关照它们居留的处所和福祉，相应的，它们敬爱我们，对我们忠诚。如果我穿行在没有路的荒漠，从日出走到日落，自然不时在我眼前呈现壮观、华丽和非凡的画卷，有时又荒凉满目。我身边别无一物，除了那些高贵的动物，我的马，我忠诚的狗，陪伴我度过艰辛，如果没有他们，我的独处将变得难以忍受，我和他们进行交流，用无声的对话交换我们的情感和关爱。

我听说有个人在和他的朋友谈到有关的想法的时候说："你难道是一个如此可怜，如此懦弱的人吗？你难道不能保持平静，沉着冷静，坚持自己的路，不变地走下去，尽管你认识到在这样的情况下自己是唯一真实存在的人，而其他所有的不过是幻想和阴影。"

如果这段话是对我说的，我会很坦然地承认："我就是那个你所蔑视的可怜、懦弱的人。"

《圣经》的箴言说，"让人独处是不好的。"我们所有的能力和特点与自己以外的其他人有着紧密联系，也反过来证明了我们自己的能力和特点。我们确实要吃饭、喝水、睡觉，受到我们称为生活必须的限制，无法考虑我们身外的其他任何事物，这些是我们本性的要求，我们知道，如果没有这样的必要需求，我们就不能存活。我们应该充分利用这样的休息和劳作交替的生存状况。

但是我们的生命终将逝去。如果我们记住的是自己是唯一真实的存在的信条，我们就既不能爱也不能恨，同情也会是一种严肃的嘲讽。我们无法交流，因为我们认为交流的对象并不存在。我们也不能感受到其他人的欢愉或痛苦，快乐或悲伤，因为他人并不存在。我们比在荒岛上的鲁滨逊的处境还要悲惨，因为鲁滨逊相信其他人的存在，希望并且坚信他有一天会重新回到人类社会。我们的处境比鲁滨逊更为恶劣，因为至少他不为自身的孤独所困，而我们则永远而又必然地遭受非真实幻象的困扰，像一个神志不清的人，却无力从这样的困境中自拔。对于人类生活中任何伟大重要的职责，我们不感兴趣，因为没有他人存在，所以这样的职责不能造福于其他人，也不能影响其他人。除非我们通过口头或者书面交流，和邻人对话，交换意见和想法。我们对科学研究都没有兴趣，历史也一文不值，因为没有希腊人和罗马人，没有自然的人和奴隶，没有国王和他的附庸，没有专制的暴君，也没有暴政下的受害人，没有共和国，也没有野蛮可耻还处于奴隶制之下的国家。对于我们而言，生活肯定不可避免地成为一种负担累赘，一种沉闷的无目的的存在，死亡倒成为我们最想得到的祝福。如果不通过这样的假设，我们确实不可能领悟到我们生存的真实境况，但是，正如我们经常做的，这样的生活会突如其来打击我们，毁灭我们勤奋努力的所有希望，或者像一股热风，让我们头晕目眩，沉浸于最为可怜的忧愁之中，无力自拔。

到此为止，按照那些否认物质界存在的理论我进行了推论。但是，更好的办法还是直接用我们自身存在无可更改的事实来说服他们，不论这种存在源自何处。我们感观的能力太过强大，因而我们绝对不可能放弃自身的感受，在现实生活执着的追求中，用逻辑推理的能力替代它，不论这样的推理编织得如何完美，如何不可抗拒。思维和常识在此相互交战，但是我们可以"像博学者"那样去思考，在我们幽闭的玄想中，随哲学的奥妙向前，当我们出世进入到这个世界，我们必须永远"和世俗"一起感受，一起行动。

　　但是，让头脑冷静的人感到很满意的是，从我们在此作出的论断中可以推论出：没有受到教育熏陶的头脑，和最严谨的哲学推理，在我们关心的最为有趣的事上达成了共识，这就是我们和同伴的交流。冷静的理论家，在提炼加工他们的感受时，可能会按自己的喜好，抛弃椅子、桌子和他周围那些称为物质的东西。他可能会将整个宇宙的固体物质纳入到一个个坚果壳中，或者小于坚果壳的东西。但是，他无法剥夺所有慰籍中最为伟大的、我存在的支柱，"上天在我们的杯子里放入的让我们兴奋的一滴"，那就是和同伴的交往。当我们阅读历史，我们读到的是再现的现实，它们不是"像阴影一样，悄然而来，无声而去，"过去的人们热忱冷静地爱过、行动过，他们有时也犯错，但是他们有时也有杰出的成就，就连天使们也会从他们高贵的住所向下探望艳羡。我们不为浮华浅薄的事物所迷惑。我爱的女人，我发誓要维系永恒友谊的朋友，都是我要面对的现实。如果我减轻了穷人的窘迫，向与可怕挫折斗争的天才，和道德的正义进程伸出了援助之手，促成了它的发展和进步，我为自己感到骄傲，因为我也算为成功作了贡献。如果我为启蒙开导我的同伴们奉献了自己的力量，在我们社会的体制中发现了弱点，为自由的进程辩护，恳请他人和我一起致力于高尚的行为，团结一致去实现最为实在、最毋庸置疑的进步，我的名字也将成为永恒的丰碑，或者我做得更好——确保无价的财富和利益能够源远流长，造福子孙。本书作者之名和其他成千上万的大大小小的其他事物一起被遗忘吞噬，湮灭消失很久以后，还能让我们的后代体会享受到同样的福祉。

第二十三章

论人的美德
（结束语）

人的一生可以分为很多阶段，如果我们不能在某种程度上对人生各个连续的阶段作总体考察，从人生的开始，发展到成熟阶段，我们就不能对我们的本性有一个公正的评判。

在本书的开始部分[81]，我们试图建立这样一个观念，所有的人，不包括白痴和极端的情况，都有天生的才能，如果能够得到恰当的引导，人们都能够在他们最擅长的活动中表现出敏捷、灵巧、聪慧和敏锐的特点。因此，我们必须要考虑人身上每一种表现，关注并且尊重它，特别是在人生的早晨——人的青少年时代。

布道者说："上帝让人正直，但是，他创造了经历的不同途径。"这句话极其模糊，很难理解，但是我们会在其朦胧晦涩之下发现隐藏的一个重要的真理。

尤尼乌斯·布鲁图斯在剧中对他的儿子说：

> 我喜欢你的样子：
> 我看见上帝的手指，
> 在你身上留下它们娴熟技艺的痕迹
> 高贵的印记清晰可辨。

这就是对每一个刚刚来到这个世界的，健康健全的婴儿一个真实的描述。

婴儿降生，就开始了他在世间的存在，他的面前即将展开纷繁的旅程。在他人生最初的四年或者五年时间里，对展现在他面前的景象，他无从领悟。但是有着敏捷领悟力的孩子很早就开始有自己的幻想，面对出现在眼前的各种机会，形成自己的想象，想象他应该去做的事情，用故事书中的话来说，他"出发去寻找自己的宝藏"。

"上帝让人正直。"每一个刚出生的孩子，内在都隐藏着完美，他的心为每一个可爱而美好的事物而律动，放在他面前的不

---

〔81〕　**See above, Essay III**【原注】。参见前文第三章。

关于人的思考
▼
▼

论什么，凡以真实面目出现的东西，都能唤起他的好奇模仿。想想看，这样的小不点有多少不同的方式能够向我们证明：他们值得我们去爱，他们确实配得上我们的嘉许和赞誉——当他专心听人说话，那种心无旁骛、率真专注的样子，甜美的微笑，开朗的笑声，清澈、铃铛般的声音，突然出现的信心十足的冲动和他蹦蹦跳跳的步伐！

他的内心深处，对前途充满信心。就像李尔王在剧中所说："我会去做那些事！尽管我还不知道是些什么事。"但他自信十足，坦诚率真，情绪轻松，从未想到要掩饰什么。他"光明磊落。"他看着长者，信心溢满闪闪发亮的眼睛，期望从中能够得到同情和鼓励。

经过这样的准备，他就进入了社会的巨大战场。在这里，他会遇到很多他没有预料到的事情，遭遇许多挫折。他学会了必须要按他周围的人对他的期望和意见控制自己的脾气和行为。必须小心不冒犯别人。要经历多次教训，这些经历并不总是最有益最直率的，这样才能孕育出符合社会要求的行事原则！它要求进入社会的新人睁大机警的眼睛，在决定他命运的人群中注意那些不赞成和不愉快的最初征兆。教会他抑制自己心灵最真实的情感。告诉他不要总是按自己的冲动行事，而是要"向他人伸出自己的双手，让他人引领到自己不能到达的地方去"。

社会教会他怎样掩饰自己的情感，在外表上掩藏内心真实的想法。

但他还是要继续自己人生的历程。他将想法深埋于心，但这些想法并未消亡。相反地，这些想法亲切温馨地在他脑海里回旋，对于外界好奇的眼睛暴露的越少，他就越加坚定地持有这样的想法。也许他选择的是年少时信心勃勃的一些想象，其结果是，当他以不可遏制的激情源源不断倾诉他心灵的想法的时候，可能得到温暖人心的回应，或者，他是如此热忱，满脑子都是这样的想法，对于同伴缺乏回应的表现也无所顾忌。逐渐地，他从一个朋友身上发现，这个他认为是自己心灵伙伴的朋友，像他自我世界中出现的许多来访者一样，不过是个虚伪让人失望的人。

他以为从最初的流水中攫取到了一粒珠宝，却变成了一颗普通的鹅卵石。无论如何，从这样的交往中他还是学到了东西。他听到了从自己嘴里说出来的成型的想法，当他在说出这些想法的时候，这些想法变得更为明确，这么做了，这些想法更具现实性，也更切实可行。他摆脱了那些配不上他的只能起阻碍作用的同伴，在他人生的竞赛中高高跳起，比以前任何时候心情更为放松，脚步更为坚定，

渐渐，他成了一个年轻人。不论以前他遇到过什么样的障碍，他所有的愿望和计划又回到了身上，力量更为强大，他不再有一个控制他言行的主人，他不再卑躬屈膝屈服于压制他的枷锁，其他人不能再对他指手画脚。自由散发出全部的光芒，以全新面目出现，对自由率真的心灵，从未如此亲切，而在以前他从未有过如此感受。当他已经成年，有权处理自己的事务时，他可以到他想去的任何地方，不用向任何人请假，完全按照自己的想法，不用征询任何长者或者指导人的意见。几乎是同一时期，从身高上、从力量上开始，他进入了自己的青春期，这个时候，大家都认同他进入了可以自主的时期。

尽管我在这里把所有的事都放在一起说，但是，在自然的进程中，它们并非同时出现。率真的年轻人从教师的约束转到大学学习的时期，是一段非常有纪念意义的阶段。按照古罗马的传统，年轻的公民在十七岁的时候，就穿上成人的长袍，准其进入集会辩论的广场。在大学生活中，刚刚入学的大学生和已经完成了一半学业的学生在待遇上也有区别。

对个人而言，他独立的时期，肯定是非常关键的。一个人，突然从被监护的地位上解放出来，从我们姑且称之为奴隶的状态，转换到自由的状态，他必然有一些荒唐放纵自己的行为。

但总的说来，除了少数例外，我们如此严肃庄重地对待我们这一时期获得的新的力量和自由行事的权力，也是人的本性使然。

年轻人这个时候会想起所有以前曾经想象过的，对自己承诺过的所有愿望。此时，在原来的愿望之上，又增添了一直以来获

得的新的感受，得出的关于生活的观念也变得更为接近现实，更为清晰。

　　他回想起在进入成人阶段之前他所经历的长长的见习期，经过了热切盼望、心灵悸动的二十年，他下决心要作出点什么来，不辜负他所有的誓愿和期望。他检视自己全部的潜质和天资，特别是源自自爱和热忱的天资，确定无疑要为正义而努力。他对自己说，"我打算要做的事情不是今天就能完成的。是的，要做的事情很多，这些事要值得一个心智成熟有选举权的人去做，还要赢得人们的嘉许。但是我还要仔细思索，制定一个宏大的计划，我会悄悄地尝试我的力量，确定能够取得什么样的结果。"年轻人，人生的早晨还未完全过去，他的心随着为他人谋取欢乐而跳动，对未来的光荣充满希望。

　　尼禄统治初期的情况就是一个非常恰当的范例。历史学家们，特别是塔西佗，对此有太多的怀疑。这个杰出的人狂热地沉迷于细微精妙之处，发现了现实生活中每一件看似平凡的事件后面隐藏的意义。我们不要认为塞涅卡的颂词和罗马诗人卢坎对于这个年轻帝王的热爱不值得我们注意。尼禄在不到十八岁的时候就已经称帝。他无时无刻不表现出自己的宽厚、仁慈、谦恭或者善良。他能叫出每个人的名字，对各个阶层的人心存敬意。当上议院表示出在赋予他特别荣誉的时候，他提出："等到我能够配得上这样荣耀的时候再给我吧。"[82]塞涅卡肯定，在尼禄统治的初期，就在他这个哲学家向尼禄献上他的《论怜悯》一文时，尼禄没有"让无辜者流一滴血。"[83]他写到，"如果天神们今天让你走到他们面前，质询你的统治，你能够为你统治之下的每个人作出负责任的解释。因为在你统治下，没有一个人因公开的暴力或密谋而丧生。如果你美好的性情不是自然天成，而是虚假的伪饰，你根本不可能做到这点。

　　〔82〕 Suetonius, Nero, cap. 10.【原注】。苏埃托尼乌斯，《尼禄传》，第十章。
　　〔83〕 De Clementia, Lib. I, cap. II【原注】。《论怜悯》塞涅卡著，第一部，第二章。

没有人能够长期扮演一个非自己本性的角色。假装的善良会很快被真实的脾性所取代，而一个真诚的，发自内心的性情，会从一个完美的阶段发展到另外一个阶段。"[84]

尼禄曾留下这样的名言：要是我不会写字该多好啊！这个哲学家以无法抑制的喜悦表达自己对尼禄这句话的想法，他说："这样的感慨绝对不是故意讨好大众，而是从你的双唇之间不可抑制地迸发出来的，表现出你性情的善良和你所在高位的职责之间那种激烈的斗争。"[85]

年轻人在刚刚开始人生赛跑的时候，有着许多慷慨激昂的雄心壮志，有着多么光明、多么激动人心的对善良和荣誉的想象！有良好教育，在青年时期没有陷入贫困的窘迫和受到压迫的年轻人，在人生的这一时期，没有人不对自己说："正当此时，我要做出让自己和其他人都难以忘怀的事情。"青年时期是人生中宽容大度的季节。年轻人浏览着自己天赋、成绩和能力的目录，然后感叹到："以我现在的情况，我欢迎我同时代的人，我会以我的所有为他们谋取福利。"

他是多么痛恨自私自利、恣意放纵和惟利是图，多么蔑视这样的诱惑！在内心深处，他感到他是为了更美好的事物而生的。他接触的年长者，和那些已经被这个世界腐化堕落的商业所驯服、阉割掉的人告诉他："你所想到的一切不过是青春期的妄想，是由于缺乏经验造成的，你很快就会更为清楚地了解，不久以后，你就会以和我们同样的方式看待周围的事物。"但是青年人厌恶这种阴险的暗示，非常清楚心中的情感并为之感到骄傲，这样的情感将持续下去激发他的斗志直到他生命的最后一刻。

青年人在思想上是非常坦率的，对未来充满了乐观的幻想。不幸的是，我引用过的很多年长者的预测，在很多情况下都变成了事实。文明社会的建构从总体上是和人类美德的成长和成熟高度敌对的。除了在一些特别罕见的情况下，文明社会中积极进取

---

[84]　De Clementia, cap. I.【原注】。《论怜悯》，第一章。

[85]　Ibid. , Lib. II, cap. I.【原注】。如上，第二部，第一章。

关于人的思考

▽
▼

的制度体系压制了这种敌对倾向外，从总体而言，文明社会不可逆转的进程，将它的成员的大多数人，特别是在大国强国中，分为两部分，一部分充裕地享受着奢华和放纵的生活，另一部分则被判定去承受贫困潦倒的苦痛。

生来就有可能继承财产的年轻人，如同人们心里能够想到的那样，常常会有宽厚大度的性情和自我否定的精神。他会说，为什么我能够占有这些财产，如果"这些财产能够得到很好的、就算是平均的、无所剩余的分配"就能够解决所有人的困窘。如果能够向他证明，他如此慷慨的决心会得到善良的人广泛的支持，会使社会中人们的状况得到真正的改善，他就准备好接受基督在福音书中对年轻人的教诲"变卖他的所有，分给贫穷的人"。而谁又会如此的无知，或者谁又可能生活在贫瘠到难以想象的土地上，既无法孕育出崇高情感，也不曾见证过慷慨的决心呢？这样的情感和决心正是这个美好时代中我们存在于俗世的标志。

但这只是发生在生命的黎明之时，展现出人心最初的纯洁。一旦这个有着远大抱负的年轻人进入了阿尔辛娜①的花园里，从阿尔辛娜的魔法杯里喝了水，就会看到所有迷乱人心的荣耀和遐想，在堕落的现代社会，看到他成为巨大财富主人的命运，那些崇高的美德，那些高尚的梦想，很容易就湮灭了。以前，他很愿意吃最简单的食物，穿最朴素的衣物。因为他知道他和其他同类一样，只是个普通的人，同样的也不应享受异于常人的奢侈。但此刻，他了解到完全不同的一面。开始相信他的生活离不开华丽富贵和奢侈，他认定没有华贵的豪宅，优雅的衣服，骏马，车驾和充裕的财富，他肯定会陷入绝望的痛苦之中。他的财产，按他以前所想，如果分发给其他人，会让很多人得以自立和快乐，而现在他发现他的财产简直不够满足他不断增长的物欲。

但是，如果富人都这样受到诱惑偏离美德指引的方向，那么我们更容易想到，金钱、财富对于穷人而言，伤害更深，更无力控制。在社会中由人来制定的法律、控制的财富分配面前，有人

---

① 英籍德国作曲家乔治·弗里德里希·亨德尔的歌剧《阿尔辛娜》。

安享富足，而有人却穷困窘迫。人们智慧神秘的源泉，是无法作出这样的设定的。因此，我们不乏见到，更应该用于最高尚理由的能力被随意处置，就像"播撒在石头上的种子一样，几乎没有任何机会发芽生长成熟"。有些时候，这样的力量可能会引起人们的注意，注意到的人愿意也有能力将它带到完美的境界，有些时候，这样的天性是如此有力，自我超越的倾向如此坚定，足以面对每一个障碍每一个困难的挑战并且战胜它。但对于绝大多数人而言，这样的承诺往往是徒劳无益的，曾经拥有的希望也变成泡影。如果在最早的阶段就遇到北极风暴强有力的打击摧残，你又能期望从最有希望的花蕾中得到什么样的收获呢？

卓越的萌芽很可能就在社会层次较低的人们身上消亡了，为保障财富安全制定了法律法规，违法和犯罪行为的诱惑是如此巨大，简直叫人无法抗拒。有人不禁会想，就算他付出所有的辛劳，他还不能让自己和依赖于他的家人勉强为生，而他的邻人们却在无尽的奢华富足中狂欢，有时候不能不感到一种强烈的冲动，要去改变这一惊人的差异。在如此痛苦的压迫下，在承受着如此难忍的伤害时，一个心智健全的人就算有良好愿望又会变成什么样子呢？人心中的整个性情肯定会被损害，仇恨和邪恶破坏了原本甘醇甜美的生活。

但是这种明显的财富分配的不平等并非只是在处于社会极端底层的人们中产生有害的作用。生于中间阶层的人如果有了扭曲病态的野心，财富分配的不平等也不利于独立个性和仁慈品行的发展。他们中的每个人都渴望改变自己的环境，一步两步就迈上社会阶层更高的台阶。人头脑里考虑的更多的是个人的私欲。在富裕的社会里，我们看到的是宫廷贵人和国王们真实的表演。而且，在那里，到处都能找到阿谀、奉承、奸诈和伪善的安身之所。接着是贸易和其他各行各业中出现的不光彩的种种企图，隐藏图谋的圆滑，卑躬屈膝和谎话连篇，靠着这样的手段，来获取事业的发达和成功。

正是通过这样的方式，"上帝使其正直的"人，在生命最后的一刻到来以前，走上了成千上万条迂回曲折的路径，而这样的

关于人的思考

▼
▼

景象和人生命之初的憧憬恰恰相反。人就像犹太人历史上的哈薛①，当先知预言他以后将会犯下的滔天的罪行的时候，他大喊道："难道我，您的仆人是一条狗？"他会自甘堕落到如此卑劣的地步吗？他的目标是如此的纯粹，但是，让人激动和恼怒的事，一个接一个，驱使着他，刺激着他，促他向前，直到他变得下贱，卑鄙，罪行累累。同样在约翰逊博士的故事中，名人温德姆的事例正好解释说明了这一点。当温德姆开始做爱尔兰总督的秘书的时候，他对年长的总督说出一些自己的疑虑，恐怕自己会像有人期望的那样，顺从甘心于不名誉的行为。对于温德姆的疑问，年长的总督这样回答："哦，先生，没有必要惊恐，我敢说，在很短的时间内你就会变为一个十足的无赖。"〔86〕

与其说这些就是"人经历的途径"不如说是社会普遍存在法则的作用。但是，我们心灵有其高贵的一面，因为不是所有的人都会受女巫法力无穷的魔咒控制而迷失方向。如果说尤里西斯船上粗俗的船员们被瑟西女巫变成了牲畜，那么他们的首领并没有。人类可以分为两类，能够被诱惑的和能够抵御诱惑的。尽管后者肯定是少数，但是他们应该被视为是"大地的盐"，承担着保存整个人类，使其不会堕落腐败、不会蒙羞的重任。他们就像残留的火种，如果在沥清岩的城市中出现，就是亚伯拉罕的上帝所宣示的能够重塑整个社会的基础。他们就像启示录书中所谈到的两个证人，在大家都背教弃信的时候预言着千年盛世，世界大

---

① 希伯莱语，意为："上帝看见了"，是《圣经》里后来成为西南亚洲古国阿拉姆的国王的一名宫廷官员。

〔86〕 The phrase here used by Johnson is marked with the licentiousness we sometimes indulge in familiar conversation. Translate it into a general maxim; and it contains much melancholy truth. It is true also, that there are few individuals, who, in the urgent realities of life, have not occasionally descended from the heights of theoretical excellence. It is but just however to observe in the case of Windham, that, though he was a man of many errors, he was not the less characterised by high honour and eminent virtue. 【原注】。约翰逊在这儿说的话颇为放肆，我们有时候在类似谈话中也喜欢使用。如果把它看成是普遍适用的真理，它包含着让人感伤的大实话。同样确实存在的是，几乎没有人能够在生活窘迫的现实压力下，不从完美的理性的顶点向下堕落。但是温德姆的例子正好说明了，尽管温德姆是一个有很多过错的人这些过错并没有让他的崇高和美德减色。

同和美德和平的降临。他们的完美对照大众的背叛更显得光彩夺目。

没有比要求众人行为一致而讽刺挖苦出类拔萃者的风气更为不公正的了，而这种情况又处处存在。历史的记录，如果你认可的话，记载的不过是人类的罪恶和恶习。但是难道历史就没有记下什么其他的东西了吗？善人的美德，高尚的哲人，古时候最为无私的爱国者，难道什么都没有留下吗？没有比下面两段历史记录更为大相径庭的了，一段是查理二世和路易十五统治期间的放荡挥霍，另一段是在古时候，人们在快乐和荣耀中消灭了所有的自私利己的念头，弘扬简朴的美德，构画出历史上最为美好的篇章，使率真、境界崇高的读者在惊讶之余，无不感到欢欣鼓舞。

让我们向人类的美德致以它应得的敬意！想象力确实是一种神奇的力量，但是想象力永远也不可能等同于历史，等同于人类实际达到的成就。一个坐在小屋里深思冥想的人，完全放任激情和想象的诗人是无法取得任何结果的：生活的现实比最为崇高的幻想更能够无限地激发人的才智才情。真正的英雄，不能像诗人或者描绘虚幻历险的人那样，把今天要做的事推到明天。情势所迫，他必须遵照执行。他明了眼前的重重困难，也清楚必须要面对的敌手。他深爱世人，为了他们无惧于每一种要经历的危险和邪恶。芸芸众生让他行动起来，激励他，鼓舞着他，驱他向前。决心由此产生，他自愿以身殉难，做出真正的、纯粹的、不可否认的英雄主义的举动。

不要让人，由于虚幻盲目的高傲自大，纵容自己脱离我们人的本性。我们自己就是人的心智所能想到的完美的典范。这样一些人，凭借他们的美德就能够消解讥讽和诽谤诋毁人类的企图。人类的历史上，总有这样难忘的时期，最好的、最为高尚、最为崇高的情感将人性相反的、坏的一面完全掩蔽，消融掉。只有正义，因为有了它才能公正地考虑到所有这一切，才能预见到我们本性发展的历程，才能坚信人类的理解力和美德能够达到我们本心从来不敢想的事。

319